Die WTO und die rechtliche Entwicklung der Dienstleistungsfreiheit in den Mitgliedsstaaten – unter besonderer Berücksichtigung des Telekommunikationsbereiches

Europäische Hochschulschriften
Publications Universitaires Européennes
European University Studies

Reihe II
Rechtswissenschaft

Série II Series II
Droit
Law

Bd./Vol. 3333

PETER LANG
Frankfurt am Main · Berlin · Bern · Bruxelles · New York · Oxford · Wien

Ulf Martini

Die WTO und die rechtliche Entwicklung der Dienstleistungsfreiheit in den Mitgliedsstaaten – unter besonderer Berücksichtigung des Telekommunikationsbereiches

PETER LANG
Europäischer Verlag der Wissenschaften

Die Deutsche Bibliothek - CIP-Einheitsaufnahme

Martini, Ulf :

Die WTO und die rechtliche Entwicklung der Dienstleistungsfreiheit in den Mitgliedsstaaten – unter besonderer Berücksichtigung des Telekommunikationsbereiches / Ulf Martini. - Frankfurt am Main ; Berlin ; Bern ; Bruxelles ; New York ; Oxford ; Wien : Lang, 2002
(Europäische Hochschulschriften : Reihe 2, Rechtswissenschaft ; Bd. 3333)
Zugl.: Speyer, Dt. Hochsch. für Verwaltungswiss., Diss., 2001
ISBN 3-631-38674-5

ISSN 0531-7312
ISBN 3-631-38674-5

www.peterlang.de

Vorwort

Die vorliegende Arbeit wurde im Sommersemester 2001 von der Deutschen Hochschule für Verwaltungswissenschaften in Speyer als Dissertation angenommen. Es konnte die Gesetzgebung, Rechtsprechung und Literatur bis zum Mai 2001 berücksichtigt werden.

An dieser Stelle möchte ich Herrn Universitätsprofessor Dr. Rainer Pitschas, der die Arbeit betreut hat, für seine Unterstützung und die Erstellung des Erstgutachtens herzlich danken. Für die zügige Erstellung des Zweitgutachtens möchte ich mich bei Herrn Universitätsprofessor Dr. Jan Ziekow bedanken. Herr Universitätsprofessor Dr. Dieter Duwendag danke ich für die Bereitschaft, im Rigorosum geprüft zu haben.

Zu Gelingen der Arbeit haben mein Kollege und gutem Freund, Herr Rechtsanwalt Dr. Hans Herman Aldenhoff sowie Herr Rechtsreferendar Arthur Steinmann beigetragen. Für die fruchtbaren Diskussionen, Kritik und stetige Motivation bin ich sehr dankbar. Frau Rechtsfachwirtin Stefanie Dielmann und Herrn Diplom Wirtschaftsinformatiker Tobias Kramer danke ich für die Überarbeitung des Manuskripts und die Erstellung der Druckvorlage.

Dank schulde ich auch meinem Arbeitgeber, der Kanzlei feb-Rechtsanwälte aus Mannheim, insbesondere Herrn Rechtsanwalt Markus Ernestus, für die logistische und materielle Förderung dieser Arbeit.

Schließlich und vor allem möchte ich mich aber bei meiner Familie für die gewährte Unterstützung bedanken. Insbesondere meinen Eltern gebührt größter Dank. Nicht nur während meines Studium, sondern auch in der Promotionszeit haben sie mich finanziell und moralisch großherzig Unterstütz. Ihr Glaube an mich war Ansporn und Motivation zugleich.

Leimen, im Oktober 2001

Ulf Martini

Die WTO und die rechtliche Entwicklung der Dienstleistungsfreiheit in den Mitgliedsstaaten unter besonderer Berücksichtigung des Telekommunikationsbereichs

Inhaltsverzeichnis

Abkürzungsverzeichnis

a.A.	anderer Ansicht
a.a.O.	am angegebenen Ort
Abl.	Amtsblatt der Europäischen Gemeinschaften
Abs.	Absatz
ASEAN	Association of South East Asian Nations
Art.	Artikel
AWG	Außenwirtschaftsgesetz
AWVO	Außenwirtschaftsverordnung
Bd.	Band
BGBl.	Bundesgesetzblatt
BISD	Basic Instruments and Selected Documents
BMA	Bundesministerium für Arbeit
BMWi	Bundesministerium für Wirtschaft
Conn.	Connecticut
ders.	derselbe
d.h.	das heißt
DM	Deutsche Markt
Doc.	document
Dok.	Dokument
DSB	Dispute Settlement Body
EA	Europa-Archiv
EC	European Community
ECOSOC	Economic and Social Council
EG	Europäische Gemeinschaft
EGMR	Europäischer Gerichtshof für Menschenrechte
EGV	Vertrag zur Gründung der Europäischen Gemeinschaft in der Fassung in der Fassung vom 02. Oktober 1997 (Amsterdam)
EMRK	Europäische Konvention zum Schutz der Menschenrechte
und	Grundfreiheiten
EU	Europäische Union
EUGH	Gerichtshof der Europäischen Gemeinschaften

EuZW	Europäische Zeitschrift für Wirtschaftsrecht
f.	folgende
FAG	Fernmeldeanlagengesetz
FAZ	Frankfurter Allgemeine Zeitung
FCC	Federal Communications Commission
FIW	Forschungsinstitut für Wirtschaftsverfassung und Wettbewerb
Fn.	Fußnote
GATS	General Agreement on Trade in Services
GATT	General Agreement on Tariffs and Trade
GNG	Group of Negotiations on Goods
GNS	Group of Negotiations on Services
GRUR	Gewerblicher Rechtsschutz und Urheberrecht
HMSS	Hanns Martin Schleyer-Stiftung
Hrsg.	Herausgeber
ICITO	Interim Commission for the International Trade Organization
IMF	International Monetary Fond
ITO	International Trade Organization
ITU	International Telecommunication Union
i.V.m.	in Verbindung mit
IWF	Internationaler Währungsfonds
JA	Juristische Arbeitsblätter
JWTL	Journal of World Trade Law
JZ	Juristenzeitung
lit.	Litera
LLDC	Least-developed countries
Mass.	Massachusetts
MMR	Multimedia und Recht
MTN	Multilateral Trade Negotiations
MTO	Multilateral Trade Organization
m.w.N.	mit weiterem Nachweis
NAFTA	North American Free-Trade Agreement
NGBT	Negotiating Group on Basic Telecommunications
NJW	Neue Juristische Wochenschrift
Nr.	Nummer

No.	Number
NUR	News of the Uruguay Round
o.ä.	oder ähnlich
OECD	Organization for Economic Cooperations and Development
OEEC	Organization for European Economic Cooperation
RegTP	Regulierungsbehörde für Telekommunikation und Post
RIW	Recht der Internationalen Wirtschaft
Rn.	Randnummer
Rz.	Randziffer
S.	Seite
SCP	Société Civile Professionnelle
SEL	Société d´Exercie Libéral
Slg.	Sammlung
sog.	sogenannt (e, er, es)
Supp.	Support
TKO	Telekommunikationsordnung
TNC	Trade Negotiations Committee
TPRM	Trade Policy Review Mechanism
TRIMs	Trade-Related Investment Measures
TRIPS	Trade-Related Intellectual Property Rights
u.a.	unter anderem
UN	United Nations
UNCTAD	United Nations Conference on Trade and Development
UNCTE	United Nations Conference on Trade and Employment
UNESCO	United Nations Educational, Scientific and Cultural Organization
UNO	United Nations Organization
USA	United States of America
USD	United States-Dollar
Verf.	Verfasser
vgl.	vergleiche
v.H.	von Hundert
VN	Vereinte Nationen
Vol.	Volume

WTO	World Trade Organization
WIPO	World Intellectual Property Organization
ZaÖRV	Zeitschrift für ausländisches öffentliches Recht
z.B.	zum Beispiel

Im übrigen wird verwiesen auf:

Kirchner, Hildebert Abkürzungsverzeichnis der Rechtssprache, 4. Auflage Berlin 1993.

Einleitung

Im Dezember 1999 fand im amerikanischen Seattle die dritte Ministerkonferenz der *World Trade Organization (WTO)* statt. Diese Veranstaltung war begleitet von einem großen Medieninteresse und zahlreichen heftigen Demonstrationen.[1] Dies führte dazu, daß die Existenz dieser relativ neuen Organisation in das Blickfeld einer breiten Öffentlichkeit geriet. Einige Gruppierungen forderten die Auflösung der WTO, andere befürchteten ein derartigen Schritt.

Die vorliegende Untersuchung befaßt sich mit der WTO[2] und einem speziellen Übereinkommen, dem *General Agreement on Trade in Services (GATS).*[3]
Ein besonderer Dienstleistungssektor des GATS - der Telekommunikationsbereich - soll hierbei eine besondere Betrachtung erfahren.

Kaum ein Wirtschaftsbereich hat in den letzten Jahren eine ähnlich bemerkenswerte Entwicklung genommen wie der internationale und nationale Handel mit Telekommunikationsdienstleistungen. „Handies" und der Handel via Internet *(E-commerce)* beeinflussen nicht nur unseren Sprachgebrauch, sondern sind schon heute wichtige Wirtschaftszweige und weisen eine steigende Tendenz auf. Fraglich ist, ob durch die GATS-Anlage zur Telekommunikation weitere internationale Liberalisierungen in diesem Dienstleistungssektor erzielt werden können.

Die Untersuchung gliedert sich in drei Teile. Der erste Teil befaßt sich mit der Entstehungsgeschichte und der Bedeutung der WTO. Zunächst werden interdisziplinär, Grundüberlegungen zum Außenhandel - dem Regelungsgegenstand der WTO-Übereinkommen - angestellt. Hierbei wird festgestellt, ob Außenhandel zu Wohlfahrtseffekten führen kann.
Die Gründung der WTO hat zu institutionellen und materiellen Veränderungen der bis dahin bestehenden internationalen Handelsübereinkommen geführt, diese werden dargestellt und erläutert.
Der zweite Teil widmet sich dem internationalen Dienstleistungsübereinkommen. Diese Regelung wird detailliert dargestellt und analysiert. Der erreichte Liberalisierungsstand sowie der Mechanismus der fortschreitenden Liberalisierung unter dem Regime des GATS wird anhand der Anlage zum Telekommunikationssektor näher erklärt.

Im dritten Teil wird untersucht, in wie weit die europäische und die nationale Rechtsordnung vom WTO-Recht tangiert wird. Schließlich fragt sich, welche Bedeutung dieses Recht für private Parteien, insbesondere international operierende Unternehmen hat. Die Untersuchung endet mit einer Prognose über die weitere Entwicklung des GATS.

Bei den verwendeten Forschungsmaterialien wurde auf die öffentlichen Publikationen und eigene Recherchen des Verfasser, während eines Aufenthalts am Sitz

---

1 Vgl die Zeitungsartikel im *Handelsblatt* vom 02.12.1999, S. 3, 14; *Welt am Sonntag* vom 05.12.1999, S. 8.

2 Amtliche Übersetzung des Übereinkommens in BGBl.: 1994 II S. 1437, 1443f (englische Fassung); BGBl.: 1994 II S. 1437, 1625 (deutsche Fassung).

3 Amtliche Übersetzung des Übereinkommens in BGBl.: 1994 II S. 1437, 1473f (englische Fassung); BGBl.: 1994 II S. 1437, 1643 (deutsche Fassung).

der WTO in Genf, zurückgegriffen. In diesem Zusammenhang danke ich dem Sekretariat der WTO dafür, daß ich nicht nur die im Hause befindliche Bibliothek, sondern auch das Archiv nutzen konnte.
Herrn Rudolf Adlung und Frau Lee Tuthill vom GATS-Sekretariat danke ich für ihre Gesprächs- und Diskussionsbereitschaft. Sie konnten mir wesentliche Hinweise auf aktuelle Entwicklungen liefern. Durch die Gespräche mit Herrn Baumgartner, den für GATS-Fragen zuständigen Vertreter der Bundesrepublik Deutschland in Genf, sowie Frau Redmond und Frau Locatelli von der Europäischen Kommission in Genf konnte ich wertvolle Hinweise über die praktische Arbeitsweise innerhalb des GATS gewinnen. Dem *Legal Advisor* der amerikanischen Vertretung in Genf, Herrn Bruce R. Hirsh zolle ich Dank, für die Darstellung der amerikanischen Verhandlungsposition. Von unschätzbaren Wert waren auch die Hintergrundinformationen von Herrn Dr. Dietrich Barth, der als deutscher Vertreter an den Uruguay-Verhandlungen teilnahm und maßgeblich für die Übersetzung des englischen GATS-Textes in die deutsche Form im Bundesgesetzblatt verantwortlich war.
Aufgrund der Aktualität und Brisanz einiger Informationen, baten mich Gesprächspartner teilweise darum, nicht namentlich zitiert zu werden. Diesem Wunsch habe ich entsprochen und daher z.T. in den Fußnoten allgemein auf die Einschätzung von meinen Gesprächspartnern hingewiesen.

Erster Teil
Entstehungsgeschichte und Bedeutung der Welthandelsorganisation (WTO)

1. Kapitel: Entstehungsgeschichte der Welthandelsorganisation (WTO)

Seit den fünfziger Jahren galt das GATT *(General Agreement on Tariffs and Trade)* als das völkerrechtlich anerkannte Instrument, um den Handel zwischen den Staaten allgemeinverbindlich zu reglementieren. Seit 1995 existiert nun der WTO-Vertragstext. Dieser hat zwar das GATT nicht ersetzt, wohl aber durch zahlreiche Ergänzungen erhebliche materiellrechtliche und formale Veränderungen hervorgebracht. Der WTO-Vertragstext dient nunmehr dazu, allgemeinverbindliche Regelungen für den internationalen Handel festzulegen. Der Handel zwischen Staaten wird in der Volkswirtschaftslehre als „Außenhandel" bezeichnet. Da der Außenhandel den eigentlichen Regelungsgegenstand des GATTs darstellt, ist es erforderlich, sich einige volkswirtschaftliche Erkenntnisse ins Gedächtnis zurufen.

A. Allgemeine Grundüberlegungen zum Außenhandel

Unter Außenhandel wird die Summe aller Exporte und Importe von Waren- und Dienstleistungen verstanden.[4] Diese sehr knappe Definition gibt jedoch keinen Aufschluß darüber, in welchen Situationen es zu einem Außenhandel zwischen Staaten kommen wird. Anders als beim Binnenhandel bedarf es beim Außenhandelsbegriff zweier wesentlicher Determinanten: der Existenz von Im- und Exporten.
Staaten werden sich allerdings nur dann auf den Außenhandel einlassen, wenn sich durch den Import und Export von Waren Vorteile für ihre heimische Volkswirtschaft ergeben.

I. Ungleiche Verteilung von Ressourcen - Verfügbarkeit als Ursache des Außenhandels

Die elementaren Produktionsfaktoren Boden, Arbeit und Kapital weltweit unterschiedlich verteilt. So gibt es Staaten, die zwar über sehr viele Rohstoffe im eigenen Land verfügen, aber nicht genügend Kapital besitzen, um diese mit Hilfe von Maschinen und Arbeitskräften abzubauen. Andere besitzen zwar keine Rohstoffe, dafür aber in ausreichendem Maße Arbeitskräfte und Kapital.

Es liegt auf der Hand, daß ein Handel zwischen zwei so disponierten Staaten dazu führen würde, das der eine Staat Rohstoffe für seine heimische Produktion erhalten würde, während der andere Staat durch den Verkauf der Rohstoffe Kapital erhalten könnte. Ebenso verhält es sich bei bestimmten Konsumgütern, etwa südländischen Früchten, die nur unter besonderen klimatischen Bedingungen wachsen.

Als Zwischenbilanz läßt sich also festhalten: Kein Staat ist in der Lage, sämtliche Produkte autonom herzustellen.

---

[4] *Plümper:* Lexikon, S. 21.

Ergibt sich in einem Land eine Nachfrage nach einem Produkt, das dort nicht selbst erzeugt bzw. hergestellt werden kann, so muß das Land Außenhandel betreiben, um die Nachfrage zu befriedigen.[5]
In den heutigen modernen Volkswirtschaften kann es auch zu einer lediglich temporären Nichtverfügbarkeit von Produkten kommen, die durch den Außenhandel behoben werden soll. Aufgrund von Entwicklungsfortschritten[6] im Ausland oder Mißernten in der Agrarwirtschaft sind bestimmte Produkte vorübergehend nicht verfügbar, was durch den Import der benötigten Güter ausgeglichen wird.

II. Die Theorie des komparativen Kostenvorteils

Diese im frühen 19. Jahrhundert durch den englischen Ökonomen *David Ricardo*[7] entwickelte Theorie wird auch als die „klassische"[8] oder „reine"[9] Außenhandelstheorie bezeichnet. Ihr zufolge liegt ein Hauptgrund für den internationalen Handel in der Tatsache begründet, daß bei der Produktion von gleichen Gütern unterschiedliche Kosten in den einzelnen Ländern entstehen.
Da die Theorie des komparativen Kostenvorteils für das Verständnis, wieso es überhaupt zu Außenhandel kommt, auch heute noch elementar ist, soll sie an einem einfachen Modell näher erläutert werden.

Angenommen es gibt zwei Länder, das Land X und das Land Y, und diese können nur zwei Güter produzieren, nämlich das Produkt A und das Produkt B.

Das Land X benötigt für die Herstellung des Produkts A zwei Arbeitseinheiten (z.B. Arbeitsstunden), für die des Produkts B sechs Arbeitseinheiten.

Das Land Y benötigt für die Herstellung des Produkts A eine Arbeitseinheit weniger als das Land X, nämlich nur eine Einheit. Das Produkt B kann sogar ebenfalls in einer Arbeitseinheit vom Land Y (also fünf Einheiten weniger als Land X) hergestellt werden.

Das Land Y kann also sowohl das Produkt A, als auch das Produkt B in einer kürzeren Zeitspanne herstellen und hat bei Annahme einer gleichen Kostenstruktur einen Kostenvorteil gegenüber Land X.
Mithin würde für das Land Y also keine Notwendigkeit bestehen, in Handelsbeziehungen mit Land X einzutreten.

Verringert das Land X nun aber die Produktion von Gut B um eine Einheit, so werden sechs Arbeitseinheiten eingespart. Diese könnten für die Produktion von Gut A eingesetzt werden, was im Ergebnis dazu führen würde, daß drei zusätzliche Einheiten dieses Produkts vom Land X hergestellt werden könnten (sechs freigesetzte Einheiten multipliziert mit zwei Arbeitseinheiten für Produkt A = drei zusätzliche Einheiten von Produkt A).

---

5 *Wagner:* Weltwirtschaftspolitik, S. 2.

6 *Rose/Sauernheimer:* Außenwirtschaft, S. 350.

7 DAVID RICARDO (1772-1823) war der Sohn nach London emigrierter holländischer Juden. Durch Spekulationsgewinne an der Londoner Börse kam er zu Reichtum und zog sich sehr jung aus dem Arbeitsleben zurück. Er analysierte das Wachstum und die Einkommensverteilung und war ein Vordenker sowohl des Marxismus als auch der modernen konservativen Wirtschaftslehre; vgl. auch den kurzen Lebenslauf bei *Ethier:* Außenwirtschaftstheorie, S. 8.

8 *Wagner:* Weltwirtschaftspolitik, S. 3.

9 *Rose/Sauernheimer:* Außenwirtschaft, S. 345; *Ethier:* Außenwirtschaftstheorie, S. 3.

Diese drei zusätzlichen Einheiten von Produkt A kann das Land X nun in das Land Y exportieren. Der Import dieser Waren hat für das Land Y den Vorteil, daß es seine Produktion von Gut A um drei Einheiten reduzieren kann und die eingesparten Einheiten für die Produktion von Gut B nutzen kann.

Um den Bedarf an Gut B im Land X zu decken, muß Land Y nur eine Arbeitseinheit mehr einsetzen. Das Land Y „gewinnt" durch den Import von Gütern des Produkts A aus dem Land X und den Export von Produkt B in das Land X jeweils zwei Arbeitseinheiten.
Mit diesen könnten dann von Land Y zusätzliche Güter A und B produziert werden.[10]

Notwendigerweise muß zwischen dem absoluten und dem komparativen Kostenvorteil unterschieden werden. Denn absolut hat das Land Y sowohl bei der Produktion von Gut A als auch bei der des Guts B einen Kostenvorteil von einer bzw. fünf Arbeitseinheiten.
Allerdings hat das Land X einen komparativen Kostenvorteil (wenn auch absoluten Nachteil) in der Produktion von Gut A, während das Land Y lediglich einen komparativen Kostenvorteil bei der Produktion des Guts B besitzt.

Ricardo hat die unterschiedlichen Kosten bei der Herstellung gleicher Güter in den einzelnen Ländern mit einer unterschiedlichen Qualität von Produktionsfaktoren erklärt.[11] Angewendet auf das oben genannte Beispiel bedeutet dies, daß Land Y etwa bessere Produktionstechniken bei der Herstellung der Güter A und B im Verhältnis zu Land X aufweist.
Dennoch ist *Ricardo* der Nachweis gelungen, daß auch für Länder, die bei jedem der nachgefragten Güter einen absoluten Kostenvorteil besitzen, sich eine Beteiligung am Außenhandel vorteilhaft auswirkt.[12] Neben den absoluten existieren die komparativen Kostendifferenzen in dem Sinne, daß die absoluten Kostenunterschiede bei den einzelnen Produkten stark divergieren. Es erweist sich dann, wie das oben gebildete Beispiel zeigt, für das Land mit Kostenvorteilen als zweckmäßig, alle Kräfte auf die Produktion der Güter zu konzentrieren, bei denen der absolute Kostenvorteil besonders groß ist und somit auch ein erheblicher komparativer Kostenvorteil besteht.[13]

Eine modellhafte Betrachtung des Außenhandels kann nur in vereinfachender Weise und mit der Annahme von Prämissen erfolgen (ceteris-paribus-Betrachtung). Die Theorien sollen an dieser Stelle nicht in der notwendigen wirtschaftswissenschaftlichen Tiefe behandelt werden, sondern lediglich dazu dienen, das wissenschaftliche Fundament für die Funktionsweise des Außenhandels in den wesentlichen Zügen darzustellen.
Dem Juristen obliegt es dann, durch gelungene internationale Vertragswerke die gewünschten und von Volkswirten aufgezeigten Ziele des Außenhandels in die Praxis umzusetzen.

---

[10] Vgl. zu diesem Beispiel *Ethier:* Außenwirtschaftstheorie, S. 9.

[11] *Ethier:* Außenwirtschaftstheorie, S. 9.

[12] So auch *Rose/Sauernheimer:* Außenwirtschaft, S. 354.

[13] *Ethier:* Außenwirtschaftstheorie, S. 9; *Rose/Sauernheimer:* Außenwirtschaft, S. 350; *Wagner:* Weltwirtschaftspolitik, S. 2.

III. Das Heckscher-Ohlin-Modell

Das oben dargestellte *Ricardo-Modell* wurde durch die Theorie der schwedischen Wirtschaftswissenschaftler *Eli Heckscher* [14] und *Bertil Ohlin* [15] erweitert und verfeinert. *Heckscher* und *Ohlin* griffen den oben genannten Gedanken auf. Die Produktionsfaktoren Arbeit, Boden und Kapital sind weltweit unterschiedlich verteilt. Gerade die unterschiedlichen klimatischen Bedingungen führen zu sehr großen Divergenzen hinsichtlich der Rohstoffvorkommen: So bedarf es keiner weiteren Ausführungen, daß tropische Länder für Südfrüchte einen komparativen Vorteil gegenüber Ländern mit gemäßigten Klimazonen aufweisen. Mit der Beantwortung der Frage, bei welchen Produktionsfaktoren welches Land einen komparativen Vorteil besitzt, konnte auch erklärt werden, weshalb sich ein spezielles Land auf die Produktion von bestimmten Gütern konzentrieren sollte.

Mit Hilfe des *Heckscher-Ohlin-Theorem*[16] ist eine generelle Aussage über die Richtung der Außenhandelsströme möglich. Ist beispielsweise ein Land im Vergleich zum Ausland besser mit dem Produktionsfaktor Arbeit als mit dem Faktor Boden (Rohstoff) versorgt, so wird es sich, bei entsprechender Nachfrage, auf die Produktion von arbeitsintensiven Gütern konzentrieren und diese Güter exportieren. Aus dem Ausland wird dieses Land seinerseits verstärkt den Produktionsfaktor Boden - z.B. in Form von Rohstoffen - importieren.

Allgemeiner formuliert gilt folgende Annahme: Ein Land wird jenes Gut exportieren, welches den Faktor intensiv nutzt, mit dem das Land relativ reichlich ausgestattet ist (Faktorproportionentheorem).[17]

Auch hier sei noch einmal bemerkt, daß es nicht auf die absoluten, sondern auf die relativen Zahlen im Vergleich zu anderen Ländern ankommt.
Im Laufe der Zeit wurde das Heckscher-Ohlin-Modell weiterentwickelt, wurden z.B. die Einkommensverteilung und das Wachstum einer Volkswirtschaft bei der Modellbetrachtung berücksichtigt. Weitere wichtige Determinaten der Außenhandelstheorie stellen natürlich auch die Zahlungsbilanzen und Wechselkurse dar.[18]
An dieser Stelle soll jedoch eine Beschränkung auf die wesentlichen theoretischen Grundlagen für den Warenhandel genügen.

---

14 ELI HECKSCHER (1879-1952) war ein schwedischer Ökonom. Bekannt wurde er insbesondere durch sein Buch über den *Merkantilismus*. Zudem entwickelte er die wesentlichen Punkte der Faktorausstattungstheorie des internationalen Handels; vgl. auch den kurzen Lebenslauf bei *Ethier:* Außenwirtschaftstheorie, S. 138.

15 BERTIL OHLIN (1899-1979) schwedischer Ökonom und Politiker. Als Schüler von Heckscher verfeinerte er dessen Theorie. Er besaß eine Professur an der Universität von Stockholm und stand an der Spitze der Liberalen Partei von Schweden. Während des Zweiten Weltkriegs war er Handelsminister. 1979 wurde ihm zusammen mit dem englischen Ökonom James Meade der Nobelpreis für die Arbeiten zur Außenwirtschaftstheorie verliehen; vgl. auch den kurzen Lebenslauf bei *Ethier:* Außenwirtschaftstheorie, S. 138.

16 Diese Theorie wird teilweise auch als moderne Theorie des internationalen Handels bezeichnet, um sie von der klassischen Theorie zu unterscheiden. Siehe hierzu *Ethier:* Außenwirtschaftstheorie, S. 139.

17 Ausführliche Abhandlungen des Faktorproportionentheorems finden sich bei *Ro se/Sauernheimer:* Außenwirtschaft, S. 341f; *Rose:* Die Bedeutung der Faktorausstattung für die Struktur des Außenhandels, in *Besters (Hrsg.):* Grundlagen der Wirtschaftspolitik, S. 299f; *Sauernheimer:* Faktorproportionentheorem in *Albers u.a. (Hrsg.):* Handwörterbuch der Wirtschaftswissenschaften, Band II, S. 567f.

18 Zu den Determinaten der Zahlungsbilanz *Rose/Sauernheimer:* Außenwirtschaft, S. 33f und zu den Determinaten des Wechselkurses, S. 177f.

IV. Wirtschaftswissenschaftliche Betrachtung von Handelsbeschränkungen

Die bisherigen Erörterungen dienten dazu, in vereinfachender Weise die theoretischen Voraussetzungen für einen freien und ungestörten Handel darzustellen. Nunmehr sollen die Wirkungen von Handelsbeschränkungen im Bereich des internationalen Handels bei der Analyse berücksichtigt werden. Die Instrumente der Beschränkung des Handels lassen sich in zwei große Bereiche einteilen, nämlich zum einen in die tarifäre (Zölle) und zum anderen in die nicht-tarifäre (Handelshemmnisse im engeren Sinne) Protektion.

Unter Protektion versteht man verschiedene handelspolitische Maßnahmen, die von einem Staat ergriffen werden, um einzelne Sektoren einer Volkswirtschaft vor Importkonkurrenz zu schützen.[19]
Der Protektionismus ist das merkantilistische Leitbild der Außenhandelspolitik.[20]
Als Merkantilismus bezeichnete man die Wirtschaftspolitik der absolutistischen Staaten zwischen dem 16. und 18. Jahrhundert, es ist folglich der Sammelbegriff für eine Wirtschaftspolitik, die durch Intervention und Dirigismus seitens des Staates gekennzeichnet ist.[21]
Historisch gesehen läßt sich feststellen, daß die Phasen eines beabsichtigten freien Außenhandels im Sinne der oben dargestellten Theorien sehr selten waren.[22]
Prinzipiell existierte nur Mitte des 19. sowie Mitte des 20. Jahrhunderts ein freier Handel.[23]

Es gab Phasen in der geschichtlichen Entwicklung, in denen offen protektionistische Maßnahmen gefordert wurden. So kritisierte der Reichskanzler *Otto von Bismarck* in der Schutzzolldebatte im Deutschen Reichstag am 02. Mai 1879 die oben vorgestellten wirtschaftlichen Theorien.[24]
Erwähnt werden muß, daß es in der Geschichte des internationalen Wirtschaftslebens nie zu einer Umsetzung der „reinen Wirtschaftslehren" gekommen ist.[25]
Vielmehr existieren bis heute Mischformen von merkantilistisch und frei geprägten Volkswirtschaften. Immer noch spielt Protektionismus eine wesentliche Rolle im Außenhandel.

1. Tarifäre Protektion - Zölle als Handelsbeschränkung

Das wohl älteste und bekannteste Instrument der Handelspolitik markiert der Zoll. Unter Zöllen wird die Erhebung von staatlichen Abgaben auf Waren bei der Überschreitung von Staatsgrenzen verstanden.[26]

---

19 *Gabler-Volkswirtschafts-Lexikon:* Bd. II, Stichwort: „Protektion", S. 899.
20 *Wagner:* Weltwirtschaftspolitik, S. 32.
21 *Gabler-Volkswirtschafts-Lexikon:* Bd. II, Stichwort: „Merkantilismus", S. 709.
22 *Ethier:* Außenwirtschaftstheorie, S. 216.
23 *Beise/Oppermann/Sander:* Grauzonen im Welthandel, S. 16; *Borchardt:* Protektionismus im historischen Rückblick in *Gutowski (Hrsg.):* Protektionismus, S. 17f.
24 OTTO VON BISMARCK (Zitat): *„...Die abstrakten Lehren der Wissenschaft lassen mich in dieser Beziehung vollständig kalt, ich urteile nach der Erfahrung, die wir erleben. Ich sehe, daß die Länder, die sich schützen, prosperieren, ich sehe, daß die Länder, die offen sind, zurückgehen."* (Zitatende) Stenographische Berichte über die Verhandlungen des Deutschen Reichstags, 02. Mai 1879, S. 932; vgl. auch *Borchardt:* Protektionismus im historischen Rückblick in *Gutowski (Hrsg.):* Protektionismus, S. 19; *Beise/Oppermann/Sander:* Grauzonen im Welthandel, S. 17.
25 Vgl. auch *Beise/Oppermann/Sander:* Grauzonen im Welthandel, S. 16.
26 *Rose/Sauernheimer:* Außenwirtschaft, S. 563; *Wagner:* Weltwirtschaftspolitik, S. 33.

Zölle können daher beim Import, Export und beim Warentransit anfallen - somit lassen sich Ein-, Aus- und Durchfuhrzölle voneinander unterscheiden. Auch aufgrund der Bemessungsgrundlage lassen sich Zölle differenzieren: Werden sie als Abgabe je Einheit (Menge) eines Produkts erhoben, so spricht man von spezifischen Zöllen[27] (Mengenzoll)[28]. Richtet sich die Bemessungsgrundlage nach dem Wert des Produkts, so spricht man von Wertzoll.
Beide Zollarten können in vielfacher Weise kombiniert werden, die Rede ist dann von Misch[29]- oder Gleitzöllen[30]. Auch im Hinblick auf die Wirkung der Zölle ist zu differenzieren: Sie können zum einen vorwiegend erhoben werden, um dem Land Einnahmen zu verschaffen.
Zum anderen ist es häufig Ziel, mit ihnen einen Nachfragerückgang für die nunmehr teuren Güter zu erreichen. Bei der ersten Form handelt es sich um Fiskalzölle, bei der zweiten um Schutzzölle im klassischen Sinne.[31]

Generell läßt sich festhalten: Zölle führen stets zu einer Verteuerung der zu verzollenden Produkte und können in der Wirkungsweise beispielsweise mit Transportkosten verglichen werden. Der Unternehmer ist bei seiner Kalkulation gehalten, Zölle dem Verkaufspreis zuzuschlagen, denn nur so kann er erfolgreich weiter seine Unternehmung führen. Erhebt etwa ein Land mit einer großen Nachfrage nach dem Importprodukt X einen Zoll darauf, so würde wegen der Verteuerung die Nachfrage nach diesem Produkt abnehmen. Umgekehrt würde infolge der gesunkenen Importnachfrage auch das Exportangebot fallen. Da es weniger lukrativ ist, aufgrund des Importzolls mit dem Produkt X Handel zu treiben, wird der relative Preis des Importguts am Weltmarkt fallen. Die *terms of trade*[32] würden sich infolgedessen für das zollerhebene Land verbessern, kann es doch aufgrund der gefallenen Weltmarktpreise das Produkt X günstiger einkaufen bzw. erhält es für seine Exporte mehr Importgüter. Gleichzeitig führt der Importzoll allerdings zu einem höheren Inlandspreis des importierten Produkts. Es kommt also zu einer Spaltung des Preissystems.[33]

2. Nicht-tarifäre Protektion als Handelsbeschränkung

All diejenigen Handelsbeschränkungen, die nicht durch die Erhebung von Zöllen entstehen, werden als nicht-tarifäre Protektion bzw. als Protektion im engerem Sinne verstanden.

Das Problem bei der Beschreibung und Nennung nicht-tarifärer Protektionsmaßnahmen besteht darin, daß dieser Bereich eine sehr innovative Entwicklung aufweist, d.h. die Regierungen der Staaten kreieren stetig neue Formen.

---

27 *Rose/Sauernheimer:* Außenwirtschaft, S. 563.
28 *Wagner:* Weltwirtschaftspolitik, S. 33.
29 *Rose/Sauernheimer:* Außenwirtschaft, S. 563.
30 *Wagner:* Weltwirtschaftspolitik, S. 33.
31 Vgl. *Wagner:* Weltwirtschaftspolitik, S. 33.
32 Als reales Austauschverhältnis *(terms of trade)* bezeichnet man das in gleichen Währungseinheiten ausgedrückte Preisverhältnis zwischen Ex- und Importen. Die Relation gibt an, welche Importgütermenge ein Land durch Hergabe einer Einheit eines Exportgutes erwerben kann. Zu einer Verbesserung der „*terms of trade*" kommt es, wenn die Exportpreise stärker steigen als die Importpreise. Das Land kann dann nämlich für weniger Exportgüter mehr Importgüter erhalten. Vgl. allgemein zum realen Austauschverhältnis *Rose/Sauernheimer:* Außenwirtschaft, S. 87 und S. 578f.
33 *Wagner:* Weltwirtschaftspolitik, S. 33.

Dies führt zum Entstehen einer Vielzahl verschiedener Arten derartiger Protektionen[34], von denen das GATT bereits im Jahre 1995 etwa 600 verschiedene verzeichnete.[35]

Ein weiteres Problem besteht darin, daß nicht-tarifäre Protektionen häufig erst bei genauer Betrachtung als Handelshemmnisse erkennbar sind. Denn nicht selten sind Protektionen in nationalen Umwelt-, Lebensmittel-, Gesundheitsgesetzen etc. „versteckt". Der Bereich der Protektionen im engeren Sinne stellt sich daher reichlich diffus und unübersichtlich dar. Einige der nicht-tarifären Handelshemmnisse sind durch Ausnahmeregelung im GATT-Vertrag ausdrücklich legalisiert.[36]

Dennoch versuchen Staaten trotz bereits genehmigter Handelshemmnisse, weitere und neue Maßnahmen zu entwickeln. Da sich dieses Vorgehen - häufig am Rande der durch das GATT statuierten Legalität - bewegt, werden die nicht-tarifären Protektionen auch als „Grauzonen im Welthandel"[37] bezeichnet.

Somit kann sich die folgende Erläuterung der nicht-tarifären Handelshemmnisse nur auf einige typische und wiederkehrende Formen beschränken.

a) Importkontingente

Kontingente[38] sind in Form von Mengen- oder Wertbeschränkungen denkbar. Im ersten Fall wird die Einfuhr auf direktem Wege beschränkt, etwa mittels Festsetzung von Stückzahl, Gewicht oder Masse. Von einem Wertkontingent spricht man indes, wenn die Einfuhr nur in Höhe einer bestimmten Wertsumme zugelassen wird. Wird dieser Wert in einer ausländischen Währung berechnet, so erfolgt die Beschränkung dadurch, daß der verhängende Staat seinen Unternehmern zum Import lediglich eine bestimmte Devisenmenge zum Kauf von Exportgütern zuteilt.[39]

In der Wirkungsweise sind die Kontingentierungen fast identisch mit der Erhebung von Zöllen, da auch sie zu einem Konsumtions-, Schutz- und Preiseffekt führen. Hingegen erzielt der Staat bei der Erhebung von Zöllen Einnahmen, während er dies bei der Anordnung von Einfuhrbeschränkungen nicht tut. Allerdings besteht auch hier für den Staat eine Einnahmemöglichkeit:

---

34 Vgl. die Auflistung nicht-tarifärer Handelshemmnisse bei *Senti:* GATT-WTO, S. 59f, Übersicht 9.

35 Zitiert nach *Wagner:* Weltwirtschaftspolitik, S. 34.

36 So z.B. Art. 2 Nr. 2.2. Satz 3 des Übereinkommens über technische Handelshemmnisse vom 15. April 1994. Berechtigte Ziele (zu deren Erreichung abweichend von der Übereinkunft technische Handelshemmnisse eingesetzt werden dürfen) sind Erfordernisse der nationalen Sicherheit, Schutz der Gesundheit von Menschen, Tieren und Pflanzen sowie der Umwelt. Siehe den in englischer Sprache rechtsverbindlichen Originaltext bei *WTO-Legal Text:* S. 139; vgl. auch die deutschsprachige Übersetzung in bei *Benedek:* Die WTO, S. 216.

37 So der Titel des Buchs von *Beise/Oppermann/Sander.*

38 Teilweise wird anstelle des Begriffs „Importkontingente" auch der Begriff „Importquote" verwendet. Siehe etwa bei *Gabler-Volkswirtschafts-Lexikon:* Bd. I, Stichwort: „Importquote", S. 709.

39 *Rose/Sauernheimer:* Außenwirtschaft, S. 571.

Er kann nämlich die von den Importeuren begehrten Einfuhrlizenzen meistbietend versteigern.[40]

Als ein aktuelles Beispiel sei die staatliche Versteigerung von Mobilfunklizenzen genannt. Das Angebot ist in diesem Bereich durch die Anzahl der Satellitenverbindungen beschränkt. Meistbietend erfolgt der staatliche Verkauf der knappen aber begehrten Lizenzen an Telekommunikationsunternehmen.

Verfährt der Staat in dieser Weise, so bestehen keine Unterschiede mehr zur Praxis der Zollerhebung. Die Politik der Einfuhrbeschränkungen hat gegenüber der der Zollerhebung in den zurückliegenden Jahren stark an Bedeutung gewonnen. Hierfür gibt es zahlreiche Gründe:

Die Mitgliedsstaaten des GATTs haben sich - wie noch zu zeigen sein wird - in den GATT-Handelsrunden zu einem stetigen Zollabbau verpflichtet. Demgemäß mußten sie nach Alternativen suchen, wenn sie einerseits nicht vertragsbrüchig werden wollten, andererseits wiederum auch keinen tatsächlich freien Welthandel ertragen bzw. verkraften konnten.
Zudem kann die Wirkung eines Zolls auf Preise und importierte Mengen nur grob geschätzt werden, da der Verlauf von Angebots- und Nachfragekurven nicht genau bekannt ist. Das Problem mangelnder Kenntnis taucht bei quantitativen Beschränkungen nicht auf, da hier direkt in den Marktmechanismus eingegriffen wird. Somit ist verständlich, daß sich Importkontingente wachsender Beliebtheit erfreuen.
Ein bekanntes Importkontingent der jüngeren Geschichte, repräsentiert die von der Europäischen Union beschlossene und heftig umstrittene EU-Bananenordnung.[41]

b) Export - Selbstbeschränkungen

Export - Selbstbeschränkungsabkommen[42] werden zwischen zwei Handelspartnern abgeschlossen und sind deshalb dem Typus der bilateralen Vereinbarungen zu zurechnen. Einer der Handelspartner verpflichtet sich, den Export bestimmter Produkte in das Land des Vertragspartners absolut zu reduzieren bzw. den Zuwachs zu beschränken. Dabei erhebt sich die Frage nach den Gründen derartiger Selbstbeschränkung ohne Gegenleistung. Ein Staat wird dies tun, wenn er andernfalls riskieren muß, vollständig vom Export in den Staat des Vertragspartners ausgeschlossen zu werden. Also besteht die Gegenleistung darin, daß der Vertragsstaat kein vollständiges Importverbot verhängt.
Solche Selbstbeschränkungsabkommen werden daher häufig als „freiwillig" bezeichnet. Im Gegensatz zu Zöllen und Kontingenten gelten sie nicht für alle Anbieter, sondern nur für einige wenige Staaten. Im Regelfall werden dies jene Länder

---

40 Werden die Einfuhrlizenzen wettbewerblich an die Meistbietenden versteigert, so entstehen analog zu den Zolleinnahmen Versteigerungserlöse, die dem Staat zufließen. Werden jedoch die Lizenzen kostenlos nach anderen Kriterien vergeben, dann verbleiben die Renteneinnahmen bei denjenigen, die in den Genuß der Lizenzen kommen. Vgl. *Gabler-Volkswirtschafts-Lexikon:* Bd. I, Stichwort: „Importquote", S. 709.

41 Die Verordnung Nr. 404/93 wurde am 12.02.1993 verabschiedet. Ihr Inhalt ist im Detail dargestellt bei *Kuschel:* Die Bananemarktordnung der EU, S. 218f; vgl. auch den Dritten Teil dieser Arbeit.

42 Auch international als *„Voluntary Export Restraint (VER)"* bezeichnet.

sein, die besonders viele Waren exportieren. Selbstbeschränkungsabkommen, die in der Wirkungsweise den Kontingenten entsprechen, haben daher eine eindeutig diskriminierende Wirkung.

Allerdings wird das Selbstbeschränkungsabkommen nach den gewonnenen praktischen Erfahrungen - aus der Sicht des Inlandes - von Volkswirtschaftlern als ineffizientes Instrument der Importbeschränkung bezeichnet.[43]
So hat sich gezeigt, daß die ausländischen Anbieter versuchen, Selbstbeschränkungsabkommen auszuweichen. Dies kann beispielsweise durch die Herstellung qualitativ hochwertigerer Produkte erreicht werden, die nicht unter das Abkommen fallen (sogenanntes „Upgrading")[44]. Zum Teil wird auch versucht, verstärkt in Drittländer zu exportieren, die dann ihrerseits die Waren in das Vertragsland exportieren (regionales Ausweichen). Daher ist mit Hilfe eines Selbstbeschränkungsabkommens der Schutz des heimischen Anbieters kaum zu erreichen.

c) Subventionen

Auch Subventionen können in unterschiedlichen Formen gewährt werden. Zunächst besteht die Möglichkeit, einem heimischen Anbieter, der mit Importeuren konkurrieren muß, unmittelbar Geldleistungen für seine Produktion zur Verfügung zu stellen. Auch für die Ausfuhr bestimmter Produkte können einem heimischen Anbieter Subventionen gewährt werden, was beispielsweise innerhalb der EU im Agrarsektor geschieht. Da die EU-Agrarpreise deutlich über dem Weltmarktniveau liegen und die europäische Gemeinschaft ein erhebliches Interesse am Abbau ihrer Agrarüberschüsse hat, werden EU-Exporteuren Subventionen gewährt. Diese können dann die EU-Agrarprodukte ohne Verlust zu einem konkurrenzfähigen Preis auf dem Weltmarkt anbieten.

Auch steuerliche Entlastungen für Exporteure[45] und staatliche Exportabsicherungen[46] fallen unter den Begriff der Subventionen.
Subventionen werden überwiegend durch Steuereinnahmen finanziert. Der Konsument bezahlt durch seine Steuern und den Verkaufspreis für das Produkt doppelt. Daher führen Subventionen zu einem volkswirtschaftlichen Wohlfahrtsverlust.[47] Im übrigen sind nur Länder mit starken Steuereinnahmen und hoher Subventionskraft, wie z.B. die USA, Japan oder die Europäische Union in der Lage, durch Subventionen den Welthandel zu beeinflussen.
Es ist zu vermuten, daß in Zeiten leerer öffentlicher Kassen die Subventionspolitik an Bedeutung verlieren und durch andere protektionistische Maßnahmen ersetzt werden wird.

---

43 Vgl. *Rose/Sauernheimer:* Außenwirtschaft, S. 573 m.w.N.

44 Vgl. *Gabler-Volkswirtschafts-Lexikon:* Bd. I, Stichwort: „freiwillige Exportbeschränkung", S. 378.

45 Hier ist an Unternehmensansiedlungsmaßnahmen für inländische Unternehmen, die am Exportgeschäft teilnehmen zu denken. Sie verschaffen den Unternehmen kostengünstigere Ausgangspositionen im internationalen Wettbewerb.

46 Die Bundesrepublik Deutschland bietet Exporteuren z.B. eine Absicherung der Exporte durch günstige sogenannte „Hermes-Bürgschaften" an. Der Exporteur ist hierdurch vor Zahlungsausfällen mit Hilfe staatlicher Maßnahmen geschützt.

47 *Rose/Sauernheimer:* Außenwirtschaft, S. 574.

Die Aufzählung weiterer nicht-tarifärer Handelshemmnisse ließe sich fortsetzen,[48] an dieser Stelle soll die Begrenzung auf die drei oben genannten genügen.

3. Gefahren des Protektionismus

Durch Protektion wird massiv in den freien Welthandel eingegriffen. Die durch die Modellbetrachtungen des englischen Ökonomen *David Ricardo* sowie der schwedischen Wirtschaftswissenschaftler *Eli Heckscher* und *Bertil Ohlin* nachgewiesenen positiven Effekte einer internationalen Arbeitsteilung werden zunichte gemacht.

Staaten, die sich mit Hilfe von Protektionsmaßnahmen vor dem Welthandel abschotten, schwächen tendenziell und mittelfristig ihre eigene Wirtschaftskraft, mindern somit also das Volkseinkommen ihres Landes: Ein Wohlfahrtsdefizit ist die Folge.

Bedingt durch die ineffiziente Allokation der vorhandenen Ressourcen kommt es auch international zu weniger Wachstum und Wohlstandsminderung. Dies gilt um so stärker, je intensiver das protektionistische Land am Welthandel teilnimmt. Versucht ein Land, sich mit Hilfe von Protektionen Vorteile zu verschaffen, so provoziert dies zwangsläufig auch Gegenreaktionen der Länder, die bisher auf Schutzmaßnahmen verzichtet haben. Der Welthandel wird destabilisiert und die wechselseitigen Nachahmungs- und Vergeltungsmaßnahmen können sich, im Extremfall zu Handelskriegen ausweiten.[49]
Daher besteht in der Wissenschaft heute weitgehend Einigkeit darüber, daß Protektionismus schädlich für einen international wohlfahrtsfördernden Welthandel ist.[50]

Abgesehen von den beschriebenen Nachteilen für den Welthandel werden auch die vordergründig positiven Effekte für die Volkswirtschaft des protektionistischen Staates durch mannigfache Nachteile kompensiert.
Bedient sich ein Staat protektionistischer Maßnahmen, so führt dies zu Qualitätsverlusten bei Gütern und Dienstleistungen der heimischen Industrie.[51] Dies soll am Beispiel der Agrarpolitik der Europäischen Union verdeutlicht werden:

Die Europäische Union garantiert durch staatliche Ankäufe den EU- Agrarproduzenten Mindestpreise, was dazu führt, daß nicht die Qualität der Produkte entscheidend ist, da die Ankaufsgarantie gerade diesen Gesichtspunkt nicht berücksichtigt.

---

48 Vgl. etwa *Wagner:* Weltwirtschaftspolitik, S. 34.

49 So auch *Wagner:* Weltwirtschaftspolitik, S. 35.

50 Stellvertretend für die national und international ganz herrschende Meinung etwa *Glismann*: Weltwirtschaftslehre, S. 20f; *ders.*: Importbeschränkungen, S. 113f; *Hauser:* Protectionism and Structural Adjustment, S. 22; *Salvatore:* New Protectionist Threar to World Welfare, S. 1f; *Beise/Oppermann/Sander:* Grauzonen im Welthandel, S. 1; *Beise/Oppermann:* GATT-Welthandelsrunde, EA 1993, S. 3; *Borchardt:* Protektionismus im historischen Rückblick in *Gutowski (Hrsg.):* Protektionismus, S. 18, der in Fn. 3 auch auf die Ergebnisse einer Befragung bei *Schneider/Pommerehne/Frey:* Ergebnisse und Analyse einer Befragung deutscher Ökonomen, ZfgS 1983, S. 19f. verweist, nach der 70% der akademischen Wirtschaftswissenschaftler meinen, daß Zölle und Importquoten sich wohlfahrtsmindern auf eine Gesellschaft auswirken.

51 *Glismann*: Weltwirtschaftslehre, S. 32f.

Da zusätzlich der EU-Markt durch variable Zollsätze vor ausländischen Agrarerzeugnissen geschützt wird, herrscht eine nur eingeschränkte Wettbewerbssituation. Dies führt dazu, daß z.B. Tomaten gezüchtet werden, die besonders viel Wasser enthalten und deshalb viel wiegen - die Ankaufspreise fallen entsprechend hoch aus. Der schlechte Geschmack, der Verlust von Nährwerten etc. der „EG-Tomaten" stellt aber einen Qualitätsverlust für den Verbraucher dar.

Die Abschottung des heimischen Marktes führt dazu, daß die Industrien des protektionistischen Staates hinsichtlich der Innovation ihrer Produkte weniger gefordert sind. Mithin erhalten die Verbraucher Produkte, die nicht auf dem neuesten technischen Stand sind. Bei Hochtechnologiegütern wird dies besonders deutlich.

Protektion führt zudem zu weniger Wettbewerb, denn ausländische Anbieter können nur unter erschwerten Bedingungen am Handel teilnehmen. Der heimische Produzent ist nicht gehalten, seine Produktionskosten möglichst niedrig zu halten und innovative Produkte auf den Markt zu bringen. Der kostengünstiger und innovativer produzierende ausländische Anbieter ist kein oder nur beschränkter Konkurrent. Protektion verhindert daher die bestmögliche Aufteilung der Produktivkräfte einer Volkswirtschaft und auch deren wirtschaftliches Wachstum. Es gibt sogar Vertreter, die in Zöllen die „Mutter des Monopols" sehen.[52]

Die Aufzählung weiterer Gefahren für nationale wie internationale Volkswirtschaften könnte fortgesetzt werden.
Als Einführung soll jedoch die Beschränkung auf die wesentlichen Risiken genügen. Trotz der enormen Nachteile, die durch Protektionismus national und international entstehen, werden immer wieder auch Rechtfertigungen für protektionistische Maßnahmen in die Diskussion eingebracht.

4. Gründe für Protektionismus

Die Befürworter des Protektionismus sprechen dieses negativ besetzte Wort nicht offen aus, sondern umschreiben es mit dem positiver klingenden Begriff einer „strategischen Handelspolitik".[53]
Auch die Liste der Gründe, die für protektionistische Maßnahmen sprechen, ist umfangreich. Ein beliebtes Argument ist die Theorie des Optimalzolls.[54] Diese besagt, daß ein Land, welches hinsichtlich eines bestimmten Produkts international Monopolist ist, durch die Erhebung eines Zolls seine *„terms of trade"*[55] verbessern kann. Mit anderen Worten: Ein zollerhebendes Land erhält für jede exportierte Gütereinheit eine größere Menge an Importgütern und steigert damit die Wohlfahrt seiner Bevölkerung. Der Theorie des Optimalzolls liegt praktisch die Zollpolitik der Europäischen Union zugrunde.[56] Allerdings ist ein Optimalzoll kein „Nullsummenspiel"[57]. Das marktbeherrschende Land verschafft sich auf Kosten der anderen Länder einen Wettbewerbsvorteil, was Repressalien[58] dererseits zur Folge haben kann. Zudem werden sich die benachteiligten Länder zusammenschlie-

---

52 So etwa *Glismann*: Weltwirtschaftslehre, S. 31.
53 *Beise/Oppermann/Sander:* Grauzonen im Welthandel, S. 17.
54 Vgl. *Ethier:* Außenwirtschaftstheorie, S. 266; *Rose/Sauernheimer:* Außenwirtschaft, S. 585; *Glismann*: Weltwirtschaftslehre, S. 90.
55 Vgl. Fn. 32.
56 *Glismann*: Weltwirtschaftslehre, S. 90.
57 So der Titel des Aufsatzes von *Christians* in *Gutowski (Hrsg.):* Protektionismus, S. 121.
58 *Ethier:* Außenwirtschaftstheorie, S. 266.

ßen (Freihandelszonen), um in einer konzertierten Aktion gegen das zollerhebende Land vorzugehen. Konsequenz ist eine weitere Zunahme von Wirtschaftsblockbildungen.
Zudem muß berücksichtigt werden, daß sich die Einführung eines Zolls auch auf das Handelsvolumen auswirkt. Durch dessen Verringerung werden möglicherweise die Wohlfahrtsvorteile kompensiert.[59]

Häufig wird auch von Vertretern einer protektionistischen Handelspolitik das Anpassungsschutzargument als Rechtfertigung benannt.
Darunter ist die Ablehnung aus Kostennachteilen resultierender Veränderungen der Produktionsstruktur zu verstehen: Arbeitslosigkeit soll nicht durch Außenhandel verursacht werden.
Bei den gegenwärtig hohen Arbeitslosenzahlen ist dieses Argument - aus politischer Sicht - gut verständlich. Allerdings ist der Beschäftigungsstrukturwandel gerade eine Besonderheit des Arbeitsmarkts. Ein langfristiges Wirtschaftswachstum kann eher erreicht werden, wenn der Strukturwandel auf dem Arbeitsmarkt schnell vollzogen wird. Hierdurch entstehen moderne und zukunftsfähige Arbeitsplätze.
Dabei zwangsläufig entstehende soziale Probleme sollten eher durch eine aktive Arbeitsmarktpolitik oder/und Arbeitslosenhilfe gelöst werden als durch den Rückgriff auf eine Zollpolitik.

Protektionen erfolgen teilweise auch, um die Versorgungssicherheit eines Landes zu gewährleisten. Die Überlegung ist, daß sich ein Land nicht abhängig vom Ausland machen möchte. Dieses Argument beruht vorwiegend nicht auf ökonomischen Überlegungen, sondern ist geprägt durch ein Streben nach nationaler Autonomie. In diesem Zusammenhang werden Protektionen teilweise auch mit Gründen nationaler Sicherheit begründet.
Den Wohlfahrtsverlust durch Protektionen aus derartigen Gründen kann man folglich als eine Versicherungsprämie für die nationale Unabhängigkeit betrachten.[60]

Allerdings wird die größte Unabhängigkeit durch freien Handel gewährleistet. Gibt es viele verschiedene Länder, die bestimmte Produkte anbieten, ist die Gefahr der Abhängigkeit von einem bestimmten Land vergleichsweise klein. Andererseits existieren einige Rohstoffe (etwa Rohöl) nur in ausgewählten Regionen. Eine derartige Abhängigkeit läßt sich daher kaum verhindern, hieran ändern auch Protektionen nichts.

Es soll nicht geleugnet werden, daß es Gründe gibt, die für eine Protektion sprechen. Die „reinen Theorien des Freihandels" sind weder praktikabel noch wünschenswert, denn das freie Spiel der Kräfte zwischen Angebot und Nachfrage auf dem Weltmarkt genügt für eine Koordinierung nicht. Die sozialen Folgen des Welthandels erfordern eine aktive Wirtschaftspolitik, doch kann sie im Bereich des Welthandels nur durch konzertierte Handlungen möglichst vieler Länder erfolgen. „Kleinstaaterei" sowie der Aufbau von Handelsbarrieren führen zu nationalen und internationalen Wohlfahrtsverlusten, langfristig gar zu Weltwirtschaftskrisen.

---

59 *Rose/Sauernheimer:* Außenwirtschaft, S. 585.
60 So die anschauliche Beschreibung von *Glismann*: Weltwirtschaftslehre, S. 85.

Dies haben die 30-er (Währungskrise)[61] und 70-er (Ölkrise) Jahre eindrucksvoll gezeigt.

5. Möglichkeiten zur Verhinderung von Protektionismus

Inzwischen ist es eine sichere Erkenntnis, daß ein ausschließliches Vertrauen auf die Regelungskapazität des freien Marktes, insbesondere bei der weiter expandierenden Komplexität im wirtschaftlichen Integrationsprozeß, Gefahren in sich birgt.[62] Ebenso wenig können jedoch nationalstaatliche protektionistische Maßnahmen die gewünschte Stabilität auf den Weltmärkten garantieren. Bei der häufig angespannten Lage der öffentlichen Kassen wird die Notwendigkeit für Subventionen nur noch schwer zu begründen, teilweise werden sie einfach nicht mehr zu bezahlen sein.

Protektionen führen nicht nur zu den oben beschriebenen Wohlfahrtsverlusten, sondern sie verstärken auch das Mißtrauen zwischen den Staaten. Der Vertrauensverlust führt nicht selten zu Vergeltungsmaßnahmen, die schließlich in Weltwirtschaftskrisen enden. Die Geschichte hat auch gezeigt, daß Wirtschaftskonflikte in politische Kontroversen ausarten können, die ihrerseits teilweise in Kriegen enden. Hiergegen hilft ein Klima des Vertrauens, das durch stetige, und ungehinderte Kontakte und ein „Miteinander - Vertrautwerden" geschaffen werden kann.[63]

Die Anzahl der grenzüberschreitenden Probleme nimmt stetig zu. Luft- und Wasserverschmutzungen machen bekanntlich an den Grenzen der Nationalstaaten keinen Halt. Derartige Probleme entziehen sich dem Einfluß einzelner Nationalstaaten und verlangen nach globalen Lösungen. Die Stellung des Nationalstaates im internationalen System ist durch eine neue Ambivalenz gekennzeichnet. Die Souveränität der Staaten als formales völkerrechtliches Prinzip wird zwar nicht angetastet, aber die politische Souveränität wird durch die zunehmende Verflechtung der Staaten eingeschränkt.[64] Diese Interdependenz stellt ein neues Strukturprinzip der internationalen Politik dar.[65]
Die Destabilisierung des Welthandels kann weder durch privatmarktwirtschaftliche Mechanismen noch durch nationalstaatliche protektionistische Maßnahmen verhindert werden. Nur eine Kooperation der Staatengemeinschaft und eine weltwirtschaftspolitische Koordinierung der internationalen Wirtschaftsbeziehungen können die erforderlichen Regelungsmechanismen liefern und zu einer weltweiten Wohlfahrtsmehrung führen. Mit Hilfe internationaler Institutionen kann die Integration der Weltwirtschaft - wenn überhaupt - gelingen.

---

61 Ausgelöst wurde diese erste Weltwirtschaftskrise durch den „Börsencrash" am sogenannten „schwarzen Freitag" an der New Yorker Börse. Die Folge war eine sich weltweit ausbreitende Rezession. Die amerikanische Regierung reagierte auf die Krise mit einem neuen Außenhandelsgesetz *(Smoot Hawley Zollgesetz)*. Dieses Gesetz sah eine Anhebung der Importzölle von durchschnittlich 26 v.H. auf rund 50 v.H. vor. Die Handelspartner der USA reagierten mit „Vergeltungsmaßnahmen". Die Folge war ein Rückgang des Welthandels um über 30 v.H. und damit eine Verstärkung der Krise; vgl. auch *Senti:* GATT-WTO, S. 8; *Senti/Conlan:* WTO, S. 9.

62 *Wagner:* Weltwirtschaftspolitik, S. 36.

63 *Wagner:* Weltwirtschaftspolitik, S. 36 in Fn. 60 m.w.N.

64 Diese Tatsache wird auch durch Art. 23 Abs. I, Satz 2 GG deutlich. Danach kann der Bund durch Zustimmungsgesetz Hoheitsrechte auf die Europäischen Union übertragen. Damit begibt sich die Bundesrepublik eines Teils ihrer politischen Souveränität.

65 *Wagner:* Weltwirtschaftspolitik, S. 36 in Fn. 61 m.w.N.

Seit den 40-er Jahren ist die Staatengemeinschaft auf der Suche nach einer geeigneten Institution, um eine funktionierende Weltwirtschaftsordnung zu installieren. Möglicherweise ist mit Gründung der WTO die geeignete Institution gefunden worden.

B. Von der Internationalen Handelsorganisation (ITO) zur Welthandelsorganisation (WTO)

Die Welthandelsorganisation *„World Trade Organization"* (WTO) trat am 01.01.1995 in Kraft.[66] Damit fanden nach siebeneinhalb Jahren die sogenannten Uruguay-Verhandlungsrunden einen erfolgreichen Abschluß. Der Vertragstext der WTO wurde auf der Konferenz in Marrakesch am 15. April 1994 verabschiedet. Der Weg zur Schaffung der WTO dauerte etwa 50 Jahre, denn schon seit 1948 existierte der Plan, eine internationale Handelsorganisation zu errichten.

I. Die Ausgangslage nach dem Zweiten Weltkrieg

Im Jahre 1944 fand eine Konferenz im amerikanischen Bretton Woods[67] statt. Unter dem Eindruck des im Endstadium befindlichen Zweiten Weltkrieges und in der Erkenntnis, den Wiederaufbau der zerstörten Länder nur gemeinsam bewirken zu können, wurden die Internationale Bank für Wiederaufbau und Entwicklung (kurz: Weltbank) sowie der Internationale Währungsfonds (IWF) gegründet.[68] Mit der Gründung dieser beiden Organisationen schaffte man die währungs- und finanzwirtschaftlichen Rahmenbedingungen für einen erfolgreichen Aufbau der zerstörten Länder.[69] Das Jahr 1944 kann wohl als der Beginn einer Epoche bezeichnet werden, die der nach Ende des 30-jährigen Krieges ähnelte. Andere Stimmen sprechen von „kopernikanischer Wende" in der Wirtschaftsgeschichte.[70] Die Mehrzahl der Staaten auf der Welt erkannte, daß die anstehenden Aufgaben, z.B. der Wiederaufbau nach dem Zweiten Weltkrieg, der Schutz von Menschenrechten, das friedliche Zusammenleben zwischen den Staaten oder die Bekämpfung des Welthungers, nicht mehr mit „Kleinstaaterei", sondern nur gemeinsam und mit Hilfe multinationaler Organisationen - wenn überhaupt - bewältigt werden konnten. Diese Erkenntnis manifestierte sich schließlich mit der Unterzeichnung

---

66 Art. XIV Rahmenübereinkommen der WTO regelt den Zeitpunkt des Inkrafttretens der WTO. Siehe den in englischer Sprache rechtsverbindlichen Originaltext bei *WTO-Legal Text*, S. 16. Der exakte Zeitpunkt des Inkrafttretens wurde von einer speziellen „Implementierungskonferenz" in Genf festgelegt, vgl. *Benedek:* Die WTO, S. 1.

67 Bretton Woods ist ein Ort in New Hampshire/USA. Er war Tagungsort der UNO Währungs- und Finanzkonferenz in der Zeit vom 01. bis 23.07.1944. Vgl. *Der Brockhaus:* Band 2, Seite 279.

68 Vgl. auch den Überblick der geschichtlichen Entwicklung bei *Beise/Oppermann/Sander:* Grauzonen im Welthandel, S. 26f.

69 Man bezeichnet den Internationalen Währungsfond (IWF) und die Weltbank nach dem Gründungsort auch als *„Bretton Woods-Institutionen"*. Hierunter zählte man auch die ITO (*International Trade Organization*). Diese wurde jedoch - wie noch gezeigt wird - nie gegründet, so daß unter *„Bretton Woods-Insitutionen"* die Weltbank und der IWF zu verstehen sind. Vgl. auch *Beise*: GATT in *Vitzthum (Hrsg.):* Europäische und internationale Wirtschaftsordnung, S. 188.

70 *Petersmann*: Rabels Zeitschrift für ausländisches und internationales Privatrecht 1983, S. 478.

der Charta der Vereinten Nationen am 26.06.1945 in San Francisco.[71] Die UN - Charta trat am 24.10.1945 in Kraft.
Nachdem 1944 die finanzwirtschaftlichen und 1945 die politischen Rahmenbedingungen für eine neue Weltordnung geschaffen worden waren, wuchs die Einsicht, daß die Welt auch eine neue und veränderte Wirtschaftspolitik benötigen würde. Der Motor des Wiederaufbaus konnte nur eine florierende Wirtschaft sein. Gegenwärtig waren noch die Erinnerungen an die erste Weltwirtschaftskrise in den 20-er Jahren. Durch protektionistische Maßnahmen wie hohe Zölle, Importrestriktionen und Ausländerbenachteiligung wurde die Weltwirtschaft damals de facto lahm gelegt. Die Folge waren Verarmung und Hunger in der Welt. Diese beiden Probleme bildeten den Nährboden für die Auferstehung totalitärer und diktatorischer Regierungen. Häufig bildeten Verarmung und Hunger eine Ursache für den Ausbruch von kriegerischen Auseinandersetzungen. Es galt daher, gemeinsam an einer zum Wohle für alle florierenden Weltwirtschaft zu arbeiten.

II. Das Projekt: „Internationale Handelsorganisation" (ITO)

Eine zentrale Säule der Wirtschaft ist der Außenhandel mit Waren, Gütern und Erzeugnissen. Der internationale Handel stellt nicht ausschließlich Wirtschaftsgeschehen dar, sondern hat auch die Funktion einer Außenpolitik.[72] Da diese jedoch nur von Staaten betrieben werden kann, wird der Außenhandel entweder unter einen Erlaubnisvorbehalt[73] gestellt oder zwar grundsätzlich als Freiheitsrecht eingeräumt, aber vom Staat aus Gründen der Außenpolitik oder Staatsicherheit eventuell wieder beschränkt.

Die rechtlichen Grundlagen für einen Außenhandel werden zunächst durch das nationale Außenwirtschaftsverwaltungsrecht vorgegeben. Für die Bundesrepublik Deutschland sind dies primär das Außenwirtschaftsgesetz (AWG) sowie die Außenwirtschaftsverordnung (AWVO). Diese Bestimmungen werden durch weitere Verwaltungsvorschriften, Zuständigkeitsverordnungen, Einfuhr- und Ausfuhr- wie auch Länderlisten konkretisiert und ergänzt.[74]
Das deutsche Außenwirtschaftsverwaltungsrecht wird durch das europäische Außenhandelsrecht beschränkt,[75] denn die EU besitzt aufgrund von Art. 133 Abs. 1 EGV die ausschließliche Kompetenz zur Steuerung des Außenhandels, sofern es sich um Gegenstände der gemeinsamen Handelspolitik handelt. Da der Außenhandel bislang jedoch noch nicht abschließend und umfassend auf EU-Ebene geregelt wurde[76], bleibt ein Anwendungsbereich für nationale Außenhandelsbestimmungen bestehen. Das EU-Recht hat in diesem Bereich das nationale Recht der einzelnen Mitglieder noch nicht verdrängt.

Trotz des Grundsatzes der Außenwirtschaftsfreiheit sind Rechtsgeschäfte und Handlungen gemäß § 2 Abs. 1 AWG teilweise verboten, oder sie bedürfen einer Genehmigung.[77] Hierdurch hat der Staat von seiner oben dargelegten Kompetenz

---

71 *Baratta:* Fischer Weltalmanach, S. 919.
72 *Meng* in *Klein/Meng/Rhode (Hrsg.):* Welthandelsordnung, S. 43.
73 So etwa in den USA.
74 Vgl. *Stober:* Wirtschaftsverwaltungsrecht, S. 430.
75 Vgl. *Stober:* Wirtschaftsverwaltungsrecht, S. 429.
76 *Stober:* Wirtschaftsverwaltungsrecht, S. 429 m.w.N.
77 Ausführlich hierzu *Stober:* Wirtschaftsverwaltungsrecht, S. 432.

Gebrauch gemacht und den Außenhandel aus politischen Gründen bzw. Staatsicherheitsüberlegungen beschränkt.

Der Geltungsbereich des Wirtschaftsverwaltungsrechts wird zudem durch bi- und multilaterale Übereinkommen ergänzt. Das WTO-Übereinkommen markiert ein Beispiel dafür.

Derartige Übereinkommen sind wichtig, da ein fairer Außenhandel nur dann geschaffen werden kann, wenn die rechtlichen Rahmenbedingungen weltweite Geltung, vor allem aber auch Durchsetzbarkeit erlangen.

Die USA initiierten den ersten Versuch zum Abschluß eines weltwirtschaftlichen Abkommens und unterbreiteten der gerade geschaffenen UNO im Jahre 1946 einen Vorschlag zur Gründung einer Internationalen Handelsorganisation, der sogenannten *„International Trade Organization" (ITO).*
Als eine seiner ersten Tätigkeiten beschloß der Wirtschafts- und Sozialrat der UNO (ECOSOC), am 18. Februar 1946 eine internationale Konferenz für Handel und Arbeit einzuberufen.[78] Dieser Konferenz sollte ein ITO-Statutenentwurf vorgelegt werden.
Für die Konferenz wurde ein Vorbereitungsausschuß *(preparatory committee)* eingesetzt, in dem folgende Länder vertreten waren: Australien, Belgien, Brasilien, Chile, China, Frankreich, Großbritannien, Indien, Kanada, Kuba, Libanon, Luxemburg, Neuseeland, Niederlande, Norwegen, Südafrikanische Union, Tschechoslowakei, UdSSR und die USA.
Aufgrund der Arbeit dieses Ausschusses fand im Oktober 1946 eine erste Konferenz in London statt. Der Einladung der UNO zur Teilnahme an dieser Konferenz folgten achtzehn der oben genannten Staaten. Lediglich die UdSSR zeigte kein weiteres Interesse an Verhandlungen über die Gründung einer internationalen Welthandelsorganisation und war in London nicht vertreten. Ziel war es, eine internationale Organisation für Handel und Arbeit zu gründen. In Teil IV des Statutenentwurfs zur Schaffung der ITO wurden die Grundlagen für eine weltweite Handelspolitik festgeschrieben. Diese beinhalteten schon die Forderung, Zölle und Handelshemmnisse abzubauen und somit eine Liberalisierung des Welthandels zu erreichen. Da ein starkes Interesse der beteiligten Länder an der Abschaffung der hohen Zölle existierte, wurde anläßlich dieser ersten Konferenz unter den Teilnehmern Einigkeit darüber erzielt, daß der Abbau von Zöllen und nicht-tarifären Handelshemmnissen vorrangig und außerhalb der Verhandlung über die Gründung der ITO in einem speziellen Vertrag zu regeln sei.
Begünstigt wurde dieser Schritt auch durch die Tatsache, daß sich im Land der Initiatoren der neuen Weltwirtschaftsordnung, den USA, zunehmend Angst vor der eigenen Courage ausbreitete und der Wille zur Öffnung der Märkte zu schwinden begann.[79] Die Mehrheit der amerikanischen Parlamentarier war gegen die Schaffung der ITO. Den Vertretern des Liberalismus war die ITO zu protektionistisch, die Anhänger einer protektionistischen, amerikanischen Wirtschaftspolitik war die ITO zu liberal.[80]

---

78 *Senti:* GATT-WTO, S. 10; *Senti/Conlan:* WTO, S. 11; *Hummer/Weiss:* Vom GATT '47 zur WTO '94, S. XXXVI.
79 *Beise/Oppermann/Sander:* Grauzonen im Welthandel, S. 27.
80 Vgl. *Senti:* GATT-WTO, S. 11; *Senti/Conlan:* WTO, S. 12.

Im Frühjahr 1947 wurde in Lake Success, New York, ein erster Entwurf mit dem Namen: *„General Agreement on Tariffs and Trade" (GATT)* ausgearbeitet.
Von nun an existierten somit zwei Statutenentwürfe; der eine befaßte sich mit der Schaffung der ITO, der andere mit der Liberalisierung des Welthandels (GATT). Weitere Konferenzen folgten, in denen die Entwürfe unterschiedlicher Kommissionen und Ausschüsse diskutiert und weiterentwickelt wurden. Schließlich kam es am 30. Oktober 1947 in Genf zur Unterzeichnung des GATTs durch 23 Staaten. Die Signatarstaaten waren: Australien, Belgien, Brasilien, Burma, Ceylon, Chile, China, Frankreich, Großbritannien, Indien, Kanada, Kuba, Libanon, Luxemburg, Neuseeland, Niederlande, Norwegen, Pakistan, Rhodesien, Südafrika, Syrien, Tschechoslowakei und USA.
Dieses Abkommen wird auch als „GATT 1947" bezeichnet.[81] Der Vertragstext war mit dem des Statuts - Teil IV - zur Schaffung der ITO identisch.
Das GATT stellte somit also nur einen Teil des ITO-Statutes dar. Die ITO sollte die eigentliche Organisation werden, der es oblag, für die Einhaltung und Durchführung des GATT-Reglements zu sorgen.

Als am 01. Januar 1948 aufgrund des *„Genfer Protokolls über die vorläufige Anwendung des Allgemeinen Abkommens"*[82] das „GATT 1947" für 8 Staaten in Kraft trat, gingen diese Staaten noch davon aus, daß es sehr bald zur Gründung der ITO kommen würde. Die acht Ratifikanten waren Australien, Belgien, Frankreich, Großbritannien, Kanada, Luxemburg, Niederlande und USA. In den weiteren Monaten ratifizierten auch Brasilien, Burma, Ceylon, Chile, China[83], Indien, Kuba, Libanon[84], Neuseeland, Norwegen, Pakistan, Rhodesien, Südafrikanische Union, Syrien[85] und die Tschechoslowakei das „GATT 1947" - Abkommen. Zu diesem Zeitpunkt konnten diese 23 Staaten noch nicht ahnen, daß die Rechtsgrundlage für das GATT bis zum Jahre 1995 das *„Protokoll über die vorläufige Anwendung des Allgemeinen Abkommens"* sein würde.
Vom 21. November 1947 bis zum 28. März 1948 fand in Havanna (Kuba) eine Konferenz der Vereinten Nationen für Handel und Beschäftigung (UNCTE) statt. Auf dieser Sitzung wurde die Einsetzung einer Kommission beschlossen, deren Aufgabe es war, die Unterzeichnung einer Satzung für die ITO vorzubereiten und zugleich eine interimistische Verwaltung des GATTs zu übernehmen.[86] Deshalb wurde die Kommission als *„Interim Commission for the International Trade Organization (ICITO)"* bezeichnet. Am 24. März 1948 kam es dann zur Unterzeichnung der „Havanna-Charta" über die Errichtung einer Internationalen Handelsorganisation (ITO) durch insgesamt 53 Staaten. Bemerkenswert ist die Tatsache, daß neben 18 Industriestaaten 33 Entwicklungsländer, ein sozialistischer Staat aus Osteuropa und die Volksrepublik China die Charta unterzeichneten.

---

81 Da es vor Gründung der WTO im Jahre 1994 zum Abschluß eines zweiten GATT-Übereinkommens kam, wird zur besseren Unterscheidung, daß frühere GATT-Abkommen als „GATT 1947" und der spätere Vertrag als „GATT 1994" bezeichnet. Siehe den in englischer Sprache rechtsverbindlichen Originaltext bei *WTO-Legal Text:* S. 485f; vgl. auch die deutschsprachige Übersetzung bei *Benedek:* Die WTO, S. 64f.

82 Siehe den in englischer Sprache rechtsverbindlichen Originaltext bei GATT, S. 77; vgl. auch den Deutschen Text des Protokolls in *Benedek:* Die WTO, S. 131. Anmerkung: Mit der Aufhebung des GATTs 1947 am 31.12.1995 trat das Protokoll außer Kraft.

83 Die Volksrepublik China erklärte 1950 den Austritt aus dem GATT.

84 Libanon erklärte 1951 seinen Austritt aus dem GATT.

85 Syrien erklärte 1951 seinen Austritt aus dem GATT.

86 Diese Satzung wird auch als „Havanna-Charta" bezeichnet.

Im Jahre 1950 lehnte es der amerikanische Kongreß aber mehrheitlich aus oben genannten Gründen ab, die Havanna-Charta zu ratifizieren. Damit scherte eine der größten Volkswirtschaften aus der in Gründung befindlichen ITO aus. Dies führte zwangsläufig zum Scheitern des gesamten Vorhabens, - die ITO trat somit nie in Kraft.

Hinsichtlich der Übereinkunft der Londoner Konferenzteilnehmer im Oktober 1946, den Abbau von Zöllen in einem speziellen Vertrag und vorab zu vereinbaren, kann man daher von einer folgenschweren Einigung sprechen. Denn es kann nur darüber spekuliert werden, ob es jemals ein GATT gegeben hätte, wenn dieser Themenkomplex als ein Teil der ITO Verhandlungen belassen worden wäre. Vieles spricht dafür, daß es ein Abkommen über den Abbau von Zöllen und Handelshemmnissen nicht oder zumindest nicht so zeitnah gegeben hätte.

Allerdings hatte das GATT einen „Makel", denn man ging bei seinem Inkrafttreten davon aus, daß die ITO die Organisation für die Kontrolle und Durchführung des Abkommens bilden würde. Andere Stimmen sprechen daher von einem „Geburtsfehler"[87] oder „Geburtsmakel"[88]. Dennoch entwickelte sich das GATT zu der Weltordnung, die zunächst erfolgreich den Abbau von Zöllen und im Laufe der Jahre auch schrittweise die Öffnung und Liberalisierung der Weltmärkte erreichte. Da das GATT die Vorstufe für die später gegründete WTO darstellt, lohnt sich eine kurze aber dennoch dezidierte Betrachtung der Entwicklungsgeschichte des GATTs.

III. Das Allgemeine Zoll- und Handelsabkommen (GATT)

Das „GATT 1947" trat am 01. Januar 1948 in Kraft. Man konnte das GATT jedoch nicht als völkerrechtlichen Vertrag abschließen, da die Ratifizierung eines derartigen Vertragstextes durch die nationalen Parlamente der Unterzeichnerstaaten sehr ungewiß war. Vor allem der amerikanische Kongreß und Senat hätten dem GATT als völkerrechtlichem Vertrag wohl die Ratifikation versagt. Diese Tatsache zeigte sich schon anläßlich der Abstimmung über den ITO-Statutenentwurf.[89] Dennoch wollte man dem GATT zum „Durchbruch" verhelfen, weshalb beschlossen wurde, das GATT aufgrund des *„Genfer Protokolls über die vorläufige Anwendung des Allgemeinen Abkommens Zoll- und Handelsabkommens (GATT)"*[90] in Kraft treten zu lassen. Dieses Protokoll bildete bis zur Gründung der WTO die Rechtsgrundlage für das GATT. Dieses mußte nicht durch die nationalen Parlamente ratifiziert werden, da es kein völkerrechtlicher Vertrag war. Vielmehr stellte es einen internationalen Vertrag dar, für dessen Abschluß die Regierungsvertreter der Unterzeichnerstaaten die Kompetenz innehatten. Die Amerikaner bezeichneten das Protokoll denn auch als ein *„executive agreement"*, das ohne Zustimmung des Kongresses abgeschlossen werden konnte.[91]

---

87 So *Benedek:* Die WTO, S. 2.

88 So *Meng* in *Klein/Meng/Rhode (Hrsg.):* Welthandelsordnung, S. 37; *Hahn:* Die einseitige Aussetzung, S. 17.

89 Vgl. die Ausführungen zur Abstimmung zum ITO-Entwurf im Ersten Teil, 1. Kapitel, B. II.

90 Siehe den in englischer Sprache rechtsverbindlichen Originaltext des Protokolls bei *GATT:* Vol. I, 1952, S. 77; vgl. auch den deutscher Text des Protokolls in BGBl.: 1951 II, S. 173 *Benedek:* Die WTO, S. 131. Anmerkung: Mit der Aufhebung des GATTs 1947 am 31.12.1995 ist das Protokoll außer Kraft getreten.

91 *Hahn*: Die einseitige Aussetzung, S. 17f.

Allerdings verlangte dieses Vorgehen einen Preis, der sich später auf das Funktionieren des GATTs negativ auswirken sollte.
Gemäß Nummer 5 des *„Protokolls über die vorläufige Anwendung des Allgemeinen* stand jeder Regierung das Recht zu, die Vereinbarung ohne weitere Bedingungen mit einer Frist von 60 Tagen zu kündigen. Diese einfache Kündigungsmöglichkeit wurde bei Streitigkeiten häufig als Druckmittel benutzt. Zudem stärkte sie nicht das Vertrauen in die eingegangenen Verpflichtungen.
Die gemäß Nummer 1 des Protokolls vereinbarte Übereinkunft, das GATT ab dem 01. Januar 1948 vorläufig anzuwenden, wird auch als „Großvaterklausel"[92] bezeichnet. Des weiteren erhielt das GATT durch diese Klausel eine wichtige Relativierung, galten die Verpflichtungen doch nur für eine Gesetzgebung nach Inkrafttreten - also nach dem 01.01.1948 - des Protokolls. Die vorher bereits existierenden Protektionismen konnten fortbestehen.[93]
Nicht nur die Rechtsgrundlage des GATTs stellte ein Provisorium dar. Vielmehr war auch die Verwaltung des GATTs nicht dauerhaft durch das Abkommen geregelt, sondern wurde durch die *„Interim Commission for the International Trade Organization (ICITO)"* vorübergehend wahrgenommen. Auch dieses Verwaltungsprovisorium blieb bis zur Gründung der WTO erhalten.

Die Organisationsstruktur des GATTs läßt sich in wenigen Worten erklären und findet sich im Ansatz auch bei der WTO wieder.

Oberstes Entscheidungsgremium des GATTs waren die „VERTRAGSPARTEIEN"[94], deren Delegierte sich jährlich einmal trafen. An der Bezeichnung „VERTRAGSPARTEIEN" wird deutlich, daß das GATT kein völkerrechtlicher Vertrag mit Mitgliedsstaaten ist, sondern „nur" ein multilateraler Vertrag mit Parteien. Alle Staaten, die das GATT ratifiziert hatten, waren in dem Organ „VERTRAGSPARTEIEN" vertreten und hatten jeweils eine Stimme.[95] Wichtige Entscheidungen, wie etwa Veränderungen der Meistbegünstigung[96], des Gleichstellungsprinzips oder der Antidumping- und Ausgleichszölle, unterlagen dem Einstimmigkeitsprinzip[97]. Andere Entscheidungen konnten je nach Bedeutung mit zwei Drittel oder einfacher Mehrheit getroffen werden. Aufgrund des steigenden Arbeitsumfangs wurde 1960 der GATT-Rat installiert, um die laufenden Geschäfte zwischen den jährlichen Treffen der „VERTRAGSPARTEIEN" zu erledigen. Hierzu wurden Kompe-

---

92 *Meng* in *Klein/Meng/Rhode (Hrsg.):* Welthandelsordnung, S. 37; *Benedek:* Die WTO, S. 2.

93 Vgl. *Hahn:* Die einseitige Aussetzung, S. 17.

94 Immer dann, wenn das Organ „VERTRAGSPARTEI" gemeint war, wurden im GATT-Text Großbuchstaben verwendet (vgl. auch Art. XXV, Abs. 1 des GATT-Abkommen). Besonders deutlich wird die Unterscheidung zwischen Vertragspartei und „VERTRAGSPARTEI" etwa bei Art VIII, Nr. 2 GATT-Abkommen (Zitat):*Jede Vertragspartei wird auf Antrag einer anderen Vertragspartei oder auf Antrag der VERTRAGSPARTEIEN* (Im englischen Originaltext: *CONTRACTING PARTIES) die Anwendung ihrer Gesetze .... überprüfen.*(Zitatende) Nach Gründung der WTO wurde das Organe durch die neuen WTO-Institutionen ersetzt. Der in englischer Sprache rechtsverbindlichen Originaltext des Übereinkommens bei *WTO-Legal Text:* S. 497; vgl. auch den deutschen Text bei *Benedek:* Die WTO, S. 132.

95 Vgl. auch *Senti:* GATT-WTO, S. 24; *Senti/Conlan:* WTO, S. 24.

96 Nach Art. I GATT (1947) bedeutet Meistbegünstigung, daß die Mitgliedsstaaten sich verpflichten, Vorteile die sie einem anderem Mitgliedsstaat gewähren, sofort und bedingungslos mindestens im gleichen Umfange auch anderen Mitgliedsstaaten einzuräumen. Vgl. den in englischer Sprache rechtsverbindliche Originaltext bei *WTO-Legal Text*, S. 486; vgl. auch den deutschen Text bei *Benedek:* Die WTO, S. 64.

97 Siehe etwa zum Antidumping- und Ausgleichszoll Art. VI, Abs. 6b und 6c GATT-Abkommen.

tenzen von den „VERTRAGSPARTEIEN" auf den GATT-Rat übertragen. Dieser trat einmal monatlich zusammen. Das GATT-Sekretariat befand sich in Genf und wurde durch den Generaldirektor[98] geführt.

Für einzelne Themen wurden Kommissionen oder zeitlich befristete Arbeitsgruppen gebildet. Streitigkeit zwischen den Vertragsparteien wurden vor einem Schiedsgericht verhandelt, das einen Entscheidungsvorschlag erarbeitete und diesen dem GATT-Rat unterbreitete.

Später wurden diese Organisationsstrukturen des GATTs im wesentlichen von der WTO übernommen, wenngleich einige entscheidende Veränderungen das bisherige System modifizierten.

Trotz des Provisoriums gelang es mit Hilfe des GATTs, erstmalig ein umfangreiches Regelungswerk für den Welthandel zu installieren. So konnte der Bilateralismus durch eine „quasi-völkerrechtliche" Organisation überwunden werden. Einige Stimmen sprechen daher von einer „Magna Charta des Welthandels".[99]

Der Erfolg des GATTs bestand insbesondere darin, daß die Liberalisierung der Weltmärkte in pragmatisch-realistischer Weise vorangetrieben wurde. Von der eher politischen Organisation der Vereinten Nationen hielt das GATT stets Distanz.

Die 1947 manifestierten Beschlüsse und Vereinbarungen wurden durch sogenannte GATT-Handelsrunden weiterentwickelt und ergänzt. In diesen Verhandlungen ging es vorwiegend um die Vereinbarung konkreter Zugeständnisse im Handelsbereich, weniger um die Erörterung von Grundsatzfragen der internationalen Wirtschaftsordnung. Von 1947 bis zum Ende des GATTs 1994 fanden insgesamt acht Handelsrunden[100] statt, die jeweils über mehrere Jahre dauerten. Im einzelnen waren dies:

1947 Erste Handelsrunde des GATTs in Genf. Unterzeichnung des Protokolls über die vorläufige Anwendung des GATTs durch 23 Vertragsstaaten („Großvaterklausel"). Erste deutliche Reduktion der Zölle.

1948 - 1949 Zweite Handelsrunde des GATTs. Das Abschlußprotokoll von Annecy beinhaltet weitere Verpflichtungen von Zollreduktionen zwischen den Mitgliedern - 10 Beitritte von Staaten (Dänemark, Dominikanische Republik, Finnland, Griechenland, Haiti, Italien, Liberia[101], Nicaragua, Schweden und Uruguay).

1950 - 1951 Dritte Handelsrunde des GATTs. Abschlußprotokoll von Torquay - Beitritte von 6 weiteren Staaten (Bundesrepublik Deutschland, Korea, Österreich, Peru, Philippinen und Türkei).

1955 - 1956 Vierte Handelsrunde des GATTs in Genf. Keine Fortschritte hinsichtlich der Liberalisierung des Handels. Japan tritt dem GATT bei.

1960 - 1961 Fünfte Handelsrunde des GATTs („Dillon-Runde"). Aus Sorge, daß es durch die neu gegründete EWG zu regionalen Zolldiskriminierungen kommen wird, werden Verhandlungen über weitere Zollsenkun-

98 Die Generaldirektoren des GATT waren: ERIC WYNDHAM-WHITE (1948-1968), OLIVER LONG (1968-1980) und ARTHUR DUNKEL (1980-1993). PETER DENIS SUTHERLAND (1993-1995) hat 1993 das Amt übernommen und war für eine Übergangszeit auch der erste Generaldirektor der neu gegründeten WTO.

99 So der Titel des Aufsatzes von *Hailbronner/Bierwagen:* JA 1988, S. 318.

100 Vgl. auch die anschauliche Darstellung bei *Senti:* GATT-WTO, S. 15-17.

101 Liberia erklärte jedoch schon 1950 wieder seinen Austritt aus dem GATT.

gen geführt. Die Ergebnisse fallen bescheiden aus. Beitritt von 3 weiteren Staaten (Israel, Kambodscha und Portugal).

1964 - 1967 Sechste Handelsrunde des GATTs („Kennedy-Runde"). Auf Vorschlag der Amerikaner kommt es zu einer neuen Verhandlungsrunde. Die USA sehen Handlungsbedarf, da die EWG wirtschaftlich erstarkt. Die Zölle werden um weitere 30 v.H. bis 40 v.H. gesenkt, allerdings gibt es keine Ergebnisse hinsichtlich einer Liberalisierung der Agrarmärkte. Ebenso finden die nicht-tarifären Handelshemmnisse keinen Eingang in die Verhandlungen.

1973 - 1979 Siebte Handelsrunde des GATTs („Tokio-Runde"). Eine erneute Zollreduktion von 35 v.H. der verbleibenden Zölle kann erreicht werden. Zudem können insgesamt neun sogenannte Sonderübereinkommen[102] abgeschlossen werden. Da diese Abkommen z.T. auch mit eigenen Streitbeilegungsbestimmungen versehen sind und nicht in das GATT-Vertragswerk inkorporiert werden, zeichnet sich eine weitere Zersplitterung des GATTs ab.

1986 - 1993 Achte Handelsrunde des GATTs („Uruguay-Runde"). Diese Handelsrunde dauert am längsten und bringt die bedeutendsten Veränderungen mit sich. Sie endet schließlich in der Gründung der WTO.[103]

Erstaunlich ist die Tatsache, daß sich das GATT als eine dauerhafte und kraftvolle „internationale Organisation" erwiesen hat, obwohl es auf einer nicht existenten institutionellen Grundlage beruhte. Insoweit gibt es wohl keine andere vergleichbare internationale Organisation.[104] Die Konferenzen sorgten dafür, daß die bestehenden Zölle weltweit stetig gesenkt werden konnten.[105] Das GATT wirkte auch in das staatliche Recht hinein, indem es die nationalen Regierungen in ihren Bemühungen unterstützte, gesamtstaatliche Interessen gegen den Druck von Lobbies mit branchenspezifischen Interessen durchzusetzen.[106] Die Regierungen der Mitgliedsstaaten konnten bei ihrer Gesetzgebung stets auf das GATT-Abkommen verweisen und somit eine nationale Auseinandersetzung durch die Lobbyisten teilweise verhindern.

---

102 Die neun abgeschlossen Abkommen der „Tokio-Runde" waren:
1) Übereinkommen über technische Handelshemmnisse (Standardkodex)
2) Übereinkommen über das öffentliche Beschaffungswesen
3) Übereinkommen über die Interpretation und Anwendung der Art. VI, XVI und XXIII GATT (Subventionskodex)
4) Übereinkommen über die Durchführung des Art. VII GATT (Zollwertkodex)
5) Übereinkommen über Importlizenzverfahren
6) Übereinkommen über die Anwendung des Art. VI GATT (Antidumpingkodex, anstelle der früheren Fassung aus 1967)
7) Übereinkommen über den Handel mit Zivilluftfahrzeugen
8) Übereinkunft betreffend Rindfleisch
9) Internationale Übereinkunft über Milchprodukte.

103 Siehe hierzu Erster Teil, 1. Kapitel, B., IV.

104 *Beise*: GATT in *Vitzthum (Hrsg.)*: Europäische und internationale Wirtschaftsordnung, S. 191.

105 So konnte z.B. anläßlich der Uruguay-Runde bei den Industrieprodukten eine Zollreduktion von 38% erzielt werden. Bei elektrischen Geräten konnten die Zölle um 47% und bei chemischen Produkten um 42% gesenkt werden. Siehe dazu *Senti*: GATT-WTO, S. 56, Übersicht 8.

106 *Beise*: GATT in *Vitzthum (Hrsg.)*: Europäische und internationale Wirtschaftsordnung, S. 191.

Aber es gab auch Probleme und Mißerfolge. Gerade in der Tokio-Verhandlungsrunde wurden u.a. viele rechtlich selbständige „plurilaterale Handelsübereinkünfte"[107] zwischen den Mitgliedsstaaten vereinbart.[108] Nicht alle Mitgliedsstaaten des GATTs schlossen sämtliche Handelsübereinkünfte ab. So mußte bei jedem einzelnen Dokument im Streitfall überprüft werden, ob das strittige Dokument von den Parteien ratifiziert worden war. Weitere handelsrechtliche Verträge wurden außerhalb der GATT-Runden geschlossen, so z.B. ein Rohstoffabkommen im Rahmen der UN-Konferenz für Handel und Entwicklung (United Nations Conference on Trade and Development, UNCTAD).[109]
Zudem wurden immer wieder anläßlich der Handelsrunden Abkommen über die Interpretation einzelner GATT-Bestimmungen mit einer unterschiedlichen Anzahl von Mitgliedsstaaten unterzeichnet. Hinzu kamen eine Vielzahl von Durchführungsvereinbarungen.
Dieses Konglomerat von z.T. selbständigen Abkommen unter dem „Dach" des GATTs führte schließlich dazu, daß sich nur noch einige wenige Experten in Genf in dem entstandenen Normengeflecht zurecht fanden.[110]
Gerade nach der Handelsrunde von Tokio drohte eine völlige „Zersplitterung" der einzelnen Abkommen. Das Ziel, die Weltmärkte weiter zu liberalisieren, drohte außer Sichtweite zu geraten.
Der „Mangel" einer fehlenden Dachorganisation trat nach erfolgreicher und pragmatischer Arbeit des GATTs wieder deutlich auf. Bei den Mitgliedsstaaten wuchs die Einsicht, das GATT zumindest zu reformieren, sollte es nicht nach fast 50 Jahren scheitern.

IV. Der Weg vom GATT zur WTO

Trotz der effektiven Arbeitsweise des GATTs drängten die dargelegten Schwächen und Probleme zu einer baldigen Abhilfe.
Anläßlich der achten GATT-Handelsrunde (Uruguay-Runde) unternahm der Mitgliedsstaat Kanada[111] die Initiative und unterbreitete im April 1990 den Vorschlag, eine Welthandelsorganisation zu gründen. Die Europäische Union schloß sich diesem Vorschlag an. Der sogenannte MTO-Entwurf (Multilateral Trade Organization) sah zunächst nur den Abschluß eines Abkommens vor, das dem GATT-Sekretariat die immer noch fehlende Rechtsgrundlage gewähren sollte.[112] Aller-

---

107 Die Bezeichnung *„plurilaterale Handelsübereinkünfte"* mag inkorrekt klingen, weil das Wort *„Plurilateral"* nicht im *Duden:* Die deutsche Rechtschreibung, aufgeführt ist. Der WTO-Text verwendet jedoch die Bezeichnung als terminus technicus. Im englischen Originaltext lautet die Bezeichnung: *Plurilateral Trade Agreement,* vgl. den in englischer Sprache rechtsverbindlichen Originaltext bei *WTO-Legal Text:* S. 438; vgl. auch die amtliche deutsche Übersetzung des Übereinkommens zur Errichtung der WTO verwendet den Begriff *„Plurilaterale Handelsübereinkommen"* vgl. BGBl.: 1994 II, S. 1437, 1625; ebenso *Benedek:* Die WTO, S. 7 und S. 495

108 Siehe *Meng* in *Klein/Meng/Rhode (Hrsg.):* Welthandelsordnung, S. 41.

109 Einen Überblick gibt *Petersmann* in *von der Groeben/Thiesing/Ehlermann (Hrsg.):* Handbuch des Europäischen Rechts, S. 3.

110 *Oppermann*, Die Europäische Gemeinschaft und Union in der Welthandelsorganisation 1995, S. 922.

111 *Benedek:* Die WTO, S. 23; a.A. wohl *Rhode* in*Klein/Meng/Rhode(Hrsg.):* Welthandelsordnung, S. 5 der die Auffassung vertritt, daß die Initiative zur Gründung einer Welthandelsorganisation erneut von den USA ausging. Dem ist jedoch nicht so, die Amerikaner konnten sich lediglich mit dem Namensvorschlag WTO durchsetzen, während Kanada und die EU den Namen MTO (Multilateral Trade Organization) favorisierten.

112 *Benedek:* Die WTO, S. 3.

dings hätte ein derartiges Abkommen die bestehenden Probleme nicht tatsächlich lösen können, die „Zersplitterung" der Rechtsnormen wäre nicht unterbunden worden. Dies zeigt sich auch an der Tatsache, daß das im Rahmen der Uruguay-Runde abgeschlossene *Allgemeine Übereinkommen über den Handel mit Dienstleistungen (General Agreement on Trade in Services, GATS* - folgend: *GATS*)[113] wie auch das *Übereinkommen über handelsbezogene Aspekte der Rechte des geistigen Eigentums (Trade-related Intellectual Property Rights* - folgend: *TRIPS*)[114] eine unabhängige rechtliche Existenz behalten sollten und daher auch mit selbständigen Organen, Streitschlichtungsregeln und allgemeinen Bestimmungen über Inkrafttreten, Änderungen etc. ausgestattet wurden.

Insbesondere das GATS stellte für die hochentwickelten Mitgliedsstaaten des GATTs eine wichtige Vereinbarung dar denn, der Dienstleistungshandel hatte sich zu einem wesentlichen Teil des Außenhandels für die Industriestaaten entwickelt.[115] Dieser Bereich des Handels fiel bisher jedoch nicht unter das Reglement des GATTs.

Der vorgelegte MTO-Vorschlag fand zwangsläufig auch nicht die erhoffte Mehrheit. Dies führte zu einem Umdenken: Die auf der ITO basierende Idee, eine Welthandelsorganisation als „Dach" für eine verbindliche Weltwirtschaftsordnung zu statuieren, erfreute sich neuer Anhänger unter den GATT-Mitgliedern. Man wollte endlich ein Abkommen, daß zu einer effektiveren Rechtsdurchsetzung in Form verbesserter Streitbeilegungs- und Überwachungsverfahren führen würde.

Als im Jahre 1993 die Uruguay-Gespräche wieder in Gang kamen, wurde der neue Vorschlag einer „großen Lösung" gerade von amerikanischer Seite erneut heftig kritisiert. Erst am letzten Verhandlungstag der Uruguay-Runde, am 15. Dezember 1993, signalisierten die Amerikaner ihre Bereitschaft, dem Vorschlag zuzustimmen.

Anläßlich der Ministerkonferenz in Marrakesch vom 12. - 15. April 1994 war noch der Text des Übereinkommens[116] über die WTO und der ihm angeschlossenen insgesamt 23 multilateralen Übereinkommen und Vereinbarungen fertigzustellen. Am 15. April 1994 unterzeichneten dann schließlich 111 Verhandlungsstaaten die Schlußakte der Uruguay-Runde.

Dieses Dokument enthielt die Verpflichtung, das gesamte WTO-Übereinkommen innerstaatlichen Ratifikationsverfahren zuzuleiten. Für die Staaten bestand nur die Möglichkeit, das Übereinkommen in der vorliegenden Form anzunehmen oder

---

113 Amtliche deutsche Übersetzung des Übereinkommens in BGBl.: 1994 II S. 1437, 1643.

114 Amtliche deutsche Übersetzung des Übereinkommens in BGBl.: 1994 II S. 1437, 1730. Ausführlicher zu diesem Übereinkommen *Stoll:* ZaöRV 1994, S. 241; *Jansen:* EuZW 1994, S. 333.

115 *Stadler:* Die Liberalisierung des Dienstleistungshandels, S. 22; *Eckert:* Die Liberalisierung, S. 52.

116 Die unterschiedliche Bezeichnung des GATT als ***„Abkommen"*** und der WTO als ***„Übereinkommen"*** ergibt sich aus einer geänderten bundesdeutschen Übersetzungspraxis. Die Bezeichnung ***„Abkommen"*** wird nunmehr nur noch für bilaterale Verträge verwendet, während ***„Übereinkommen"*** solche Verträge kennzeichnet, die von mehr als zwei Staaten ratifiziert wurden, vgl. auch *Benedek:* Die WTO, Vorwort, S. VI; *Koehler:* GATS, S. 85, Fn. 1. Entsprechend werden die Begriffe ***„Abkommen"*** und ***„Übereinkommen"*** dieser geänderten Übersetzungspraxis bei der weiteren Bearbeitung verwendet.

abzulehnen, ein Aufschnüren des Verhandlungspakets konnte somit verhindert werden. Zeitgleich wurde ein WTO-Übereinkommen unterzeichnet, daß die Errichtung der WTO regelte.

Am 01. Januar 1995 trat dieses dann mit 76 Mitgliedern in Kraft. Heute zählt die WTO 136 Mitglieder, darunter 135 Staaten sowie die Europäische Union.
34 Staaten genießen einen Beobachterstatus, darunter z.B. die Volksrepublik China und die Russische Föderation. Auch dem Vatikan kommt der Status eines Beobachters zu. Zudem haben 7 internationale Organisationen einen Beobachterstatus im Allgemeinen Rat.[117]

2. Kapitel: Institutionelle und materielle Veränderungen durch das WTO-Übereinkommen

Aufgrund der oben beschriebenen Probleme des GATTs wurde mit der Gründung der WTO zwar keine revolutionäre, aber doch eine stark veränderte und neue Organisation gegründet.

A. Die Institution WTO

Die Rechtsgrundlage der WTO besteht in dem Übereinkommen zur Errichtung der Welthandelsorganisation (WTO) vom 15. April 1994.[118] In Art. II dieses Übereinkommens werden der Wirkungsbereich, in Art. III die Aufgaben der WTO festgeschrieben. Gemäß Art. II Abs. 1 WTO-Übereinkommen bildet die WTO den gemeinsamen institutionellen Rahmen für die Wahrnehmung der Handelsbeziehungen zwischen den WTO-Mitgliedern und beschäftigt sich mit der Umsetzung der Ziele der einzelnen multilateralen Handelsübereinkommen. Diese sind als Anlagen 1, 2 und 3 dem WTO-Übereinkommen beigefügt und für alle Mitglieder verbindlich.

Das GATS gehört zu Anhang 1. In diesem sind das GATT (Anhang 1 A), das GATS (Anhang 1 B) und das TRIPS (Anhang 1 C) beigefügt.
Aufgrund von Art. III WTO-Übereinkommen obliegt es der WTO, für Durchführung, Verwaltung und Funktionieren der multilateralen Handelsübereinkommen zu sorgen. Um dieser Anforderung zu genügen, bedient sich die WTO einer Reihe von Organen. Art. IV WTO-Übereinkommen regelt den detaillierten Aufbau der Organisation.[119]

---

117 Stand Juni 2000 gemäß der Internetseite der Welthandelsorganisation (WTO) unter: *http://www.wto.org*.

118 Siehe hinsichtlich des WTO-Übereinkommens den in englischer Sprache rechtsverbindlichen Originaltext bei *WTO-Legal Text:* S. 6f; BGBl.: 1994 II, S. 1437, 1443, die amtliche deutsche Übersetzung in BGBl.: 1994 II, S. 1437, 1625.

119 Vgl. auch das Organigramm im Anhang I.

I. Die Organe der WTO

Die Ministerkonferenz *(Ministerial Conference)* stellt das oberste Organ der WTO dar. In der Konferenz, die mindestens alle zwei Jahre zusammentritt ist jeweils ein Minister des WTO-Mitglieds vertreten.[120] Gewöhnlich ist dies der jeweilige Handels- bzw. Wirtschaftsminister.

Die zwischen den Sitzungen der Ministerkonferenz anfallenden Arbeiten werden von dem Allgemeinen Rat *(General Council)* wahrgenommen; in ihm sind die Delegierten der einzelnen Mitglieder vertreten. Er trifft sich monatlich, und ist mit dem o.g. ehemaligen GATT-Rat zu vergleichen. Der Allgemeine Rat tritt in gleicher Zusammensetzung auch als Streitbeilegungsgremium *(Dispute Settlement Body, DSB)* und als Organ zur Überprüfung der Handelspolitiken *(TPRB)* zusammen. Beide Gremien verfügen über eine eigene Geschäftsordnung sowie einen Vorsitzenden.

Neben dem Allgemeinen Rat existieren drei weitere Räte, die für die Umsetzung der speziellen multilateralen Handelsübereinkommen verantwortlich sind:
der Rat für den Handel mit Waren (GATT-Rat), der Rat für den Handel mit Dienstleistungen (GATS-Rat) und der Rat für handelsbezogene Aspekte der Rechte des geistigen Eigentums (TRIPS-Rat).

Zudem wurden von der Ministerkonferenz ein Ausschuß für Handel und Entwicklung, ein Ausschuß für Zahlungsbilanzbeschränkungen sowie ein Ausschuß für Haushalt, Finanzen und Verwaltung eingerichtet.

Schließlich besitzt die WTO ein Sekretariat, das unter der Leitung eines Generaldirektors[121] steht.

Dem Sekretariat obliegt die Vorbereitung und Durchführung von Verhandlungen zwischen den Mitgliedern, Beratung der Handelspartner, Analyse, Darstellung und Veröffentlichung des Welthandels sowie Organisation von Schiedsgerichtsverfahren. Das Sekretariat ist allein dem WTO-Text verpflichtet und in seiner Ausübung frei. Die Mitglieder verpflichten sich, keinen Einfluß auf Ausübungspflichten des Sekretariats zu nehmen. Der Generaldirektor wird von der Ministerkonferenz gewählt. Ihm obliegt es, die Beschlüsse der Ministerkonferenz und des Allgemeinen Rats auszuführen, die Rechnungsvorlage dem Haushaltsausschuß vorzulegen, das Sekretariat zu leiten und einen periodischen WTO-Bericht zu verfassen. Sitz des WTO-Sekretariats ist Genf.

---

120 Die erste Ministerkonferenz fand im Dezember 1996 in Singapur, die zweite im Mai 1998 in Genf und die dritte im Dezember 1999 in Seattle statt. Die nächste Ministerkonferenz wird wahrscheinlich im Jahr 2001 stattfinden.

121 Zur Zeit hat MIKE MOORE dieses Amt inne.

II. Die Beschlußfassung in der WTO

Das Abstimmungsverfahren[122] in der WTO, bei dem jedes Mitglied über eine Stimme verfügt, ist in Art. IX des WTO-Übereinkommens[123] geregelt. Die Europäische Union hat so viele Stimmen wie ihr WTO-Mitgliedsstaaten angehören. Da alle 15 EU-Staaten auch WTO-Mitglied sind, besitzt die Europäische Union zur Zeit 15 Stimmen.
Zudem gilt das schon vom GATT bekannte Konsensprinzip. Es wird somit versucht, Einstimmigkeit unter den anwesenden Mitglieder herzustellen.
Insbesondere gilt dies für Vorschläge, die das Meistbegünstigungsprinzip, das Prinzip der Gleichstellung von In- und Ausland sowie das Entscheidungsverfahren betreffen. Änderungsbeschlüsse in diesen Bereichen erfordern Einstimmigkeit zwischen den Mitgliedern, da jedem Mitglied ein Vetorecht zukommt.

Um eine effektive Arbeitweise gewährleisten zu können, ist es unabdingbar, daß die meisten Entscheidungen nach dem Mehrheitsprinzip zu treffen sind. Für eine Vielzahl wichtiger Bereiche wird daher vom Konsensprinzip abgewichen.

Der Beschluß über eine *Neuaufnahme in die WTO* wird gemäß Art. XII Satz 2 WTO-Übereinkommen mit Zweidrittelmehrheit getroffen. Ein nicht zustimmendes WTO-Mitglied ist jedoch gemäß Art. XIII Abs. 1 WTO-Übereinkommen nicht zur Anerkennung der neuen Mitgliedschaft verpflichtet.[124]

Beschlüsse hinsichtlich der *Interpretation der WTO-Übereinkommen* werden gemäß Art. IX Abs. 2 WTO-Übereinkommen mit einer Dreiviertelmehrheit getroffen.

Auch der Beschluß über die Entbindung eines Mitglieds von dessen Pflicht, die Vorschriften aus dem Vertrag zu beachten *(Ausnahmegenehmigung bzw. waiver)*, wird gemäß Art. IX Abs. 3 WTO-Übereinkommen mit Dreiviertelmehrheit getroffen.

Über Vorschläge einer *Änderung des Übereinkommens* soll ebenfalls gemäß Art. X Abs. 1, Satz 3 WTO-Übereinkommen im Konsens abgestimmt werden. Kann dieser nicht erzielt werden, erfolgt nach der genannten Vorschrift (Satz 6) eine Entscheidung durch die Ministerkonferenz mit Zweidrittelmehrheit, über die strittige Frage, ob der Änderungsvorschlag die Rechte und Pflichten der Mitglieder verändert oder nicht.

Werden *Rechte und Pflichten der Mitglieder verändert*, so kann der Vorschlag mit mindestens zwei Drittel der Stimmen durch die Ministerkonferenz angenommen werden. Entsprechend der bekannten GATT-Regeln erzeugt die Vertragsänderung nur zwischen den zustimmenden Staaten Rechtswirkung.

---

122 Vgl. hinsichtlich des Entscheidungsverfahrens in der WTO *Senti:* GATT-WTO, S. 29; *Senti/Conlan:* WTO, S. 27.

123 Siehe hinsichtlich des WTO-Übereinkommens den in englischer Sprache rechtsverbindlichen Originaltext bei *WTO-Legal Text:* S. 11; BGBl.: 1994 II, S. 1437, 1447; vgl. auch die amtliche deutschsprachige Übersetzung in BGBl.: 1994 II, S. 1437, 1627.

124 Vgl. den in englischer Sprache rechtsverbindlichen Originaltext bei *WTO-Legal Text:* S. 15; BGBl.: 1994 II, S. 1437, 1450; vgl. auch die amtliche deutschsprachige Übersetzung in BGBl.: 1994 II, S. 1437, 1629; siehe auch *Senti:* GATT-WTO, S. 30; *Senti/Conlan:* WTO, S. 28.

Die Besonderheit des WTO-Übereinkommens besteht darin, daß die Ministerkonferenz mit einer Dreiviertelmehrheit ein nicht zustimmendes Mitglied von der WTO ausschließen kann.

Handelt es sich um einen Änderungsvorschlag, der *nicht die Rechte und Pflichten der Mitglieder berührt*, so kann der Vorschlag mit Dreiviertelmehrheit angenommen werden. Der Beschluß findet jedoch für alle Mitglieder - also auch für diejenigen, die nicht zustimmten - Anwendung. Aus diesem Unterschied ergibt sich auch das höhere Quorum; aufgrund der Allgemeinverbindlichkeit kommt ein Ausschluß nicht in Betracht.[125]

III. Die Mitgliedschaft in der WTO

Das WTO-Übereinkommen unterscheidet zwischen der ursprünglichen (originären) Mitgliedschaft gemäß Art. XI und der späteren durch Beitritt erworbenen Mitgliedschaft nach Art. XII WTO-Übereinkommen.
Eine ursprüngliche Mitgliedschaft konnte nur erhalten, wer bei Inkrafttreten des WTO-Übereinkommens am 01. Januar 1995 Vertragspartei des GATTs 1947 war und Listen von Zugeständnissen bzw. Verpflichtungen nach dem GATT 1994 sowie dem GATS vorweisen konnte. Dies führte dazu, daß eine große Anzahl von Staaten noch dem GATT 1947 beitrat, um die ursprüngliche Mitgliedschaft in der WTO zu erwerben. Der Vorteil dieses Verfahrens bestand darin, daß sich diese Staaten ein umständliches späteres Beitrittsverfahren gemäß Art. XII WTO-Übereinkommen ersparen konnten.

Auch die Europäische Union nahm das GATT 1947 an, wies die Verpflichtungslisten auf und konnte somit ursprüngliches Mitglied werden. Dieses Beitrittsverfahren der Europäische Union ergibt sich unmittelbar aus Art. XI Abs. 1 WTO-Übereinkommen.
Neben der Europäischen Union sind auch die einzelnen Mitgliedsstaaten der EU Mitglied der WTO.[126] Die Europäische Union ist aber selbständiges Mitglied der WTO, da der europäische Integrationsprozeß schon so weit fortgeschritten war, daß die Übertragung einiger Kompetenzen nicht mehr durch die EU-Staaten unmittelbar, sondern nur durch ihre Organisation selbst möglich war.[127] Gemäß den Art. 131 bis 134 EGV verpflichten sich die EG-Mitgliedsstaaten zu einer gemeinsamen Handelspolitik.[128] Um diese zu gewährleisten, wurden nationale Kompetenzen, beispielsweise durch Art. 133 EGV, auf die Europäische Kommission übertragen.[129]

Nunmehr ist lediglich der Beitritt zum WTO-Übereinkommen möglich. Dem GATT, GATS oder TRIPS kann isoliert nicht mehr beigetreten werden. Dies gilt auch für den aktuellen Beitrittskandidaten, die Volksrepublik China.
Im Zusammenhang mit dem bevorstehenden Beitritt Chinas ist bemerkenswert, daß einige WTO-Mitglieder zunächst in bilaterale Verhandlungen eingetreten sind.

---

125 Vgl. bezüglich des Prozedere bei Vertragsänderungen insbesondere *Senti:* GATT-WTO, S. 30; *Senti/Conlan:* WTO, S. 28.

126 *Barth:* NJW 1994, S. 2811, 2812.

127 Vgl. *Martini* in *HMSS(Hrsg.):* Europa als Union des Rechts, S. 150.

128 Siehe zu den kollisionsrechtlichen Problemen zwischen dem EU-Recht und dem Recht der WTO den Dritter Teil, 1. Kapitel, A.

129 Vgl. zum Problem der Außenhandelskompetenz der EU den Dritten Teil, 1. Kapitel, A., II.

So haben die USA und die EU Gespräche mit China geführt, um Meinungsverschiedenheiten auszuräumen. Zur Zeit führen noch weitere interessierte WTO-Mitglieder bilaterale Verhandlungen mit China. Es hat den Anschein, als ob China im Jahr 2001 offiziell Mitglied der WTO werden wird.[130]

Des weiteren ist nur ein Austritt aus sämtlichen Übereinkommen gemäß Art. XV WTO-Übereinkommen möglich. Das Mitglied muß eine schriftliche Rücktrittsanzeige beim Generaldirektor der WTO einreichen, mit Ablauf von sechs Monaten wird diese wirksam.[131]

IV. Das Streitbeilegungsgremium

Die Beilegung von Streitigkeiten erfolgt zwischen den Mitgliedern der WTO durch ein formalisiertes Streitbeilegungsverfahren vor dem Streitbeilegungsgremium *(Dispute Settlement Body - DSB)*. Gemäß Art IV Abs. 3 WTO-Übereinkommen nimmt der Allgemeine Rat die Aufgaben des Streitbeilegungsgremiums wahr. Mithin stellt der DSB lediglich eine Untergliederung des Allgemeinen Rates dar, besitzt diesem gegenüber jedoch eine gewisse Autonomie, indem er gemäß Art. IV Abs. 3 Satz 2 WTO-Übereinkommen einen eigenen Vorsitzenden haben kann und die Verfahrenregeln selbst festlegt. Das Streitbeilegungsverfahren ist ebenfalls durch ein spezielles Übereinkommen, der Vereinbarung über Regeln und Verfahren zur Beilegung von Streitigkeiten (künftig: Streitbeilegungsordnung), geregelt.[132] Zudem ist für die Anwendung des Streitbeilegungsverfahrens im Rahmen des GATS der Beschluß der Minister zur Uruguay-Runde zu bestimmten Streitbeilegungsverfahren für das Allgemeine Übereinkommen über den Handel mit Dienstleistungen zu beachten.[133] Hierin sind besondere Regelungen für ein Streitbeilegungsverfahren über GATS-Bestimmungen niedergelegt.[134]

1. Die Einleitung eines Streitbeilegungsverfahrens

Die Arbeitweise des DSB wurde in letzter Zeit verstärkt öffentlich diskutiert.[135] Auch in Zukunft wird dem DSB für eine friedliche Beilegung von Handelskonflikten überragende Bedeutung zukommen.

Die WTO-Streitbeilegungsordnung kennt vier unterschiedliche Verfahren. Diese stehen nicht in einem Rangverhältnis, vielmehr können sich die WTO-Mitglieder

---

130 So die Einschätzung des *Verfassers* aufgrund der aktuellen Auskünfte von *Mitarbeitern des GATS-Sekretariats* und den *Verhandlungsführern der GATS-Mitglieder* in einem Gespräch in der Zeit vom 05. bis 08.06.2000.

131 Bemerkenswert ist in diesem Zusammenhang, daß Hong Kong auch nach seiner Entlassung aus der britischen Kronkolonieverwaltung unter chinesischer Hoheit als „Hong Kong China“ ab dem 01. Juli 1997 als autonomes Zollgebiet eigenständiges Mitglied der WTO blieb.

132 Siehe hierzu den in englischer Sprache rechtsverbindlichen Originaltext bei *WTO-Legal Text*, S. 457 und BGBl.: 1994 II S. 1437, 1598; vgl. auch die amtliche deutschsprachige Übersetzung in BGBl.: 1994 II S. 1437, 1749.

133 Siehe hierzu den in englischer Sprache rechtsverbindlichen Originaltext des Beschlusses bei *WTO-Legal Text:* S. 404-437; BGBl.: 1994 II, S. 1437, 1509; vgl. auch die amtliche deutschsprachige Übersetzung in BGBl.: 1994 II, S. 1437, 1668.

134 Vgl. hierzu den Zweiten Teil, 1. Kapitel, B., VII, 2.

135 Zu denken ist hier insbesondere an den „Bananenstreit“ zwischen der Europäischen Union und den USA. Siehe hierzu auch den Artikel im Handelsblatt vom 15.12.1998, S.3 „Für Washington ist der Bananenstreit nur ein Auftakt“. Vgl. auch *Petersmann:* in Zeitschrift für Internationale Politik 97, S. 29f; vgl. auch den Dritten Teil, 1. Kapitel, B.

grundsätzlich alternativ für ein Verfahren entscheiden. Die Verfahrensarten der WTO resultieren aus einer Rechtsentwicklung der Art. XXII und XXIII GATT (1947). Die WTO-Streitbeilegungsordnung führt die Regelungen über die Streitbeilegung aus der Rechtsquelle des GATTs und den bisherigen Entscheidungen des GATT-*Panels* zu einer einheitlichen Rechtsordnung zusammen. Außerdem modifiziert sie das bisherige Verfahren in teilweise nennenswerter Weise.

Art. 4 Abs. 3 WTO-Streitbeilegungsordnung gestattet den WTO-Mitgliedern, einen Antrag auf Konsultationen zu stellen.
Vermutet ein Mitglied eine Vertragsverletzung durch ein anderes Mitglied, die ihn in seinen garantierten Rechten verletzt oder beeinträchtigt, so hat das vermutende Mitglied Anspruch auf Konsultationen mit dem mutmaßlich verletzenden Mitglied. Dieses ist verpflichtet, innerhalb von 10 Tagen zu der Vermutung Stellung zu nehmen und innerhalb von 30 Tagen Verhandlungen mit dem anderem Mitglied aufzunehmen.
Sollten innerhalb von 60 Tagen nach Antragstellung durch das vermutende Mitglied keine Verhandlungen zustande gekommen sein oder weigert sich das beschuldigte Mitglied, an Verhandlungen teilzunehmen, so hat das antragstellende Mitglied gemäß Art. 4 Abs. 7 WTO-Streitbeilegungsordnung das Recht, bei der WTO die Bildung einer Expertengruppe (*Panel*) zu beantragen.[136] Art. 4 Abs. 7 verweist in soweit auf die vierte in Art. 6 geregelte Verfahrensart.

Als zweite Verfahrensart sieht Art. 5 WTO-Streitbeilegungsordnung Konsultationen unter Hinzuziehung Dritter zwecks Vermittlung zwischen Streitparteien vor. Dabei steht dem Generaldirektor gemäß Art. 5 Abs. 6 WTO-Streitbeilegungsordnung Kraft seines Amtes das Recht zu, den Konfliktparteien seine Vermittlungstätigkeit anzubieten.

Die dritte Verfahrensart stellt das Schiedsverfahren dar. Gemäß Art. 25 WTO-Streitbeilegungsordnung soll dieses Verfahren insbesondere dann Anwendung finden, wenn es sich bei dem Streit um klar definierte und faktische Fragestellungen handelt. Gemäß Art. 25 Abs. 2 WTO-Streitbeilegungsordnung kann ein Schiedsverfahren nur durchgeführt werden, wenn sich die Parteien einvernehmlich zu einem derartigen Vorgehen verständigen. Das Verfahren wird gegenüber anderen Mitgliedern der WTO lediglich bekannt gemacht, die nur mit Zustimmung beider streitenden Parteien dem Verfahren beitreten können.

Kernstück der Streitbeilegung ist jedoch das sogenannte *Panel*verfahren. Diese vierte Verfahrensart ist insbesondere für den Fall vorgesehen, daß die genannten „weicheren" Verfahren den Streit nicht beilegen konnten, insbesondere die oben beschriebenen Konsultationen scheitern.

2. Das „*Panel*verfahren"

Das *Panel*verfahren bestimmt sich nach den Art. 6 bis 22 WTO-Streitbeilegungsordnung, wobei die eigentliche Aufgabe des *Panel* und die wesentlichen Verfahrensgrundsätze in den Artikeln 11 und 12 festgeschrieben sind.

---

136 In dringenden Fällen, diese sind gemäß Artikel 4 Abs. 8 der Vereinbarung über Streitbeilegung gegeben, wenn verderbliche Güter betroffen sind, bemühen sich die Parteien Verhandlungen bereits innerhalb von 10 Tagen zu führen. Bei Verhandlungsverweigerung kann die Einsetzung eines *Panels* schon nach 20 Tagen gefordert werden.

Gemäß Art. 8 Abs. 1 i.V.m Abs. 5 WTO-Streitbeilegungsordnung bestehen die *Panels* aus drei bis fünf „hochqualifizierten Einzelpersonen", die nicht aus den betroffenen Ländern stammen dürfen. Diese Personen können bei Besorgnis wegen Befangenheit abgelehnt werden; in diesem Fall hat der Generaldirektor der WTO mithin 60 Tagen eine neue Besetzung des Gremiums vorzunehmen.
Das *Panel*verfahren ist eine Art Schiedsgerichtverfahren. Das *Panel*gremium soll zwischen den streitenden Mitgliedern vermitteln und versuchen, den Streit beizulegen. Erst wenn dies nicht gelingt, muß das *Panel*gremium dem Streitbeilegungsgremium *(Dispute Settlement Body, DSB)* einen schriftlichen Bericht mit Entscheidungsvorschlag vorlegen (Art. 12, Abs. 7). Regelmäßig dürfen zwischen der Zusammensetzung des *Panels* und dessen Schlußbericht gemäß Art. 12 Abs. 8 nicht mehr als 60 Tage liegen.
Gemäß Art. 12 Abs. 8 WTO-Streitbeilegungsordnung soll in dringenden Fällen, insbesondere wenn verderbliche Güter betroffen sind, der *Panel* schon innerhalb von drei Monaten nach seiner Zusammensetzung den Schlußbericht vorlegen. Gemäß Art. 12 Abs. 9 hat ein *Panel* die Möglichkeit zu, eine Verlängerung der Vorlegungsfrist auf bis zu neun Monate zu erreichen. Das *Panel* muß dem DSB in diesem Fall schriftlich die Gründe für die Verzögerung mitteilen und Auskunft darüber erteilen, in welchem Zeitraum der Schlußbericht vorgelegt werden wird. Die Obergrenze stellen dabei jedenfalls die neun Monate dar. Weitere Besonderheiten in bezug auf das *Panel*verfahren ergeben sich, wenn Entwicklungsländer am Streit beteiligt sind. Gemäß Art. 12 Abs. 10 kann in diesem Fall die Dauer der Konsultationen zwischen den streitenden Parteien
(Art. 4) auf Antrag einer Partei verlängert werden. Zudem soll das *Panel* einem Entwicklungsstaat genügend Zeit für dessen Vorbereitung für das Verfahren einräumen. Gemäß Art. 12 Abs. 11 muß das *Panel* in seinem Bericht auch die besondere Stellung des Entwicklungsstaats berücksichtigen. Diejenigen Mitglieder der WTO, die als Entwicklungsländer gelten, haben eine besondere Stellung: Sie müssen für eine Liberalisierung der Märkte lediglich soweit Sorge tragen, wie ihnen dies zugemutet werden kann. Auch die Meistbegünstigungsklausel (Art. I GATT; Art. II i.V.m. Art. IV GATS) findet für Entwicklungsländer nur im Rahmen ihrer Möglichkeiten Anwendung.

Bevor das *Panel* dem DSB seinen Bericht zur Entscheidung vorlegt, erfolgt eine Zwischenprüfung gemäß Art. 15. Danach legt das *Panel* seinen Berichtsentwurf zunächst den streitenden Parteien vor, damit diese hierzu Stellung beziehen können.

Die Annahme des *Panel*berichts regelt sich nach Art. 16 WTO-Streitbeilegungsordnung. Innerhalb von 60 Tagen nach Vorlage des Berichts wird dieser auf einer DSB-Sitzung angenommen. Die Annahme ist gemäß Art. 16 Abs. 4 in folgenden zwei Fällen nicht möglich:
Erstens, wenn der DSB durch Konsens (Einstimmigkeit) beschließt, den *Panel*bericht nicht anzunehmen.
Der zweite Fall ist die häufigere Form der Nichtannahme. Zeigt eine Partei, die an dem Streit beteiligt ist[137], an, daß sie gegen den *Panel*bericht Rechtsmittel einlegen wird, so wird die Annahme des Berichts auf der DSB-Sitzung nicht erörtert.

---

137 Daß nur die Streitparteien Rechtsmittel einlegen dürfen, ergibt sich zwar nicht aus Art. 16 Abs. 4 unmittelbar, wohl aber aus Art. 17 Abs. 4, dessen Wortlaut insoweit unzweideutig ist.

3. Das Rechtsmittelverfahren

Das Rechtsmittelverfahren ist in dem fast zwei Seiten umfassenden Art. 17 WTO-Streitbeilegungsverfahren detailliert formuliert. Gemäß Art. 17 Abs. 5 hat das Berufungsgremium gewöhnlich innerhalb von 60 Tagen nach Einlegung des Rechtsmittels hierüber zu entscheiden. In besonderen Fällen kann nach schriftlicher Begründung die Frist auch länger sein, darf aber 90 Tage keinesfalls überschreiten.
Der Berufungsbericht wird innerhalb von dreißig Tagen nach dessen Erscheinen durch das DSB gemäß Art. 17, Abs. 14 Streitbeilegungsordnung angenommen. Nur durch eine Konsensentscheidung (Einstimmigkeitsentscheidung) des DSBs kann die Nichtannahme des Berufungsberichts erfolgen.
Den Streitparteien steht kein weiteres Rechtsmittel zu Verfügung; sie sind verpflichtet, die Entscheidung bedingungslos zu akzeptieren.

4. Methoden der Rechtsdurchsetzung

Gemäß Art. 21 Abs. 3 tagt das DSB innerhalb von 30 Tagen nach Annahme des Berufungsberichts erneut. Auf dieser Sitzung muß das durch den Berufungsbericht betroffene Mitglied über seine Absichten hinsichtlich der Umsetzung der Empfehlungen und Entscheidungen das Gremium unterrichten. Das DSB überwacht, daß das Mitglied die Entscheidung verwirklicht.

Kommt ein Mitglied den Aufforderungen, Empfehlungen und Entscheidungen nicht nach, so kann gemäß Art. 22 das verletzte Mitglied eine Entschädigung verlangen. Unter den in Art. 22 Abs. 2 genannten Bedingungen können auch Zugeständnisse für das nicht folgende Mitglied ausgesetzt werden. Das Verfahren zur Aussetzung von Zugeständnissen ist in Art. 22 Abs. 3 näher geregelt. Danach ist das obsiegende beschwerdeführende Land zunächst gehalten, Zugeständnisse oder sonstige Pflichten hinsichtlich desselben Sektors wie desjenigen auszusetzen, in dem das *Panel* oder Berufungsgremium einen Verstoß festgestellt haben.

Nur wenn diese Maßnahme nicht möglich ist oder zu keinem Erfolg führt, kann die obsiegende Partei ihre „Vergeltungsmaßnahmen" auch auf andere Sektoren ausdehnen (sog. „cross-retaliation" Maßnahmen). Die „Vergeltungsmaßnahmen" müssen dem Prinzip der Verhältnismäßigkeit entsprechen und sind im Zeitpunkt des Wegfalls der Vertragsverletzung aufzuheben.

5. Beurteilung des neuen Streitbeilegungsverfahrens

Schon anläßlich der Ministerkonferenz in Montreal im Jahre 1988 kamen die GATT-Mitglieder überein, das Streitbeilegungsverfahren zu „vergerichtlichen". Dies sollte insbesondere durch eine Straffung des Verfahrens erreicht werden, wodurch das Instrument der Streitbeilegung gestärkt werden sollte.

Als Verhandlungsergebnis wurde u.a. das Recht auf Einsetzung eines *Panels* und die Festschreibung einer Tätigkeitsfrist für dieses Gremium in den GATT-Streitbeilegungsbestimmungen ergänzt. Die bisher noch offenen Fragen[138] der

---

138 Vgl. zu den durch die Konferenz von Montreal damals noch nicht gelösten Problemen *Stadler:* Die Liberalisierung des Dienstleistungshandels, S. 336.

Annahmemodalitäten der *Panel*-Berichte, der Schaffung einer Berufungsinstanz, der Sicherstellung der Umsetzung von Entscheidungen sowie der Ausweitung der Streitbeilegungsbestimmungen auf die neu geschaffenen Übereinkommen GATS und TRIPS wurden zufriedenstellend gelöst.
Das Streitbeilegungsverfahren der WTO unterscheidet sich von dem des GATTs im wesentlichen durch folgende Punkte:

- Einsetzung eines *Panels* und Annahme des *Panel*berichts durch den DSB kann nur noch durch Einstimmigkeitsbeschluß (Konsens) verhindert werden.

- Die Frist für die Normaldauer des *Panel*verfahrens wurde durch strenge Fristvorschriften verkürzt.

- Es wurde eine Rechtsmittelinstanz geschaffen, durch die eine Entscheidung des *Panels* überprüft werden kann.

- Die Durchsetzungs- und Kontrollmechanismen in bezug auf die getroffenen Entscheidungen wurden verbessert und verstärkt; Vergeltungsmaßnahmen können angeordnet werden.

Insgesamt läßt sich feststellen, daß das reformierte Streitbeilegungsverfahren der WTO viele Gemeinsamkeiten mit einem rechtsstaatlichen gerichtlichen Verfahren aufweist. Das Ziel einer „Verrechtlichung" des Verfahrens konnte mithin erreicht werden. Das neue Streitbeilegungsverfahren gilt daher auch als einer der großen Erfolge der Uruguay-Runde, da sich durch dieses Instrumentarium die Durchsetzbarkeit der WTO-Übereinkommen erheblich verbessern läßt.[139] Somit ist das WTO-Streitbeilegungskonzept durchaus geeignet, Modellcharakter für andere völkerrechtliche Verträge zu erzeugen. Trotz der spezifischen Probleme von Gerichtsverfahren, die auf völkerrechtlichen Vereinbarungen basieren, besteht die begründete Hoffnung, daß die WTO-Mitglieder einen effektiven Weg gefunden haben, um den Entscheidungen der *Panels* zur Umsetzung zu verhelfen.

Die Umsetzung der Entscheidung des DSB obliegt vorrangig den Regierungen und Behörden der WTO-Mitglieder. Die Grundverpflichtung der Entscheidung muß erfüllt werden.[140] Art. 22 Streitbeilegungsordnung gestattet den Mitgliedern jedoch die Möglichkeit, zeitlich beschränkt Kompensationen zu leisten.

Die Rolle der nationalen Gerichte und des *Europäischen Gerichtshofs, EuGH* bei der Durchsetzung des WTO-Rechts ist bisher weitgehend ungeklärt.[141] Hier wird die zukünftige Entwicklung abzuwarten sein. Entscheidend wird hierbei auch sein, ob das WTO-Recht zu einer unmittelbaren Anwendbarkeit in den Mitgliedsstaaten gelangt.[142] Die Gerichte der WTO-Mitglieder sind wohl insoweit an die Entscheidungen des DSB grundsätzlich gebunden, als das sie nationales WTO-widriges

---

139 *Schott/Burrman:* The Uruguay Round, S. 125f.
140 *Moritz:* MMR 1998, S. 393, 399.
141 *Moritz:* MMR 1998, S. 393, 399.
142 Siehe hierzu den Dritten Teil, 1. Kapitel, B.

Recht jedenfalls dann nicht mehr anwenden dürfen, wenn die jeweilige Regierung die WTO-Entscheidung offenkundig ignorieren will.[143]

In diesem Zusammenhang bereitet eine jüngere Entwicklung Sorge. So versuchen WTO-Mitglieder dem Schiedsspruch auszuweichen, indem sie im Verhandlungswege mit der anderen Partei versuchen ein *„gentelmen-agreement"* zu erzielen.[144] Hierdurch wird jedoch das an und für sich gute System aufgeweicht.

B. Überblick über die materiellen Veränderungen durch das WTO-Übereinkommen

Das WTO-Übereinkommen hat nicht nur die Organisationsstruktur des GATTs und das Verfahren zur Beilegung von Streitigkeiten verändert, sondern führte auch zu zahlreichen materiellen Neuerungen. Im Folgenden soll ein Überblick über die wesentlichen materiellen Veränderungen gegeben werden.

Unter dem Dach der WTO werden multilaterale und „plurilaterale"[145] Übereinkommen verwaltet, die sich erheblich unterscheiden. Die multilateralen Übereinkommen sind für alle WTO-Mitglieder verbindlich. Unter diese Gruppe fallen:

- General Agreement on Tariffs and Trade (GATT)
- General Agreement on Trade in Services (GATS)
- Trade-related Intellectual Property Rights (TRIPS)

Bei diesen Übereinkommen gibt es zwei unterschiedliche Arten von Vorschriften: Die erste Gruppe besteht aus denjenigen, die quasi „vor die Klammer gezogen worden sind" und für alle drei genannten Übereinkommen Geltung erzeugen.[146] Aus diesem Grund werden sie auch als allgemeingültige Handelsvorschriften bezeichnet.
Es existieren aber auch Vorschriften, die nur auf das jeweilige spezielle multilaterale Übereinkommen Anwendung finden. So enthält das GATT Regelungen zur Landwirtschaft oder zum Textilienhandel, das GATS zu Finanzdienstleistungen und Telekommunikation, das TRIPS Sonderbestimmungen zu weiteren zahlreichen spezifischen Themen.

Die „plurilateralen" Übereinkommen erzeugen hingegen nur Rechtswirkung zwischen den Ländern, die sich durch eine Ratifikation verpflichtet haben. Folgende „plurilaterale" Übereinkommen werden ursprünglich[147] von der WTO verwaltet:

- Übereinkommen über den Handel mit zivilen Luftfahrzeugen
- Übereinkommen über das Öffentliche Beschaffungswesen

---

143 So die bisher h.M. *Cottier* in *FIW(Hrsg.):* Die Bedeutung, S. 134; *Kuschel:* Wie geht es weiter, S. 654, 648; *Moritz:* MMR 1998, S. 393, 399.

144 So wollen die USA sich der Wirkung des WTO-Spruch, der in der amerikanischen Steuerpolitik eine verbotene Exportsubvention erkannte, dadurch entziehen, daß sie mit der klagenden EU nachverhandeln wollen, vgl. *FAZ vom 25.02.2000:* „EU befriedigt über WTO-Spruch gegen Amerikas Exportförderung."

145 Zu diesem Fachbegriff Fn. 107.

146 Vgl. hinsichtlich dieser Unterscheidung auch *Senti:* GATT-WTO, S. 38; *Senti/Conlan:* WTO, S. 35-36.

147 Das internationale Milch- sowie Rindfleischübereinkommen wurden durch Beschluß der WTO-Mitglieder mit Wirkung vom 01.01.1998 aufgehoben, vgl. http://www.wto.org.

- Internationales Milchübereinkommen
- Internationales Rindfleischübereinkommen.

I. Allgemeingültige Handelsvorschriften

Die allgemeingültigen Handelsvorschriften können auch als Präambel, Leitlinien oder Ziele bezeichnet werden. Folgende Grundsätze gelten für alle WTO-Verträge und finden sich in den einzelnen Übereinkommen wieder, jeweils mit einer Formulierung für den speziellen Handelsbereich. Allgemeingültige Handelsvorschriften sind:

- Meistbegünstigung[148]
- Gleichstellung von In- und Ausland, Inländerbehandlung
- Prinzip der Reziprozität[149]
- Abbau von Handelshemmnissen
- Rücksichtnahme auf wirtschaftlich schwache Länder
- Schutz der Umwelt

Diese Prinzipien markieren die „magna charta" der WTO-Texte, bzw. sind „conditio sine que non" für die WTO-Übereinkommen. Einige Ziele sind aus dem Begriff heraus verständlich (z.B. Schutz der Umwelt), andere bedürfen einer Erläuterung (z.B. Prinzip der Reziprozität). Diese notwendigen Erläuterungen sollen anhand eines speziellen Vertagstextes, dem GATS, im weiteren Verlauf dieser Bearbeitung gegeben werden.[150]

II. Die „neuen" multilateralen Übereinkommen und spezielle Handelsvorschriften

Durch den erfolgreichen Abschluß der Uruguay-Verhandlungsrunde konnten neue multilaterale Übereinkommen in Kraft treten. Das GATT 1947 wurde durch das GATT 1994 modifiziert, daneben kam es zum Abschluß zweier wirklich neuer internationaler Übereinkommen, nämlich dem *Trade-related Intellectual Property Rights (TRIPS) und dem General Agreement on Trade in Services (GATS).* Die materielle Neuerung besteht darin, daß neben das Übereinkommen über den internationalen Handel mit Waren (GATT) ein neues Übereinkommen trat, das den internationalen Handel mit Dienstleistungen (GATS) regelt. Zudem wurde mit dem zweiten neuen Übereinkommen eine dritte Säule der WTO geschaffen, die dazu dient, einen besseren Schutz der geistigen Eigentumsrechte zu gewährleisten (TRIPS).

1. Das General Agreement on Trade in Services (GATS)

Mit dem General Agreement on Trade in Services (GATS) wurde der internationale Handel mit Dienstleistungen erstmalig durch einen völkerrechtlichen Vertrag

---

148 Vgl. zum Meistbegünstigungsprinzip Fn. 96.

149 Reziprozität = Wechselseitigkeit vgl. *Duden:* Die deutsche Rechtschreibung, S. 622. Dieses Prinzip besagt, daß Zugeständnisse der GATS-Mitglieder in einem Gegen- und Wechselseitigkeitsverhältnis zu stehen haben, mithin als ausgewogen bezeichnet werden können; allgemein zum Prinzip der Reziprozität *Herdegen:* Wirtschaftsrecht, § 7, Rn 22; *Senti:* GATT-System der Welthandelsordnung, S. 63f.

150 Vgl. die noch folgenden Ausführungen im Zweiten Teil, 1. Kapitel, B II, 3.

kodifiziert.[151] Damit wurde ein in der Zwischenzeit wesentlicher und stetig expandierender Bereich der Wirtschaft aus seinem bisherigen „Schattendasein" befreit.[152] Das GATT war ausschließlich auf die Liberalisierung der Warenmärkte ausgerichtet, an den Wirtschaftsbereich - Dienstleistung - dachte im Jahr der Gründung noch kaum jemand. Der Abschluß eines Übereinkommens über die Liberalisierung der Dienstleistung war logische Folge einer in diesem Bereich wachsenden Wirtschaft und schloß eine bestehende Lücke des GATTs.[153] Denn dieses war nicht geeignet, für solch komplexe Teilbereiche wie die Telekommunikation, Versicherungs- und sonstige Finanzdienstleistungen oder den Seeverkehr internationale Handelsrechtsbestimmungen zur Verfügung zu stellen. Daher war es dringend erforderlich, ein multilaterales Übereinkommen für diesen Wirtschaftsbereich zu schaffen.[154] Das GATS und die weitere Entwicklung der Dienstleistungsfreiheit unter dem Dach der WTO wird, wegen des immer größer werdenden Anteils der Dienstleistungen am weltweiten Handel, im zweiten Teil dieser Arbeit einer besonderen Betrachtung unterzogen.

2. Das Agreement on Trade-related Intellectual Property Rights (TRIPS)

Im Gegensatz zum Dienstleistungsbereich existierte für den Schutz der geistigen Eigentumsrechte bereits vor Inkrafttreten des TRIPS eine Weltorganisation. Der *World Intellectual Property Organization, WIPO*, obliegt die Verwaltung einer Vielzahl internationaler Übereinkommen im Bereich des Urheberrechts- und Markenschutzes, geographischer Herkunftsbezeichnungen, gewerblicher Muster, Patente etc.[155] Das TRIPS verweist inhaltlich auf die bereits oben genannten existenten internationalen Übereinkommen. Wesentlicher Unterschied und Vorteil des TRIPS liegt darin, daß nunmehr auch Geschäftsgeheimnisse geschützt werden und Streitigkeiten vor dem - bereits schon ausführlich dargestellten - Streitbeilegungsgremium *(Dispute Settlement Body - DSB)* ausgetragen werden können. Somit besteht auch in diesem Bereich eine größere Rechtssicherheit.

Aufgrund des Zeitdrucks bei der Umsetzung des Übereinkommens war es der Bundesregierung nicht möglich sämtliche nationale Gesetze anzupassen. Daher gilt die Besonderheit, daß TRIPS-Regelungen, die ihrem Wortlaut nach hierfür in Betracht kommen, in der Bundesrepublik unmittelbar anwendbar sind.[156] Das bedeutet, daß sich die Privatwirtschaft vor deutschen Gerichten unmittelbar auf derartige Bestimmungen des TRIPS berufen kann.

3. Das neue General Agreement on Tariffs and Trade (GATT)

Durch die Uruguay-Runde wurden die GATT-Bestimmungen maßgeblich modifiziert, z.B. indem das bestehende Allgemeine Zoll- und Handelsabkommen GATT

151 So auch *Barth*, EuZW 1994, S. 455.
152 Als Beleg für die Expansion des internationalen Handels mit Dienstleistungen vgl. die Ausführungen und Statistiken im Zweiten Teil, 1. Kapitel.
153 Vgl. *Eiteljörge* in *Klein/Meng/Rhode (Hrsg.):* Welthandelsordnung, S. 137.
154 So auch *Yenal* in *Blöcker/Heyder/Mangels-Voegt*: Welthandelsordnung, S. 292.
155 Siehe zur WIPO auch *Senti:* GATT-WTO, S. 110; *Senti/Conlan:* WTO, S. 9; *Benedek:* Die WTO, S. 31.
156 Deutscher Bundestag - 12. Wahlperiode, Drucksache 12/7655 (neu), S. 345, vgl. auch den Dritten Teil, 2. Kapitel, B., II.

(1947) in das GATT (1994) inkorporiert wurde.[157] Ferner wird das neue GATT ergänzt durch Zusatzübereinkommen über die Landwirtschaft, die Anwendung gesundheitspolizeilicher und pflanzenschutzrechtlicher Maßnahmen, die Textilwaren und Bekleidung, die technischen Handelshemmnisse, die handelsrelevanten Investitionen, das Antidumping, die Bestimmung des Zollwerts, die Subventionen sowie andere Handelsbereiche.[158]

a) Neuerungen im GATT

Durch den erfolgreichen Abschluß der Uruguay-Runde kam es zu einigen Veränderungen im GATT-Vertragstext. Hinsichtlich der erhobenen Zölle galt schon nach der alten Fassung des GATT-Übereinkommens, daß die Vertragsparteien die ausgehandelten Zölle in speziellen Zollisten zu „binden" und beim GATT zu hinterlegen hatten. Dieses Verfahren diente zum einen der Transparenz, zum anderen durften gebundene Zölle ohne neue Verhandlungen nicht erhöht werden. Dieses bewährte Verfahren wurde durch die neue Fassung des Vertragstextes nun auf „andere Abgaben und Belastungen" erweitert.
Im übrigen wurden die Zölle neuerlich gesenkt, durchschnittlich um 40%. Die Zölle auf Industriegüter konnten um 33%, die auf landwirtschaftliche Produkte um 36% gesenkt werden.[159]

b) Übereinkommen über die Landwirtschaft

Bemerkenswert ist auch die Tatsache, daß durch den erfolgreichen Abschluß der Uruguay-Runde auch ein Agrarübereinkommen[160] ratifiziert werden konnte. Gerade der Bereich der Landwirtschaft ist den im ersten Kapitel[161] beschriebenen protektionistischen Maßnahmen in besonders großem Maße ausgesetzt. Vor allem nicht-tarifäre Protektionen in Form von Subventionen[162] erschweren den Handel mit Agrarerzeugnissen. Die Protektionen werden insbesondere im Bereich der Landwirtschaft mit dem Argument gerechtfertigt, die autonome Versorgungssicherheit des Landes zu erhalten. Es ist zu begrüßen, daß auch der Agrarbereich schrittweise liberalisiert werden soll. Dieses Vorhaben der WTO wird zwangsläufig auch Einfluß auf die Diskussionen innerhalb der Europäischen Union über die Neuordnung des europäischen Agrarmarktes haben.

Die Liberalisierung des Agrarbereiches soll durch Erleichterung des Marktzugangs, Beschränkung und Neuausrichtung der heimischen Unterstützungsmaßnahmen sowie durch Abbau der Exportsubventionen erreicht werden.

Die Öffnung des Marktes wird dadurch erzielt, daß die nicht-tarifären Handelshemmnisse durch Zölle ersetzt werden, die zwar gleichfalls tarifäre Handelshemmnisse darstellen, jedoch transparenter sind. In dem Übereinkommen wurde

---

157 Siehe hierzu den in englischer Sprache rechtsverbindlichen Originaltext bei *WTO-Legal Text*, S. 21 und BGBl.: 1994 II S. 1437, 1453; vgl. auch die amtliche deutschsprachige Übersetzung in BGBl.: 1994 II S. 1437, 1631.

158 *Senti:* GATT-WTO, S. 67; *Senti/Conlan:* WTO, S. 61.

159 Zitiert nach *Benedek:* Die WTO, S. 26.

160 Siehe hierzu den in englischer Sprache rechtsverbindlichen Originaltext bei *WTO-Legal Text*: S. 39f.; eine deutschsprachige Übersetzung findet sich bei *Benedek:* Die WTO, S. 155-181.

161 Vgl. Erster Teil, 1. Kapitel, A., IV.

162 Siehe Erster Teil, 1. Kapitel, A., IV., 2 lit. c).

auch der Abbau der Zölle vereinbart.[163] Die Industriestaaten sind verpflichtet, innerhalb von sechs Jahren die Zölle um durchschnittlich 36% und mindestens 15% je Produkt zu senken. Der besonderen Situation der Entwicklungsländer wird dadurch Rechnung getragen, daß sie lediglich um durchschnittlich 24% und über den Zeitraum von zehn Jahren den Zoll zu reduzieren haben. Die am wenigsten entwickelten Länder sind von der Verpflichtung zur Zollreduktion befreit.[164]
Die Neuausrichtung der heimischen Stützungsmaßnahmen beinhaltet, daß preis- und absatzsichernde Maßnahmen um 20% (Industriestaaten) bzw. 10% (Entwicklungsländer) abzubauen sind.[165] Die Exportsubventionen sind innerhalb von sechs Jahren ebenfalls um 36% (Industriestaaten) bzw. 24% innerhalb von zehn Jahren (Entwicklungsländer) zu reduzieren.

c) Übereinkommen über die Anwendung gesundheitspolizeilicher und pflanzenschutzrechtlicher Maßnahmen

Dieses Übereinkommen[166] stellt eine Konkretisierung des Art. XX GATT-Abkommen dar[167] und ergänzt zudem das Agrarabkommen. Gesundheitspolizeiliche Maßnahmen können ebenfalls zu versteckten Protektion mißbraucht werden. Das Übereinkommen soll dieses Risiko verringern, indem es derartige Maßnahmen auf „notwendige Maßnahmen", die in wissenschaftlich-objektiver Weise zu ermitteln sind, begrenzt. Zudem müssen ausländische gesundheitspolizeiliche Maßnahmen anerkannt werden, sofern sie das eigene Schutzniveau nicht unterlaufen. Das Importland hat das Recht, die ausländischen Maßnahmen vor Ort zu kontrollieren.

d) Textilübereinkommen

Der Textilmarkt ist geprägt von einem harten Konkurrenzkampf. Daher versuchen Industriestaaten immer wieder sich, insbesondere durch mengenmäßige Beschränkungen, vor Importen aus Billiglohnländern zu schützen. Die bisherigen GATT Textilübereinkommen dienten vorrangig dazu, Handelsbeschränkungen in Form von Selbstbeschränkungs- und Quotenabkommen[168] in Grenzen zu halten. Der Textilhandel war einer der Bereiche, der am stärksten reguliert wurde[169] und damit nicht annähernd den allgemeinen Zielen des GATTs entsprach.

---

163 Vgl. hierzu *Senti:* GATT-WTO, S. 70; *Senti/Conlan:* WTO, S. 64; *Benedek:* Die WTO, S. 26.
164 *Senti:* GATT-WTO, S. 70; *Senti/Conlan:* WTO, S. 64; *Benedek:* Die WTO, S. 26.
165 Ausführlicher hierzu *Senti:* GATT-WTO, S. 74.
166 Siehe hierzu den in englischer Sprache rechtsverbindlichen Originaltext bei *WTO-Legal Text*, S. 69f.; eine deutschsprachige Übersetzung findet sich bei *Benedek:* Die WTO, S. 182f.
167 So auch *Senti:* GATT-WTO, S. 77; *Senti/Conlan:* WTO, S. 71; *Benedek:* Die WTO, S. 26.
168 Vgl. die Erklärungen zu den Selbstbeschränkungsabkommen im Ersten Teil, 1. Kapitel, A. IV., 2 b).
169 Noch im Jahre 1994 unterlagen schätzungsweise 50% des Textil- und Bekleidungshandels mengenmäßigen Handelsbeschränkungen, zitiert nach *Senti:* GATT-WTO, S. 80.

Mit dem neuen Übereinkommen[170] über Textilwaren und Bekleidung von 1994 soll durch einen vierstufigen Abbau[171] der Handelsrestriktionen eine Liberalisierung dieses Markts erreicht werden.

e) Übereinkommen über technische Handelshemmnisse

Schon im Verlauf der Tokio-Verhandlungsrunde entstand dieses Übereinkommen[172], das nun in überarbeiteter und erweiterter Form auch Bestandteil der WTO ist. Einerseits akzeptiert die WTO das Recht ihrer Mitglieder, zum Zweck des Selbstschutzes staatliche Vorschriften und Normen zu erlassen. Dies gilt insbesondere für den Bereich des Umweltschutzes. Andererseits will die WTO einen ungestörten Welthandel garantieren. Das Übereinkommen versucht daher auch vorrangig, den Abbau technischer Handelshemmnisse zu erreichen. Dies soll durch eine Harmonisierung und wechselseitige Anerkennung der bestehenden technischen Handelshemmnisse erreicht werden.

Eine wesentliche Unterscheidung zwischen dem ursprünglichen und dem nunmehr geltenden Übereinkommen besteht darin, daß das eigene Streitschlichtungsverfahren des Übereinkommens nicht mehr gilt, sondern Meinungsverschiedenheiten vor dem oben beschriebenen allgemeinen Streitschlichtungsorgan der WTO ausgetragen werden. Die Besonderheit besteht darin, daß die Parteien die Bildung einer technischen Expertengruppe verlangen können. Diese soll dem *Panel* bei der Streitlösung beratend zur Seite stehen.

f) Übereinkommen über handelsrelevante Investitionsmaßnahmen

Bei diesem Übereinkommen[173] handelte es sich um einen durch den Abschluß der Uruguay-Runde neu entstandenen Vertrag. Aufgrund des wachsenden internationalen Handels kommt es auch vermehrt zu ausländischen Investitionen. Ziel des „Übereinkommens über handelsrelevante Investitionen" *(Agreement on Trade-Related Investment Measures, TRIMS)* ist vor allem die Verwirklichung allgemeiner Prinzipien der Inländergleichbehandlung und des Verbots mengenmäßiger Importbeschränkungen auch im Bereich von Investitionsmaßnahmen.

Nicht selten wurden durch Ausländer getätigte Investitionen von Kauf oder Verwendung heimischer Produkte, von wert- oder mengenmäßigen Exportbeschränkungen o.ä. abhängig gemacht. Derartige staatliche Regelungen verstoßen nunmehr gegen das „Übereinkommen über handelsbezogene Investitionsmaßnah-

---

170 Siehe hierzu den in englischer Sprache rechtsverbindlichen Originaltext bei *WTO-Legal Text*, S. 85f.; eine deutschsprachige Übersetzung findet sich bei *Benedek:* Die WTO, S. 197f.

171 Zum 01. Januar 1995 waren mindestens 16% der Handelshemmnisse beim Handel mit Textilien abzubauen, bis zum 01. Januar 1998 mindestens weitere 17%, bis zum 01. Januar 2002 mindestens weitere 18% und bis zum 01. Januar 2005 der Rest von insgesamt 55%. Zudem wurde eine Steigerung der Einfuhrmengen um insgesamt 68% bis zum Jahre 2005 (16% bis 1998, weitere 25% bis 2002 und weitere 27% bis 2005) vereinbart. Vgl. *Senti:* GATT-WTO, S. 80; *Senti/Conlan:* WTO, S. 73; *Benedek:* Die WTO, S. 27.

172 Siehe hierzu den in englischer Sprache rechtsverbindlichen Originaltext bei *WTO-Legal Text*, S. 138f.; eine deutschsprachige Übersetzung findet sich bei *Benedek:* Die WTO, S. 215f.

173 Siehe hierzu den in englischer Sprache rechtsverbindlichen Originaltext bei *WTO-Legal Text*, S. 163f.; eine deutschsprachige Übersetzung findet sich bei *Benedek:* Die WTO, S. 238f.

men", das sich ausschließlich auf Investitionen bezieht, die mit dem internationalen Warenhandel in Beziehung stehen. Andere finanzielle Transaktionen, wie der Handel von Wertpapieren, werden dagegen nicht erfaßt.

Aufgrund des Übereinkommens verpflichten sich die Mitglieder zur Offenlegung solcher Maßnahmen, die im Widerspruch zum Übereinkommen stehen und zum schrittweisen Abbau der selbigen.[174]

g) Übereinkommen zur Durchführung von Art. VI GATT 1994 - Antidumping

Dieses Übereinkommen[175] wird umgangssprachlich auch als „Antidumping-Übereinkommen" bezeichnet und stellt eine Präzisierung des Art. VI GATT-Abkommen dar. Danach versteht man unter Dumping, daß Waren eines Landes unter ihrem normalen Wert auf den Markt eines anderen Landes gebracht werden. Antidumping-Übereinkommen existierten auch schon vor Gründung der WTO. Im Falle eines Dumpings darf das betroffene Land eine Antidumping-Abgabe erheben, sofern es durch das Dumping zu einer nachgewiesenen Schädigung oder Bedrohung eines Wirtschaftszweigs kommt (vgl. Art. 3 und 4 des Übereinkommens). In der Vergangenheit wurden diese legalen Abgaben jedoch aus protektionistischen Gründen mißbräuchlich erhoben.[176] Der Verdienst des jetzt gültigen „Antidumping-Übereinkommens" liegt darin, daß es den Tatbestand des Antidumpings präziser formuliert, die Erhebung von Antidumping-Abgaben beschränkt[177] und Streitfälle dem WTO-Schiedsgericht unterstellt.[178] Dabei muß bedacht werden, daß der Bereich des Antidumpings einen der Hauptanwendungsfälle für Streitbeilegungsverfahren und Streitigkeiten zwischen den WTO-Mitgliedern darstellt.

h) Übereinkommen über Zollwertbestimmung[179]

Mit Hilfe des GATTs soll die Zollberechnung in den Mitgliedsstaaten nach einheitlichen Regeln erfolgen. Die Berechnung des Zollwerts erfolgt nach den Art. 1 bis 6 des Übereinkommens sowie der Auffangklausel des Art. 7. Diese Artikel stehen in einem Stufenverhältnis, d.h., der nachfolgende Artikel findet erst dann Anwen-

---

174 Rechtswidrige Maßnahmen sind von Industrieländern innerhalb 2 Jahren, von Entwicklungsländern innerhalb 5 Jahren und von den am wenigsten entwickelten Ländern innerhalb 7 Jahren abzubauen.

175 Siehe hierzu den in englischer Sprache rechtsverbindlichen Originaltext bei *WTO-Legal Text*, S. 168f; eine deutschsprachige Übersetzung findet sich bei *Benedek:* Die WTO, S. 243f.

176 In den achtziger Jahren machte beispielsweise die EG mehr als 900 Antidumping-Fälle geltend. Drei Viertel dieser Fälle wurden durch „freiwillige" Preiserhöhungen der Lieferanten oder durch Erhebung von Zusatzzöllen auf die importierten Güter beendet, zitiert nach *Schuknecht:* Trade Protection, S. 190f; vgl. auch *Senti:* GATT-WTO, S. 88; *Senti/Conlan:* WTO, S. 79.

177 Im Gegensatz zur bisherigen Regelung dürfen Antidumping-Abgaben nunmehr nur für die Dauer des Bestehens eines Dumpings erhoben werden und müssen spätestens nach fünf Jahren gemäß Art. 11 des Übereinkommens auslaufen.

178 So auch *Senti:* GATT-WTO, S. 88; *Senti/Conlan:* WTO, S.79.

179 Der offizielle Name des Übereinkommens lautet: „Übereinkommen zur Durchführung des Art. VII des GATT 1994" *(Agreement on Implementation of Article VII of the GATT 1994)* siehe hierzu den in englischer Sprache rechtsverbindlichen Originaltext bei *WTO-Legal Text*, S. 197f.; eine deutschsprachige Übersetzung findet sich bei *Benedek:* Die WTO, S. 270f.

dung, wenn die Berechnung des Zollwerts nach der vorangegangenen Methode keinen Erfolg hatte.

i) Übereinkommen über Versand

Insbesondere wirtschaftlich schwache Länder bedienen sich, da sie administrativ nicht in der Lage sind, bezüglich der Überwachung ihrer Ausfuhren (Kapitalflucht, Exportverbotumgehung etc.) häufig privater Kontrollorgane. Das Übereinkommen[180] enthält Regelungen (Ort, Dauer und Transparenz der Kontrollen; Wahrung von Geschäftsgeheimnissen etc.) für die Tätigkeit derartiger im staatlichen Auftrag tätiger privater Inspektionsfirmen.

j) Übereinkommen über Ursprungsregeln

Häufig knüpft das GATT Regelungen an Formulierungen wie „Waren aus einem anderen Land" oder „Waren aus dem Gebiet einer anderen Vertragspartei"[181]. Diese unbestimmten Rechtsbegriffe sind nicht legal definiert. Waren durchlaufen heutzutage während ihres Produktionsverfahrens nicht selten verschiedene Staaten, so daß sich schwer ausmachen läßt, welches Land als Hersteller- bzw. Ursprungsland anzusehen ist. Das Übereinkommen[182] versucht den Begriff „Ursprungsland" zu harmonisieren; innerhalb von drei Jahren sollte eigentlich eine für alle Mitglieder geltende einheitliche Ursprungsregelung erarbeitet werden. Jedoch konnte dieser Zeitrahmen nicht eingehalten werden, die Verhandlungen dauern an.[183]

k) Übereinkommen über Einfuhrlizenzverfahren

Nur noch der Import einiger weniger Güter unterliegt der Lizenzierung durch das Importland. Lizenzen bestehen noch vor allem im Textil- und vereinzelt im Agrarhandel.[184] Das Übereinkommen[185] soll dazu dienen, das Verfahren der Lizenzierung so zu gestalten, daß hieraus keine Handelshemmnisse entstehen.

---

180 Siehe hierzu den in englischer Sprache rechtsverbindlichen Originaltext bei *WTO-Legal Text*, S. 230f.; eine deutschsprachige Übersetzung findet sich bei *Benedek:* Die WTO, S. 300f.

181 Vgl. Art. III und Art. XI GATT bezüglich der wiedergegebenen Formulierung.

182 Siehe hierzu den in englischer Sprache rechtsverbindlichen Originaltext bei *WTO-Legal Text*, S. 241f.; eine deutschsprachige Übersetzung bei *Benedek:* Die WTO, S. 310-321.

183 Nach der Auskunft von Unterhändlern einiger WTO-Mitgliedstaaten in einem Gespräch mit dem *Verfasser* liegt das Problem insbesondere daran, daß die bisher unterbreiteten Ursprungsregelungen vielen Mitgliedern des Übereinkommens zu kompliziert formuliert sind. Der Ausschuß tagt zwar regelmäßig, etwa alle drei Monate, jedoch bisher ohne nennenswerte Ergebnisse.

184 *Senti:* GATT-WTO, S. 96; *Senti/Conlan:* WTO, S. 86.

185 Siehe hierzu den in englischer Sprache rechtsverbindlichen Originaltext bei *WTO-Legal Text*, S. 255f.; eine deutschsprachige Übersetzung findet sich bei *Benedek:* Die WTO, S. 322f.

l) Übereinkommen über Subventionen

Gegenstand dieses Übereinkommens[186] ist die Gewährung von Subventionen für die heimische Wirtschaft durch Mitgliedsstaaten. Subventionen stellen heutzutage ein sehr gängiges Protektionsmittel dar. Ziel des Übereinkommens ist es, die Subventionen transparent zu machen und schrittweise weltweit zu verringern. In Art. 1 des Übereinkommens wird der Begriff der Subventionen legal definiert. Agrarsubventionen unterfallen nicht dem Übereinkommen; sie sind abschließend im Agrarübereinkommen geregelt. Das Übereinkommen unterscheidet zwischen verbotenen, begrenzt verbotenen und erlaubten Subventionen. Verstöße gegen das Subventionsübereinkommen können, wie bei einem Verstoß gegen die Antidumpingbestimmungen nach ähnlichen Kriterien von Mitgliedern geahndet werden, falls es zu einer Schädigung kommt.

m) Übereinkommen über Schutzmaßnahmen

Durch dieses Übereinkommen[187] wird der Art. XIX GATT konkretisiert. Führen die eingegangenen Verpflichtungen und Konzessionen zu einem so starken Anstieg von Importen, daß inländischen Produzenten hierdurch ernsthafte Schäden zugefügt werden, so kann das betroffene Mitglied Schutzmaßnahmen ergreifen.

III. Die „plurilateralen" Übereinkommen der WTO

Wie bereits angedeutet, besteht der wesentliche Unterschied zwischen den „plurilateralen" und den multilateralen Übereinkommen darin, daß die „plurilateralen" Übereinkommen nicht für alle WTO-Mitglieder gelten, sondern nur zwischen den Ländern Rechtswirkung erzeugen, die diese Übereinkommen auch ausdrücklich ratifiziert haben. Die „plurilateralen" Übereinkommen unterliegen jedoch zugleich der Verwaltung durch das WTO-Sekretariat.
Bei einem Beitritt zur WTO gelten automatisch auch das GATT, GATS, TRIPS und die oben näher beschriebenen Sonderübereinkommen. Die noch bestehenden zwei „plurilateralen" Übereinkommen (zivile Luftfahrzeuge und öffentliches Beschaffungswesen) müssen hingegen zusätzlich ratifiziert werden, sofern das Beitrittsland auch deren Anwendung wünscht.

Der Nachteil der „plurilateralen" Übereinkommen besteht darin, daß sie einer abschließenden Vereinheitlichung der Handelsregeln im Wege stehen. Aufgrund der nicht zwingend vorhandenen Identität zwischen WTO-Mitgliedern einerseits und Mitgliedern der „plurilateralen" Übereinkommen andererseits droht eine Heterogenität bzw. Zersplitterung der Welthandelsregeln.

Es verwundert daher nicht, daß die Mehrzahl der „plurilateralen" Übereinkommen ein „Erbe" der Tokio-Verhandlungsrunde waren[188] - einer Verhandlungsrunde die für das Ende des GATTs in der damaligen Form mitverantwortlich war.

---

[186] Siehe hierzu den in englischer Sprache rechtsverbindlichen Originaltext bei *WTO-Legal Text*, S. 264f.; eine deutschsprachige Übersetzung findet sich bei *Benedek:* Die WTO, S. 330f.

[187] Siehe hierzu den in englischer Sprache rechtsverbindlichen Originaltext bei *WTO-Legal Text*, S. 315f.; eine deutschsprachige Übersetzung findet sich bei *Benedek:* Die WTO, S. 377f.

[188] *Benedek:* Die WTO, S. 7; *Senti:* GATT-WTO, S. 116; *Senti/Conlan:* WTO, S. 105.

Die Gefahr, daß durch eine Heterogenität der Welthandelsregeln schließlich das gesamte System unterlaufen werden könnte, haben die „Väter" der WTO erkannt.[189] Von den ursprünglich vier „plurilateralen" Übereinkommen, konnten bereits zwei eliminiert werden.

Ursprünglich existierten folgende „plurilateralen" Übereinkommen: Übereinkommen über den Handel mit zivilen Luftfahrzeugen, Übereinkommen über das Öffentliche Beschaffungswesen, Internationales Milchübereinkommen, Internationales Rindfleischübereinkommen. Die beiden letzten Übereinkommen wurden, aufgrund einer Entscheidung der WTO-Mitglieder, mit Wirkung vom 01. Januar 1998 beendet.[190]

1. Übereinkommen über den Handel mit zivilen Luftfahrzeugen

Das Übereinkommen über den Handel mit zivilen Luftfahrzeugen *(Agreement On Trade In Civil Aircraft)* stammt vom 12. April 1979.[191]. Zur Zeit beteiligen sich 26 Staaten an dem Übereinkommen, das am 01. Januar 1980 in Kraft trat.[192]

Ziel dieses Übereinkommens ist es, den Handel mit zivilen Flugzeugen sowie zivilen Flugzeugteilen und Flugsimulatoren zu liberalisieren.[193] Insbesondere sollen auch staatliche Kaufentscheidungen von zivilen Luftfahrzeugen den Gesetzen des Marktes und weniger nationalstaatlichen Interessen folgen. Das Übereinkommen ist explizit auf den Handel mit zivilen Luftfahrzeugen beschränkt; militärische Luftfahrzeuge unterfallen nicht dem Übereinkommen. Diejenigen Staaten, die über eine eigene Flugzeugbauindustrie verfügen, wie die Vereinigten Staaten von Amerika (Boeing, Mc Douglas) und die Europäische Union (Airbus) waren an einem Abschluß dieses Übereinkommens sehr interessiert. Für die Überwachung des Übereinkommens und für die Streitbeilegung ist gemäß Art. 8 des Übereinkommens i.V.m. den Vorschriften des GATTs die WTO zuständig.

2. Übereinkommen über das Öffentliche Beschaffungswesen

Ein Staat kann als Importeur von Produkten in zweifacher Weise am Außenhandel teilnehmen:

- Der Staat verwendet das importierte Produkt zum Eigengebrauch oder -verbrauch, ist also Endkonsument.

- Der Staat importiert Produkte, um sie weiterzuverkaufen oder für die Produktion eigener Produkte zu verwenden.

---

189 So auch *Senti:* GATT-WTO, S. 116; *Senti/Conlan:* WTO, S. 105.

190 Die Entscheidung erfolgte durch Beschlüsse des Internationalen Fleisch- bzw. Milchrates vom 30. September 1997, siehe hierzu die WTO-Internetseite unter http://www.wto.org.

191 Siehe hierzu den in englischer Sprache rechtsverbindlichen Originaltext des *WTO-Legal Text*, S. 438; eine deutschsprachige Übersetzung findet sich bei *Benedek:* Die WTO, S. 527.

192 Stand Juni 2000. Der aktuelle Mitgliederstand sowie weitere Entwicklungen sind auch auf der Internetseite des Bundeswirtschaftsministeriums abrufbar http://www.bmwi.de/wto.html.

193 In einer detaillierten Liste im Anhang des Übereinkommens sind die Produkte aufgezählt, die frei handelbar sind.

Sofern die Regierung eines WTO-Mitglieds in der zweiten Form, also als Weiterverkäufer und Händler am Außenhandel teilnimmt, gelten die Bestimmungen der WTO-Texte (vgl. Art. XVII 1.a) GATT-Abkommen)[194]. Diese Art des staatlichen Handels bezeichnet man in der Außenwirtschaftslehre auch als „Staatshandel".[195] Die staatlichen Aktivitäten werden denen eines privaten Unternehmens gleichgesetzt, mit der Folge, daß staatliche Handelsunternehmen auch dem Prinzip der Meistbegünstigung und der Inländergleichstellung gemäß Art. XVII 1. a) GATT-Abkommen verpflichtet sind.

Nimmt jedoch der Staat als Endverbraucher, also gemäß der oben genannten ersten Form, am Außenhandel teil, so existierte bisher eine gewisse Lücke im WTO-Vertragswerk. Gemäß Art. XVII 2. GATT-Abkommen findet der Art. XVII 1. a) GATT-Abkommen dann keine Anwendung, wenn Waren durch den Staat eingeführt werden, die dieser verbraucht. Bei der Einfuhr derartiger Waren ist der Staatsimporteur gemäß Art. XVII 2. GATT-Abkommen lediglich verpflichtet, eine billige und angemessene Behandlung der anderen Vertragspartei zu gewähren.
Das „Übereinkommen über das öffentliche Beschaffungswesen" versucht, die beschriebene Lücke zu schließen, indem die Prinzipien der Meistbegünstigung und der Inländergleichstellung auch für das öffentliche Beschaffungswesen gelten. Das Übereinkommen trägt auch dem Umstand Rechnung, daß der Bereich des öffentlichen Beschaffungswesens in den letzten Jahre expandierte und zunehmend einen wichtigen Platz im internationalen Handel einnimmt.

In den vierziger und fünfziger Jahren wurden 10% bis 15% des jeweiligen Bruttoinlandprodukts von Industriestaaten für die öffentliche Beschaffung aufgewendet, in den siebziger und achtziger Jahren waren es schon 20% bis 40%.[196]

Das ursprüngliche Übereinkommen trat am 01. Januar 1981 in Kraft. Es wurde durch die Verhandlung der Uruguay-Runde modifiziert und gilt in seiner jetzigen Form seit dem 15. April 1994. Das neue Übereinkommen wurde von der Europäischen Union, von Finnland, Israel, Japan, Kanada, Korea, Norwegen, Österreich, Schweden, Schweiz und den USA unterzeichnet. Lediglich Hong Kong hat als bisheriger Vertragspartner das neue Übereinkommen nicht unterzeichnet. 35 Staaten haben einen Beobachterstatus.

C. Zusammenfassung des ersten Teils

Der Außenhandel stellt einen Teilbereich der Volkswirtschaft eines jeden Staates dar. Aufgrund der Theorie des komparativen Kostenvorteils läßt sich wirtschaftswissenschaftlich belegen, daß Außenhandel zur Steigerung von Wohlfahrtseffekten führt. Außenhandel ist auch dann zwischen Staaten sinnvoll, wenn ein Staat hinsichtlich der Herstellung sämtlicher Produkte einen absoluten Kostenvorteil gegenüber dem anderen Staat hat. Entscheidend ist lediglich der komparative Kostenvorteil.

Handelsbeschränkungen stellen einen künstlichen Eingriff in den Außenhandel dar. Durch Handelsbeschränkungen kommt es nicht mehr oder nur eingeschränkt zu den Wohlfahrtseffekten des komparativen Kostenvorteils. Handelsbeschrän-

---

194 *Benedek:* Die WTO, S. 88.
195 Vgl. *Gabler-Bank-Lexikon:* Bd. II, Stichwort: „Staatshandelsland", S. 1435.
196 Zitiert nach *Senti:* GATT-WTO, S. 119; *Senti/Conlan:* WTO, S. 107.

kungen existieren in der Form von tarifären (Zölle) und nicht-tarifären Protektionen (Kontingente, Subventionen etc.).

Es gibt nachvollziehbare Gründe - z.B. Versorgungssicherheit, Anpassungsprobleme, Steigerung der *„terms of trade"* etc. - die für eine Protektion sprechen. Die „reinen Theorien des Freihandels" sind nicht praktikabel. Das ausschließliche freie Spiel der Kräfte zwischen Angebot und Nachfrage auf dem Weltmarkt ist - insbesondere wegen der sozialen Folgen - nicht wünschenswert.
Zudem ist es inzwischen eine sichere Erkenntnis, daß ein Vertrauen auf die Regelungskapazität des privat-marktwirtschaftlichen Stabilisierungsmechanismus bei der weiter expandierenden Komplexität im wirtschaftlichen Integrationsprozeß Gefahren mit sich bringt.

Eine Koordinierung des Außenhandels kann Auswüchse und Fehlentwicklungen verhindern. Geeignetes Instrument für eine wechselseitige Abstimmung ist die Wirtschaftspolitik. Aber eine derartige Wirtschaftspolitik kann im Bereich des Welthandels nur durch konzertierte Handlungen möglichst vieler Ländern erfolgen. Die Destabilisierung des Welthandels kann weder durch privat-marktwirtschaftliche Mechanismen noch durch nationalstaatliche protektionistische Maßnahmen verhindert werden. Nur eine Kooperation der Staatengemeinschaft und ein weltweites wirtschaftspolitisches Zusammenwirken bei internationalen Wirtschaftsbeziehungen können die erforderlichen Regelungsmechanismen liefern und mithin insgesamt zu einer Wohlfahrtsmehrung aller Länder führen. Mit Hilfe internationaler Institutionen kann die Integration der Weltwirtschaft - wenn überhaupt - gelingen. Die WTO stellt eine derartige internationale Institution dar.

Der Vorgänger der WTO war das GATT. Dieses entstand als Folge des gescheiterten Vorhabens, eine internationale Handelsorganisation mit dem Namen ITO zu gründen. Das Provisorium GATT hat sich als ein erfolgreiches und über vierzig Jahre bestehendes Instrument herausgestellt. Die WTO gleicht die organisatorischen Defizite des GATTs aus. Die Verfahren zur Streitbeilegung, die sogenannten *Panel*verfahren, konnten unter dem Dach der WTO gestrafft und effektiver gestaltet werden. Mit der Gründung der WTO traten mannigfache materielle Veränderungen ein. Neue multi- und plurilaterale Übereinkommen konnten zwischen Staaten ratifiziert werden. Das GATS stellt ein derartiges neues multilaterales Übereinkommen unter dem Dach der WTO dar.

Zweiter Teil
Das Multilaterale Übereinkommen über den Handel mit Dienstleistungen (GATS)

Das „General Agreement on Trade in Services" (GATS) kann als „Herzstück" der neu geschaffenen WTO bezeichnet werden, stellt es doch nicht nur ein reformiertes, sondern ein tatsächlich neues Übereinkommen[197] dar.

Bis zu Beginn des 20. Jahrhunderts war man mehrheitlich der Auffassung, daß es sich bei den Dienstleistungen um einen unwichtigen und unproduktiven Wirtschaftssektor handeln würde. Die im Jahre 1776 von dem Ökonomen *Adam Smith*[198] aufgestellte These, daß Dienstleistungen volkswirtschaftlich nutzlos seien, schien unwiderlegbar zu sein.[199]

Aufgrund der vorhandenen statistischen Daten läßt sich jedoch ein stetig wachsender internationaler Handel mit Dienstleistungen belegen; folgerichtig war der Abschluß des GATS längst überfällig. Im Jahre 1997 erzielten die Dienstleistungsunternehmen der Bundesrepublik Deutschland ein Bruttoinlandsprodukt von 1.310,45 Milliarden DM.

Im gleichen Jahr betrug die Wertschöpfung des produzierenden Gewerbes 1.161,00 Milliarden DM und blieb somit mit 149,45 Milliarden DM hinter der des Dienstleistungsgewerbes zurück. Seit 1995 werden durch Dienstleistungsunternehmen in der Bundesrepublik Deutschland höhere Wertschöpfungen als durch das produzierende Gewerbe erzielt. Die Dienstleistungsunternehmen tragen seit 1995 zum größten Einzelposten in der Berechnung des Bruttoinlandproduktes bei.[200]

Aber nicht nur in der Bundesrepublik Deutschland, sondern weltweit gewinnt der Handel mit Dienstleistungen zunehmend an Bedeutung.

---

197 Es sei noch einmal daran erinnert, daß die unterschiedliche Bezeichnung des GATTs als ***„Abkommen"*** und des GATS als ***„Übereinkommen"*** sich aus einer geänderten bundesdeutschen Übersetzungspraxis ergibt.

198 ADAM SMITH (1723-1790), Britischer Volkswirtschaftler.

199 (Zitat): *„Auch die Arbeit einiger angesehener Berufsstände in einer Gesellschaft ist, wie die der Dienstboten, unproduktiv. Sie drückt sich nicht in einem dauerhaften Gegenstand oder verkäuflichen Gut aus, das auch nach abgeschlossener Arbeit fortbesteht und für das man später wieder die gleiche Leistung erstehen könnte. Als unproduktiv können, zum Beispiel, die Tätigkeit des Herrschers samt seiner Justizbeamten und Offiziere, ferner das Heer und die Flotte angesehen werden. Sie alle dienen dem Staat und leben von einem Teil des Ertrages, den andere Leute übers Jahr hin durch ihren Erwerbsfleiß angeschafft haben. (...) In die gleiche Gruppe muß man auch einige Berufe einreihen, die äußerst wichtig und bedeutend oder sehr anrüchig sind: Zum einen Geistliche, Rechtsanwälte, Ärzte und Schriftsteller aller Art, zum anderen Schauspieler, Clowns, Musiker, Opernsänger und Operntänzer. Zweifellos hat selbst die Tätigkeit des Geringsten unter ihnen einen gewissen Wert, der sich nach genau den gleichen Grundsätzen bemißt wie die der anderen Arbeit. Und dennoch vermag selbst der Ehrenwerteste und der Nützlichste unter ihnen nichts zu liefern, womit man später einen gleichen Dienst kaufen oder besorgen könnte. Wie die Deklamation eines Schauspielers, die feierliche Ansprache eines Redners oder der Ton eines Musikers, so geht auch die Arbeit der anderen in dem Augenblick unter, indem sie entsteht."* (Zitatende) aus *Smith:* Der Wohlstand der Nationen, S. 2f.

200 Sämtliche Zahlen entstammen dem Statistischen Jahrbuch 1998 der Bundesrepublik Deutschland.

Der Weltexport gewerblicher Dienstleistungen (ohne staatliche Dienstleistungen) betrug im Jahre 1986 370.653 Millionen USD. Sieben Jahre später, im Jahr 1992, betrug der Weltexport bereits 693.209 Millionen USD, und 1996 wurden gewerbliche Dienstleistungen im Wert von 987.539 Millionen USD weltweit exportiert.[201]

Die 15 Staaten der Europäischen Union exportierten im Jahre 1996 gewerbliche Dienstleistungen im Wert von 257.686 Millionen USD. Der Anteil der EU am Weltexport lag damit mit 26% noch über dem der USA und Japan.

Der Dienstleistungsbereich wird weiter expandieren, so daß das GATS künftig noch mehr an Bedeutung gewinnen wird.

1. Kapitel: Entstehungsgeschichte und Aufbau des GATS

Anläßlich der achten GATT-Handelsrunde (Uruguay-Runde) wurde ab September 1986 erstmalig auch über die Liberalisierung des Handels mit Dienstleistungen verhandelt.

A. Überblick über die Entstehungsgeschichte des GATS

I. Die Ausgangslage vor Beginn der Verhandlung im Rahmen der Uruguay-Runde

Schon vor Aufnahme von Verhandlungen über die Liberalisierung des Dienstleistungshandels im Rahmen der Uruguay-Runde beschäftigten sich andere Organisationen mit spezifischen Fragen des Dienstleistungshandels. Die Liberalisierungsbemühungen lassen sich in zwei große Gruppen einteilen:[202]

---

201 *Amt für amtliche Veröffentlichungen der Europäischen Gemeinschaften (Hrsg.):* GATS 1998, S. 23.

202 Ausführlich hierzu *Stadler:* Die Liberalisierung des Dienstleistungshandels, S. 97f und 162f.

- Liberalisierungsbemühungen durch bilaterale Verträge/Abkommen[203]
- Liberalisierungsbemühungen mittels regionaler und multilateraler Übereinkommen[204]

Hinsichtlich der zeitlichen Abfolge von Liberalisierungsbemühungen im Bereich der Dienstleistungen ist zu sagen, daß die „Havana Charta" der ITO[205] bereits Rahmenbedingungen für den Handel mit Dienstleistungen und dessen Liberalisierung vorsah.[206] Das GATT nahm diese Rahmenbedingungen des ITO-Status jedoch nicht auf.[207]

Im regionalen Bereich existieren dagegen schon seit Beginn der 50er Jahre Kodifizierungen über die Liberalisierung des Dienstleistungsverkehrs. Die OEEC *(Organization for European Economic Cooperation)*[208] setzte durch Beschluß vom 20. Juli 1951 den „Kodex der Liberalisierung" in Kraft.[209] Auch die „United Nations Conference on Trade and Development" (UNCTAD) bildete ein Forum für Überlegungen hinsichtlich der Liberalisierung von Dienstleistungen.
Bei der Existenz derartig vieler verschiedener „Organisationen" stellt sich die Frage, wieso gerade die Uruguay-Runde das geeignete Gesprächsforum für die Verhandlungen über die Liberalisierung des Dienstleistungshandels bildete. Hierfür gibt es eine Reihe von Gründen.

Die bilateralen Vereinbarungen schieden schon deshalb als Ausgangspunkt für internationale Gespräche über die Liberalisierung des Dienstleistungshandels aus,

---

203 Hier sind zunächst allgemeine Investitions-, Freundschafts-, Handels- und Schiffahrtsverträge zwischen einzelnen Staaten zu nennen. Darüber hinaus haben sich einige Freihandelsabkommen ebenfalls dem Problem der Liberalisierung von Dienstleistungen angenommen. Dies sind: Das Amerikanisch-Israelische Freihandelszonenabkommen vom 22. April *1985 (Agreement on the Establishment of a Free Trade Area between the Government of the United States of America and the Government of Israel)* siehe hierzu: *James* in *Irish/Carasco (Hrsg.):* The Legal Framework, US-Israel Free Trade Agreement: Background and Analysis, S. 121f.; *Stadler:* Die Liberalisierung des Dienstleistungshandels, S. 100f. Das Kanadisch-Amerikanische Freihandelsabkommen vom 01. Januar 1989 *(Canada-United States Free Trade Agreement)* siehe hierzu: *Stadler:* Die Liberalisierung des Dienstleistungshandels, S. 107f. Das Protokoll über den Handel mit Dienstleistungen zum Australisch-Neuseeländischen Wirtschaftsbeziehungs- und Handelsabkommen von 1988 (Protocol on Trade in Services to Australia-New Zealand Closer Economic Relations-Trade Agreement) siehe hierzu: *Stadler:* Die Liberalisierung des Dienstleistungshandels, S. 134f.

204 Hier sind die Verträge zur Europäischen Gemeinschaft bzw. zur Europäischen Union, die Organisation für wirtschaftliche Zusammenarbeit und Entwicklung (OECD) sowie die United Nations Conference on Trade and Development (UNCTAD) zu nennen. Die Dienstleistungen sind in den Artikeln 49 bis 51 EG-Vertrag geregelt, siehe auch *Stadler:* Die Liberalisierung des Dienstleistungshandels, S. 163f zur Europäischen Union, S. 218f zur OECD und zur UNCTAD S. 244f.

205 Grundsätzlich zur Havana Charta und zum Scheitern des ITO-Vorhabens, Erster Teil, 1. Kapitel, B. II.

206 Art. 53 (1) der Havana Charta lautet (Zitat): *„The members recognize that certain services, such as transportation, telecommunication, insurance and commercial services of banks are substantial elements of international trade and that any restrictive business practices by enterprises engaged in these activities in international trade may have harmful effects..."* (Zitatende), zitiert nach *Everard:* Trade and Investment, S. 82

207 Siehe Erster Teil, 1. Kapitel, B. II.

208 Die OEEC wurde am 16.04.1948 in Paris gegründet. Ab 1961 trat an ihre Stelle die heute noch existierende OECD (Organization for Economic Cooperation and Development).

209 Vgl. *Stadler:* Die Liberalisierung des Dienstleistungshandels, S. 328.

da sie zu speziell und ausschließlich auf die Interessen der Ratifikanten ausgerichtet waren.

Selbst multilateralen Liberalisierungsansätzen, wie z.B. im Rahmen der OECD *(Organization for Economic Cooperation and Development)*, fehlte die weltweite Akzeptanz. Der Organisation haftete aufgrund ihrer Mitgliedsstruktur[210] das Image des *„rich men club"* an[211], zudem zeigten sich Schwächen hinsichtlich des Liberalisierungsansatzes[212], die letztlich zu einem eher negativen Ruf in der Literaturmeinung führten.[213] Diese Tatsachen führten dazu, daß die OECD - trotz der historischen Erfahrungen im Bereich der Dienstleistungsliberalisierung - als Forum für internationale Gespräche über die weltweite Liberalisierung der Dienstleistungen ebenfalls nicht in Betracht kam.

Auch die UNCTAD, die überwiegend von Entwicklungsländern beeinflußt war, konnte sich nicht durchsetzen, da sie auf eine gewisse Ablehnung seitens der Industriestaaten stieß.
Gegenüber allen internationalen Organisationen hatte das GATT den entscheidenden Vorteil, daß sowohl Industrie- als auch Entwicklungsländer wie auch die am wenigsten entwickelten Länder Mitglied waren. Zudem konnte entsprechend den Prinzipien des GATTs ohne „historische Belastungen", sprich vorgeformten Verhandlungspositionen, die Diskussion über die Liberalisierung der Dienstleistungen eröffnet werden. Dieser Gesichtspunkt und die homogene Struktur der Mitgliedschaft des GATTs waren der Grund dafür, daß im Rahmen der achten Handelsrunde in Uruguay auch die Gespräche über die Liberalisierung des weltweiten Handels mit Dienstleistungen eröffnet wurden.

II. Der Gang der Verhandlungen

Ende der 80er Jahre erkannten die meisten Industriestaaten die zunehmende Bedeutung des Dienstleistungshandels.[214] Somit wuchs auch im GATT die Gruppe der Mitglieder, die diesen Bereich des Handels in einem multilateralen Übereinkommen näher geregelt wissen wollten.
Die eigentliche Initiative zur Einbeziehung des Dienstleistungsbereichs in internationale Verhandlungen ging von den USA aus.[215] Wegen der Forderung verschiedener amerikanischer Dienstleistungsunternehmen, ihre Wettbewerbssituation im weltweiten Handel zu verbessern, erließ der Amerikanische Kongreß im Jahr 1974 den *Trade Act of 1974*.[216] Durch dieses Gesetz wurde der amerikanischen Regierung unter anderem gestattet, an internationalen Verhandlung hinsichtlich der Liberalisierung des Dienstleistungssektors teilzunehmen.[217] Die amerikanische Re-

---

210 Entwicklungsländer sind nicht in der OECD Mitglied.

211 So auch *Stadler:* Die Liberalisierung des Dienstleistungshandels, S. 244, Fn. 420; *Eckert:* Die Liberalisierung, S. 55.

212 Siehe hierzu *Koehler:* GATS, S. 57f.

213 *Stadler:* Die Liberalisierung des Dienstleistungshandels, S. 242 m.w.N. in Fn. 415.

214 *Eiteljörge* in *Klein/Meng/Rhode (Hrsg.):* Welthandelsordnung, S. 137.

215 *Eiteljörge* in *Klein/Meng/Rhode (Hrsg.):* Welthandelsordnung, S. 137; *Stadler:* Die Liberalisierung des Dienstleistungshandels, S. 267; *Eckert:* Liberalisierung, S. 52; *Koehler:* GATS, S. 66.

216 Trade Act of 1974, Pub.l.No. 93-618, 88 Stat. 1978 (1974), (codified at 19 U.S.C. § 2411 (1990)).

217 *Feketekuty:* International Trade, S. 299f; *Krommenacker* in *Petersmann/Hilf (Hrsg.):* The New GATT Round, S.456f; *Krommenacker:* World-traded Services, S. 96f.

gierung versuchte noch während der laufenden GATT-Verhandlungsrunde (Tokio-Runde)[218], von ihrer neuen Kompetenz Gebrauch zu machen. Sie scheiterte jedoch mit ihrem Vorhaben, anläßlich der Tokio-Runde in Verhandlungen über ein internationales Übereinkommen für den Dienstleistungsbereich einzutreten. Dies lag insbesondere daran, daß die Tokio-Gespräche bereits mit einem umfangreichen Arbeitsprogramm ausgestattet waren, und es nicht zu einer „Überladung" der Gespräche kommen sollte. Zudem kann man wohl sagen, daß auch die amerikanische Regierung nicht tatsächlich auf Gespräche über die Liberalisierung der Dienstleistungen vorbereitet war.[219] Vielmehr diente der Vorstoß der Amerikaner wohl eher dazu, den heimischen Lobbyisten zu demonstrieren, daß die Regierung sich für deren Anliegen auch international einsetzen würde. Das Drängen der Amerikaner auf Einbeziehung der Dienstleistungen in den Tokio-Verhandlungskalender war daher nicht besonders stark.

Nach dem Ende der Tokio-Verhandlungsrunde bereiteten die zuständigen Gremien des GATTs die nächste Gesprächsrunde vor. Anläßlich der Vorbereitungsgespräche griffen die Amerikaner ihren Vorschlag erneut auf. Die anderen Industriestaaten signalisierten grundsätzliche Zustimmung zum Vorhaben, in Verhandlungen über die Liberalisierung des Dienstleistungshandels einzutreten. Im Jahre 1984 beantragten die USA beim GATT formell die Einsetzung einer Arbeitsgruppe, die sich mit dem Bereich des Handels mit Dienstleistungen beschäftigen sollte.[220]

1. Der organisatorische Rahmen für Verhandlungen

Allerdings wurden die gegensätzlichen Positionen zwischen hochentwickelten Industriestaaten und weniger entwickelten, eher agrargeprägten Entwicklungsstaaten nunmehr besonders deutlich. Der Antrag der USA stieß auf Widerstand der sogenannten *„Gang of Five"*. Dazu zählten neben Indien die Verhandlungsführer Brasiliens, Argentiniens, Ägyptens und Jugoslawiens. Diese Länder versuchten seit dem Jahre 1984, die Einbeziehung des Dienstleistungsbereichs in GATT-Verhandlungsrunden zu verhindern. Sie lehnten die Einbeziehung neuer Themen in die Verhandlungen ab, da die Industriestaaten ihre aus der Ministererklärung von 1982 eingegangenen Verpflichtungen noch nicht vollständig erfüllt hatten. Die Gruppe vergrößerte sich anläßlich der Jaramillo-Gespräche auf insgesamt 10 Staaten *(„Gang of Ten")*. Peru, Nicaragua, Kuba, Nigeria und Tansania traten der Position der *„Gang of Five"* bei. Nach Beginn der Uruguay-Runde hat sich jedoch die Zusammenarbeit der Gruppe gelockert.[221]
Unter der Führung Indiens wollten vier weitere Entwicklungsländer Verhandlungen über den Dienstleistungshandel verhindern.
Die Entwicklungsländer lehnten Verhandlungen über den Dienstleistungssektor ab. Sie befürchteten, daß hierdurch das Interesse an einer weiteren Liberalisierung des für sie so wichtigen Warenhandels schwinden könnte.[222] Allerdings erkannten auch die Entwicklungsländer, daß sie sich auf Dauer nicht gegen die Be-

---

[218] Die Tokio-Verhandlungsrunde im Rahmen des GATT dauerte bekanntlich von 1973 bis 1976, vgl. Erster Teil, 1.Kapitel, B. III.

[219] So auch *Stadler:* Die Liberalisierung des Dienstleistungshandels, S. 267.

[220] *Bradley:* Intellectual Property Rights, S. 70.

[221] Vgl. *Hamilton/Whalley*: Coalitions in the Uruguay Round, S. 551.

[222] *Eiteljörge* in *Klein/Meng/Rhode (Hrsg.):* Welthandelsordnung, S. 151; allgemein zur Position der Entwicklungsländer *Schultz* in *Sautter (Hrsg.)*: Konsequenzen, S. 69f.

handlung des Themas „Dienstleistung" sperren konnten. Für den Fall von Verhandlungen über den Dienstleistungssektor legten Indien und die Mehrzahl der lateinamerikanischen Staaten großen Wert auf eine präzise Definition des Begriffs „Dienstleistungshandel".[223] Sie wollten eine klare Abgrenzung zwischen dem Dienstleistungshandel und der Frage nach ausländischen Direktinvestitionen erreichen.[224] Der indische Verhandlungsvorschlag schloß denn auch die dauernde Niederlassung, Direktinvestitionen und Einwanderung von der Definition des Dienstleistungshandels aus. Zudem kam es den Entwicklungsländer darauf an, der Mobilität von Arbeitskräften eine gleichberechtigte Stellung neben der Mobilität des Kapitals zu sichern. Vielen Entwicklungsländern ging es vor allem darum, keine allgemeine Niederlassungsfreiheit festzuschreiben. Sie wollten jeweils selbst von Fall zu Fall und zwischen verschiedenen Stufen der Niederlassungsfreiheit für jeden Dienstleistungssektor die Entscheidung treffen. Die Entwicklungsländer betonten das Bedürfnis, den Umfang der Marktöffnung vom Entwicklungsstand und von nationalen Prioritäten abhängig zu machen. Im übrigen sollten die Entwicklungsländer die Möglichkeit erhalten, den Zugang zum Markt vom Verhalten des Bewerbers - etwa Schaffung von Ausbildungsplätzen, Investitionen in das Land, Technologietransfer etc. - abhängig machen zu können. In organisatorischer Hinsicht wollten die Entwicklungsländer keinesfalls Verhandlungen über den Dienstleistungssektor im Rahmen der GATT-Runde führen. Vielmehr waren sie allenfalls zu Verhandlungen bereit, wenn der Dienstleistungssektor außerhalb der GATT-Runde thematisiert werden würde.

Die Position der Industriestaaten stellte sich wie folgt dar: Sie wollten ein Rahmenübereinkommen, das sowohl ein Streitschlichtungsverfahren als auch prozedurale und substantielle Regeln vorsah.[225] Zudem sah der amerikanische Vorschlag eine sofortige und stetige Liberalisierung vor. Eine einmal erreichte Liberalisierung sollte durch eine „Sperrklinkenklausel" nicht mehr rücknehmbar sein.[226]
Der EU ging es zunächst darum, den Status quo zu sichern und dann eine weitere Liberalisierung in Angriff zu nehmen.
Einig war man sich unter den Industriestaaten jedoch, daß durch das Übereinkommen eine weitreichende Marktöffnungsverpflichtung durch die Unterzeichnerstaaten erreicht werden sollte. Insbesondere wollten sie das Recht der Niederlassungsfreiheit festgeschrieben wissen. Zudem sollten die Verhandlungen über den Dienstleistungssektor im Rahmen der GATT-Runde geführt werden.

Folge dieser unterschiedlichen Positionen waren schwierige Verhandlungen und Vermittlungsversuche zwischen Industriestaaten und Entwicklungsländern. Zunächst mußte vor einer inhaltlichen Auseinandersetzung Einigung darüber erzielt werden, ob überhaupt über den Dienstleistungsbereich Verhandlungen geführt werden sollten und in welchem organisatorischen Rahmen derartige Verhandlungen stattfinden sollten.
Schließlich konnte man sich darauf einigen, den kolumbianischen Botschafter *Felipe Jaramillo* mit der Organisation einer Gesprächsgruppe zu beauftragen. Im Rahmen der *Jaramillo*-Gruppe fanden über 2 Jahre informelle Gespräche und

---

223 *Stadler:* Die Liberalisierung des Dienstleistungshandels, S. 328.
224 Vgl. allgemein zur Abgrenzung zwischen Dienstleistungshandel und ausländischen Direktinvestitionen die Ausführungen im Zweiten Teil, 1. Kapitel, B. II. 3. d) bb).
225 *Eiteljörge* in *Klein/Meng/Rhode (Hrsg.):* Welthandelsordnung, S. 152.
226 *Stadler:* Die Liberalisierung des Dienstleistungshandels, S. 328.

Verhandlungen statt.[227] Es gelang dem Botschafter *Felipe Jaramillo*, einen mehrheitsfähigen Kompromißvorschlag zu unterbreiten. Über den Dienstleistungshandel sollte zwar anläßlich der nächsten Gesprächsrunde (Uruguay-Runde) verhandelt werden, jedoch nur unter rechtlicher und organisatorischer Abtrennung der Gespräche über die anderen Verhandlungsgegenstände. Anläßlich der Ministererklärung von Punta del Este am 22. September 1986[228] verständigten sich die Vertragsparteien des GATTs auf Ministerebene auf diesen Kompromiß.

Der Kompromiß von Punta del Este bestand mithin darin, daß auf organisatorischer Ebene in zwei unabhängigen Gruppen Verhandlungen geführt wurden. In der einen Gesprächsgruppe, der *Group of Negotiations on Goods (GNG)* wurde über das GATT, also die Liberalisierung des Warenhandels verhandelt.

Unabhängig davon wurde eine zweite Verhandlungsgruppe gebildet, die Verhandlungen über den Dienstleistungssektor führte - *Group of Negotiations on Services (GNS)*. Um die Arbeit und die Ergebnisse dieser beiden Arbeitsgruppen zu koordinieren, wurde ein übergeordnetes Gremium, der Ausschuß für Handelsverhandlungen - *Trade Negotiations Committee (TNC)* eingerichtet. Somit ist festzustellen, daß die Entwicklungsländer sich mit ihrer Forderung, die Verhandlungen über den Dienstleistungssektor nicht im Rahmen der GATT-Runde zu führen, durchsetzen konnten. Demgegenüber stellt die Tatsache, daß überhaupt in Verhandlungen über den Dienstleistungssektor eingetreten werden konnte, den eigentlichen Erfolg für die Industriestaaten dar.[229]

Nachdem als Etappenziel ein Kompromiß über den organisatorischen Ablauf erreicht wurde, ging es nun darum, Einigung in den z.T. diametral entgegengesetzten Positionen der Industriestaaten und Entwicklungsländern zu erzielen.

2. Der inhaltliche Verlauf der Verhandlungen

Die Verhandlungen dauerten insgesamt fast acht Jahre. Sie begannen im Anschluß an die Erklärung von Punta del Este (20.09.1986) und endeten mit der Unterzeichnung des WTO-Übereinkommens in Marrakesch (15.04.1994). Sie verliefen in drei Phasen.

---

227 *Stadler:* Die Liberalisierung des Dienstleistungshandels, S. 268; *Eckert:* Die Liberalisierung, S. 56.

228 Ministerial Declaration on the Uruguay Round, abgedruckt in *GATT:* 33 Supp. 1987, S. 15; *GATT:* Activities 1986, S. 15; *GATT:* NUR, News of Uruguay Round, 1986, S. 2f. Die organisatorischen Vorschriften finden sich in Teil I G der Ministererklärung. Der englische Originaltext ist auch abgedruckt bei *Krommacker* in *Petersmann/Hilf (Hrsg.):*The New GATT Round, S. 500f; *Stewart (Hrsg.):* The GATT Uruguay Round, Vol.III, S. 1f.; *Stadler:* Die Liberalisierung des Dienstleistungshandels, Anhang I; Eine deutsche Übersetzung findet sich in EA 1987, D 167.

229 *Lazar:* JWTL 1990, S. 135, 138f.

a) Die erste Phase der Verhandlungen

In der ersten Phase von Oktober 1986 bis April 1989 standen konzeptionelle Klärungen im Vordergrund der Gespräche.[230] Der Dienstleistungsbegriff wurde präzisiert, und es wurden aussagekräftige Statistiken erstellt.

Zudem wurde man sich darüber einig, daß der Dienstleistungssektor in einem eigenen separaten Übereinkommen, dem GATS, und nicht als Annex zum GATT-Übereinkommen geregelt werden sollte. Es sollten keinerlei Formen grenzüberschreitender Dienstleistungserbringungen aus dem Übereinkommen ausgeschlossen werden. Einigkeit wurde darüber erzielt, für welche Dienstleistungssektoren das Übereinkommen gelten und welche Ausnahmen und Sonderbestimmungen für die einzelnen Sektoren gelten sollten. Abgesehen davon, wurde das Verhältnis zwischen dem zu schaffenden Dienstleistungsübereinkommen zu bereits bestehenden sektorspezifischen internationalen Organisationen und Abkommen geklärt. Der eigentliche Durchbruch bei den GNS-Gesprächen erfolgte anläßlich der *„Mid-term Review Conference"* im Dezember 1988 in Montreal bzw. dessen Nachtreffen im April 1989 in Genf. Aus dieser Zeit entstammen die ersten Komitees und Erklärungen der koordinierenden TNC-Gruppe[231], die förmlich durch die Handelminister der jeweiligen Staaten angenommen wurden. Die Montrealer Erklärung kann als eine Art Geburtsurkunde für das heute existente GATS bezeichnet werden.

b) Die zweite Phase der Verhandlungen

Eine zweite Phase der GNS-Gespräche bildete die Zeit von April 1989 bis Dezember 1990. War die Montreal Erklärung noch sehr allgemein gehalten, so sollte nun der Versuch unternommen werden, sich auf den Entwurf eines Vertragstextes für den Dienstleistungssektor zu einigen. Trotz der unterschiedlichen Positionen der Verhandlungspartner gelang es im Dezember 1990, einen Vertragsentwurf vorzulegen. Dieser Entwurf wurde erstmalig als *General Agreement on Trade in Services* bezeichnet.[232] Er ist in sechs Teile untergliedert und umfaßt 35 Normen; vorangestellt ist eine Präambel. Hinsichtlich des Aufbaus und der Ausformulierung lassen sich deutliche Anlehnungen an den GATT-Vertragstext erkennen.[233]
Angemerkt sei noch, daß der Vertragsentwurf auch acht Anhänge zu verschiedenen Dienstleistungssektoren und zur Arbeitskräftemobilität beinhaltet.[234] Diese Anhänge waren das Ergebnis von Verhandlungen im Bereich einzelner Dienstleistungssektoren, die zeitgleich mit den Verhandlungen über das Rahmenübereinkommen geführt wurden.

---

[230] Das Arbeitsprogramm ist abgedruckt in *GATT:* 33 Supp., 1987, Annex 4. Die Ergebnisse der einzelnen GNS-Sitzungen sind zusammengefaßt in *GATT:* NUR, News of Uruguay Round, 1987, S. 7f; *GATT:* NUR, News of Uruguay Round, 1988, S. 2/3; *GATT:* NUR, News of Uruguay Round, 1988, S. 7-9; *GATT:* NUR, News of Uruguay Round, 1988, S. 12; *GATT:* NUR, News of Uruguay Round, 1988, S. 6; *GATT:* NUR, News of Uruguay Round, 1988, S. 1f.

[231] Die Erklärungen des TNC sind abgedruckt bei *Stewart (Hrsg.):* The GATT Uruguay Round, Vol.III, S. 27f. Part II der Montrealer Erklärung (Mid-Term Review) ist abgedruckt in *Stadler:* Die Liberalisierung des Dienstleistungshandels, Anhang II.

[232] Abgedruckt in *Stadler:* Die Liberalisierung des Dienstleistungshandels, Anhang III; in *Stewart (Hrsg.):* The GATT Uruguay Round, Vol.III, S. 392f.

[233] So auch *Koehler:* GATS, S. 77.

[234] Abgedruckt in *Stewart (Hrsg.):* The GATT Uruguay Round, Vol.III, S. 392f.; *Stadler:* Die Liberalisierung des Dienstleistungshandels, Anhang III.

Die zweite Phase des Arbeitsprogramms der GNS-Gruppe war mithin durch zweigleisige Verhandlungen geprägt.[235] Die GNS-Gruppe bildete Arbeitsauschüsse, die sich speziell mit den einzelnen Dienstleistungssektoren, wie z.B. Telekommunikation, Tourismus, Transport, Finanzdienstleistungen etc., beschäftigten. In den Arbeitsausschüssen wurden die spezifischen Probleme der jeweiligen Dienstleistungssektoren erörtert. So wurde etwa über die Anwendbarkeit der allgemeinen Liberalisierungskonzepte und die Problematik der Kollision von einzugehenden GATS-Verpflichtungen mit anderen bereits existenten völkerrechtlichen Verträgen aus den jeweiligen Sachmaterien diskutiert.[236]

Einen entscheidenden Streitpunkt bei der Gestaltung eines Rahmenübereinkommens stellte die Formulierung des Grundprinzips der Meistbegünstigung[237] (Art. II des GATS-Vertragsentwurfs) dar. Allerdings gab es bei diesem Streitpunkt neue Koalitionen. Standen zu Beginn der Verhandlungen über den Dienstleistungssektor die Entwicklungsländer den Industriestaaten gegenüber, so schienen hinsichtlich des Prinzips der Meistbegünstigung die Positionen zwischen den Vereinigten Staaten von Amerika und der Europäischen Gemeinschaft unüberwindbar.

Die USA traten für eine enge Fassung des Meistbegünstigungsprinzips ein. Hiernach sollte die Vorteilsausweitung nur die Vereinbarungen berühren, die zwischen den Mitgliedern des GATS nach Entstehung des Übereinkommens getroffen wurden.[238]

Die Europäische Gemeinschaft favorisierte hingegen eine weite Fassung des Meistbegünstigungsprinzips, derzufolge bereits die vor Inkrafttreten des GATS getroffenen Vereinbarungen diesem Prinzip unterliegen sollten.[239]
Die USA befürchteten bei einem Abschluß der weiten Fassung Probleme für die amerikanischen Dienstleistungsanbieter. Denn sie waren der Ansicht, hinsichtlich der Einfuhr von Dienstleistungen liberal zu verfahren, während der US-Dienstleistungsexport in GATS-Mitgliedsstaaten stark behindert werden würde. Eigentlicher Hintergrund der US-Position war jedoch der Streit der USA mit der EG auf einem ganz anderem Sektor, namentlich dem Agrarbereich.[240] Die USA verlangten von der EG, deren Subventionspolitik in der Landwirtschaft zu beenden, allerdings bisher ohne Erfolg. Somit nahmen die USA wohl auch aus taktischen Gründen die gewählte Verhandlungsposition bei den GNS-Verhandlungen ein.[241]
Der unlösbare Konflikt im Agrarbereich führte schließlich nicht nur zum Scheitern der GNS-Verhandlungen, sondern zum Abbruch der Uruguay-Runde anläßlich des Treffens des TNC-Komitees in Brüssel am 07.12.1990.[242]

---

235 Vgl. *Koehler:* GATS, S. 76, *Stadler:* Die Liberalisierung des Dienstleistungshandels, S. 276.

236 Siehe den Kommentar, Ziff. 3 zu dem Entwurf des GATS vom Dezember 1990 in *Stewart (Hrsg.):* The GATT Uruguay Round, Vol.III, S. 392f.; siehe auch den Stand der Diskussionen in *GATT:* Focus Newsletter, 66, Nov. 1989, S. 8; *GATT:* Focus Newsletter, 71, Mai 1990, S. 7f.; *GATT:* NUR, News of Uruguay Round, 1990, S. 13.

237 Vgl. allgemein zum Meistbegünstigungsprinzip Fn. 96.

238 *Koehler:* GATS, S. 78.

239 *Koehler:* GATS, S. 78.

240 *Reyna* in *Stewart (Hrsg.):* The GATT Uruguay Round, Vol.II, S. 2335, 2393.

241 Vgl. *Stadler:* Die Liberalisierung des Dienstleistungshandels, S. 277 und insbesondere die weiteren dortigen Hinweise in Fn. 106; *Eckert:* Die Liberalisierung, S. 60 und insbesondere die weiteren dortigen Hinweise in Fn. 180.

242 *Koehler:* GATS, S. 79.

c) Die dritte Phase - Wiederaufnahme der Verhandlungen

Die Wiederaufnahme von Verhandlungen im Rahmen der Uruguay-Runde konnte dadurch erreicht werden, daß die USA und die EG ihren Streit im Agrarsektor durch bilaterale Gespräche beendeten. In der Sitzung vom 26. Februar 1991 nahm das TNC offiziell die Verhandlungen im Rahmen der Uruguay-Runde wieder auf.[243]
Die Verhandlung der GNS-Gruppe erhielt einen wesentlichen neuen Impuls durch folgenden Vorschlag des damaligen Generaldirektors des GATTs, *Arthur Dunkel.*

Der Vorschlag, der auch als „Dunkel-Draft"[244] bezeichnet wird, führte die bis Ende des Jahres 1991 erzielten Verhandlungsergebnisse sowohl des Waren- als auch des Dienstleistungssektors zu einem Abschlußübereinkommen zusammen. Dieses Gesamtpaket wurde den Verhandlungspartnern mit der Maßgabe unterbreitet, es entweder in der vorliegenden Form anzunehmen oder es aber als Grundlage für weitere Verhandlungen zu benutzen. Die Verhandlungspartner entschieden sich für weitere Gespräche.[245]
Im Bereich des Dienstleistungssektors baute das „Dunkel-Draft" auf den oben näher beschriebenen „Brüssler-Entwurf" auf. Der wesentliche Unterschied bestand darin, daß in dem „Dunkel-Draft" keine alternativen, in Klammern gesetzten Normen mehr enthalten waren, sondern daß er einen endgültigen Vertragstext darstellte. Materiell-rechtlich war insbesondere der stark umstrittene Art. II (Meistbegünstigungsprinzip) konsensfähig geregelt. Einerseits legte der Art. II Abs. 1 des Entwurfs fest, daß das Meistbegünstigungsprinzip sofort und bedingungslos für alle Maßnahmen eines GATS-Mitglied gelten sollte. Insofern entsprach die Formulierung der des GATTs. Den Gegnern dieser weiten Fassung des Meistbegünstigungsprinzips wurde durch die in Art. II Abs. 2 erlaubten Ausnahmen entgegengekommen. Das jeweilige GATS-Mitglied mußte in einem Anhang die Maßnahmen benennen, die als Ausnahme nicht dem Art. I Abs. 1 unterfallen sollten. Nach spätestens zehn Jahren sollten dann alle benannten Ausnahmen ihre Geltung verlieren oder aber zum Gegenstand internationaler Liberalisierungsverhandlungen gemacht werden.[246]

Durch das „Dunkel-Draft" wurden also im Bereich des Rahmenübereinkommens große Fortschritte erzielt. So sind die heute aktuellen Formulierungen der Art. XVI (Marktzugang) und Art. XVII (Inländerbehandlung) des GATS identisch mit dem Wortlaut dieser Bestimmungen im „Dunkel-Draft". Ferner konnte die GNS-Gruppe konkrete Verhandlungen über die von den Mitgliedern einzugehenden Anfangsverpflichtungen aufnehmen. Von den Verhandlungspartnern wurden jeweils Vorlagen erarbeitet, in denen sie den Dienstleistungssektor benannten, bei dem sie Liberalisierungskonzessionen eingehen wollten und anderseits von den anderen Partnern einforderten. Der Dienstleistungsbereich wurde in 12 Sektoren eingeteilt[247], so daß für die einzelnen Dienstleistungssektoren systematisch konkrete

---

243 Vgl. *GATT:* NUR, News of Uruguay Round, 1991, S. 1, 4f.

244 Draft Final Act Embodying The Results of the Uruguay Round of Multilateral Trade Negotiations, *GATT:* Doc.No. MTN.TCN/W/FA , 20.12.1991, abgedruckt in *Stewart (Hrsg.):* The GATT Uruguay Round, Vol.III, S. 457f.

245 Vgl. *Koehler:* GATS, S. 80.

246 Siehe Ziffer 5-7 des Annex zu den Ausnahmen von Art. II des „Dunkel-Draft" in *Stewart (Hrsg.):* The GATT Uruguay Round, Vol.III, S. 827.

247 *GATT:* Doc.No. MTN.GNS/W/120, 10.07.1991, abgedruckt bei *Sauvant/Weber (Hrsg.),* Binder I, S. XXV-XXVIII.

Listen mit den Anfangsverpflichtungen der Mitglieder vorgelegt wurden. Dieses Vorgehen hatte den Vorteil, daß später zum Abschluß der Uruguay-Runde nicht nur ein neues Übereinkommen - das GATS - entstanden war, sondern bereits zu diesem Zeitpunkt substantielle Liberalisierungsverpflichtungen in den einzelnen Dienstleistungsbereichen von den Mitgliedern des neuen GATS übernommen wurden. Diese Tatsache ist für einen völkerrechtlichen Vertrag außergewöhnlich und hat sicher zu der insgesamt positiven Resonanz auf das GATS beigetragen.

Zudem steht die Endphase der Verhandlungen über das GATS ganz in der Tradition der pragmatischen Arbeitsweise unter dem Dach des GATTs. Dies wurde auch bei der Bewältigung des letzten Streits im Rahmen der GNS-Verhandlungen deutlich. Nachdem ein konsensfähiges Rahmenübereinkommen existierte und die Listen mit den Anfangsverpflichtungen der einzelnen Mitglieder vorlagen, drohte das GATS durch einen neuen Streit über die sektoralen Vertragsanhänge zu scheitern. Wie oben bereits dargestellt, sollte für die Mitglieder des GATS die Möglichkeit bestehen, Ausnahmen vom Meistbegünstigungsprinzip in den Anhängen niederzulegen. Es zeichneten sich hierbei Dienstleistungssektoren ab, in denen sich aufgrund struktureller Marktbesonderheiten die Notwendigkeit von Sonderregelungen für die Mitglieder ergaben.[248] Dies waren insbesondere der Luftverkehr, die Finanzdienstleistungen[249] sowie der audiovisuelle Bereich. Erneut standen sich insbesondere die USA und die damalige Europäische Gemeinschaft (EG) als Kontrahenten gegenüber. Die pragmatische Lösung bestand darin, daß über die Bereiche Luftfahrt und Finanzdienstleistungen nach Abschluß der Uruguay-Runde Verhandlungen fortgeführt werden sollten und der Bereich „audiovisuelle Dienstleistungen" vorläufig ganz aus dem Verhandlungsprogramm über Liberalisierung im Rahmen des GATS herausgenommen wurde. Dieses Ergebnis konnte u.a. nach intensiven bilateralen Sonderverhandlungen zwischen den USA und der EG erzielt werden.[250]
Mitte Dezember 1993 konnten durch diesen Kompromiß die Verhandlungen im Rahmen der Uruguay-Runde abgeschlossen werden und ab 15. April 1994 die förmliche Vertragsunterzeichnung in Marrakesch erfolgen.

B. Das GATS als völkerrechtliche Rahmenregelung für den internationalen Handel mit Dienstleistungen

Mit der Schaffung des GATS ist es erstmals gelungen, den internationalen Handel mit Dienstleistungen in einem völkerrechtlichen Vertrag verbindlich zu regeln. Das GATS steht komplementär an der Seite der Übereinkommen über den internationalen Warenhandel, dem GATT und dem ebenfalls neu entstandenen Übereinkommen über handelsbezogene Aspekte der Rechte des geistigen „Eigentums", dem TRIPS. Alle drei Übereinkommen werden von der Welthandelsorganisation (WTO) verwaltet. Dies bedeutet, daß neue Mitglieder[251] dem GATS nicht isoliert beitreten können, sondern gemäß Art. XII Abs. I des Übereinkommens zur Errich-

---

248 Vgl. *Reyna* in *Stewart (Hrsg.):* The GATT Uruguay Round, Vol.II, S. 2335, 2419.

249 Vgl. zu dem Verlauf der schwierigen Verhandlungen im Finanzdienstleistungsbereich *Eckert:* Die Liberalisierung, S. 63f. der von einer „Odyssee" spricht.

250 Vgl. *Koehler:* GATS, S. 84.

251 Das Übereinkommen zur Errichtung der WTO unterscheidet zwischen ursprünglichen Mitgliedern (Art. XI) und beitretenden Mitgliedern (Art. XII). Siehe den in englischer Sprache rechtsverbindlichen Originaltext bei *WTO-Legal Text:* S. 6, 15; BGBl.: 1994 II, S. 1437, 1450; vgl. auch die amtliche deutschsprachige Übersetzung in BGBl.: 1994 II, S. 1437, 1628.

tung der WTO, dem WTO-Übereinkommen und dessen in den Anlagen enthaltenen multilateralen Handelsübereinkommen beitreten müssen. Das GATS ist mithin ein in den Anlagen des WTO-Übereinkommens aufgeführtes multilaterales Handelsübereinkommen.

Aufgrund der oben beschriebenen Entwicklungsgeschichte des GATS wurde deutlich, daß wesentliche Elemente und Grundsätze des GATTs auch im GATS enthalten sind. So ist es auch für das GATS charakteristisch, daß es einerseits unmittelbar regelnde völkerrechtliche Normen enthält, anderseits aber auch Normen vorhanden sind, die erst durch zusätzliche Verhandlungen ausgefüllt werden können. Insofern stellt das GATS auch - ebenso wie das GATT - ein Verhandlungsforum[252] dar und verfolgt das vom GATT bekannte System der internationalen Handelsrunden weiter. Durch sie soll insbesondere eine Dynamik im Prozeß der Liberalisierung des internationalen Handels mit Dienstleistungen erreicht werden.

Nach alledem ist die WTO für den organisatorischen und institutionellen Rahmen des Liberalisierungsprozesses verantwortlich, während der normative Rahmen für entsprechende Verhandlungen durch die einzelnen Übereinkommen, namentlich das GATT, das GATS und das TIRPS, gestaltet wird.

I. Überblick über den Aufbau des GATS[253]

Das GATS besteht aus folgenden drei Elementen. Die Rahmenregelung stellt den eigentlichen Vertragstext im engeren Sinne dar; in ihr sind die grundlegenden Prinzipien und Regeln des internationalen Handels mit Dienstleistungen sowie die Verfahrensvorschriften für die durchzuführenden multilateralen Liberalisierungsverhandlungen niedergelegt.

Die Länderlisten bilden das zweite Element. In diesen Listen benennen die einzelnen Mitglieder des GATS für spezifische Dienstleistungssektoren konkrete Liberalisierungskonzessionen.

Das dritte Element stellen die Anlagen gemäß Art. XXIX GATS dar. Sie sind gemäß der genannten Vorschrift ein *„wesentlicher Bestandteil"* des Übereinkommens. Insgesamt beinhaltet das GATS acht Anlagen.

In der ersten sind die Ausnahmen von Art. II (Meistbegünstigung) schriftlich fixiert. Die Anlagen zwei bis acht betreffenden spezielle Regelungen für bestimmte Dienstleistungsbereiche. Der grenzüberschreitende Verkehr natürlicher Personen, die im Rahmen des Übereinkommens Dienstleistungen erbringen, unterliegen ebenso speziellen, in den Anlagen aufgeführten Regelungen wie die Luftverkehrdienstleistungen, die Finanzdienstleistungen (zwei Anlagen), die Seeverkehrdienstleistungen, die Telekommunikationsdienstleistungen und die Basistelekommunikation[254].

---

252 So auch *Koehler:* GATS, S. 85.

253 Die amtliche deutsche Übersetzung in BGBl.: 1994 II S. 1437, 1643.

254 Nach erfolgreichem Abschluß der Verhandlungen im Telekommunikationssektor ist diese Anlage nunmehr durch das Vierte Protokoll ersetzt worden, siehe auch den Zweiten Teil, 2. Kapitel, B., II.

Die Rahmenregelung ist in sechs Teile untergliedert und besteht aus 29 Artikeln.[255] Im Anschluß an die Präambel beschreibt Teil I den Geltungsbereich und gibt eine Begriffsbestimmung. Die „Allgemeinen Pflichten und Disziplinen“ werden in Teil II beschrieben, die spezifischen Verpflichtungen befinden sich im Teil III. Teil IV des Übereinkommens ergänzt den Teil III, indem er beschreibt, wie der fortschreitende Liberalisierungsprozeß zu erfolgen hat. Die institutionellen Bestimmungen sind in Teil V enthalten. Schließlich enthält Teil VI als letzter Teil des GATS Schlußbestimmungen zum Übereinkommen.

II. Die Präambel

In der Präambel des GATS-Übereinkommens heben die Mitglieder die zunehmende Bedeutung des Handels mit Dienstleistungen für Wachstum und Entwicklung der Weltwirtschaft hervor. Zudem äußern sie den Wunsch, einen multilateralen Rahmen von Grundsätzen und Regeln für den Handel mit Dienstleistungen zu schaffen. Das Prinzip der Transparenz und der fortschreitenden Liberalisierung findet schon in der Präambel Erwähnung. Durch die Liberalisierung des internationalen Handels mit Dienstleistungen soll dieser Handel ausgeweitet werden und zu einer Förderung des Wirtschaftswachstums aller Handelspartner sowie der Weiterentwicklung der Entwicklungsländer führen. Gleichzeitig erkennen die Mitglieder des GATS an, daß jedes einzelne Mitglied das Recht hat, die Erbringung von Dienstleistungen in dessen Hoheitsgebiet selbständig zu regeln, um u.a. politische Ziele zu verwirklichen. Die Mitglieder formulieren auch den Wunsch, die Entwicklungsländer durch die Stärkung deren Dienstleister zunehmend am internationalen Handel mit Dienstleistungen zu beteiligen. Zudem findet sich in der Präambel des GATS die schon aus dem GATT bekannte Unterscheidung zwischen Entwicklungsländern und den am wenigstens entwickelten Ländern. Die schwerwiegenden Probleme der am wenigsten entwickelten Länder sollen gemäß der Präambel besondere Berücksichtigung erfahren.

III. Geltungsbereich und Begriffsbestimmung des GATS

1. Der Geltungsbereich des GATS

Art. I Abs. 1 GATS-Übereinkommen legt den Geltungsbereich des GATS fest, während Art. I Abs. 2 und 3 für einzelne im GATS verwendete Begriffe eine Bestimmung in Form einer Legaldefinition liefern.

Gemäß Art. I Abs. 1 GATS findet das Übereinkommen Anwendung auf die Maßnahmen derjenigen Mitglieder, die den Handel mit Dienstleistungen beeinträchtigen.[256]
Art. XXVIII lit. a) GATS definiert den Begriff Maßnahme. Zu beachten ist, daß der Art. XXVIII GATS als eine Art „Auffangtatbestand“ hinsichtlich der Bestimmung von im GATS verwendeten Begriffen fungiert. Art. XXVIII GATS ist die vorletzte

---

255 Vgl. hierzu den in englischer Sprache rechtsverbindlichen Originaltext bei *WTO-Legal Text:* S. 325f.; BGBl.: 1994 II; S. 1437, 1473; vgl. auch die amtliche deutschsprachige Übersetzung in BGBl.: 1994 II; S. 1437, 1643.

256 Art. I Abs. 1 GATS rechtsverbindlicher Originaltext des Übereinkommens bei *WTO-Legal Text*, S. 328; und BGBl.: 1994 II S. 1437, 1475; vgl. auch die amtliche deutschsprachige Übersetzung in BGBl.: 1994 II S. 1437, 1645.

Norm des Übereinkommens. Auf etwa zweieinhalb Seiten werden am Ende des GATS-Übereinkommens zahlreiche im GATS verwendet Begriffe erläutert.[257] Es wird jedoch nicht der Begriff Maßnahme in Art. XXVIII lit. a) GATS definiert, sondern enumerativ benannt, wann Mitglieder entsprechende Maßnahmen ergreifen können. Hiernach ist jede von einem Mitglied getroffene Maßnahme, die in Form eines Gesetzes, einer sonstigen Vorschrift, einer Regel, eines Verfahrens, eines Beschlusses, eines Verwaltungshandelns oder in sonstiger Form getroffen wird, auch eine Maßnahme im Sinne des GATS.

Zudem gilt das GATS territorial weltweit für den gesamten internationalen Handel mit Dienstleistungen und sektoral grundsätzlich für alle Dienstleistungsbereiche.[258]

Bei der deutschen Übersetzung des Art. I Abs. 1 GATS fällt eine Ungenauigkeit auf, die zu einem falschen Verständnis der Norm führen könnte. Im rechtsverbindlichen englischen Originaltext heißt es wörtlich *„affecting"*.[259] Die Übersetzung des Verbs *„to affect"* bedeutet jedoch: „beeinflussen, betreffen, einwirken, tangieren".[260] Die deutsche Übersetzung hingegen benutzt das Wort „beeinträchtigten". Damit wird der Anwendungsbereich des GATS in fälschlicher Weise verengt:

Würden nur solche Maßnahmen unter die Regeln des GATS fallen, die den Handel mit Dienstleistungen beeinträchtigen, so würden im Umkehrschluß[261] Maßnahmen, die den Handel nicht beeinträchtigen, nicht unter die Anwendung des GATS fallen. Der englische Text spricht hingegen wertfrei von „beeinflussen".

Damit sind alle Maßnahmen gemeint, die den Handel in irgendeiner Form tangieren, sei es nun in beeinträchtigende oder nicht beeinträchtigender Weise. Der englische Wortlaut verschafft dem GATS daher eine breitere Geltung.

Da dieser Wortlaut rechtsverbindlich ist, gilt das GATS mithin für alle Maßnahmen, die den Handel mit Dienstleistungen beeinflussen. Eine Beeinträchtigung des Handels durch die Maßnahme ist gerade nicht Voraussetzung für die Anwendbarkeit des GATS.

2. Die Begriffsbestimmungen des Art. I Abs. 2 und 3 GATS

Die Absätze 2 und 3 des Art. I GATS geben eine Bestimmung für Begriffe, die im Übereinkommen häufig Verwendung finden. Die Begriffsbestimmungen sind quasi vor die Klammer gezogen, d.h., die verwendeten Begriffe im GATS-Übereinkommen sind stets wie in Art. I Abs. 2 und 3 GATS definiert zu verstehen.

---

[257] Art. XXVIII GATS rechtsverbindlicher Originaltext des Übereinkommens bei *WTO-Legal Text*, S. 348f.; und BGBl.: 1994 II S. 1437, 1492f; vgl. auch die amtliche deutschsprachige Übersetzung in BGBl.: 1994 II S. 1437, 1655f.

[258] Vgl. *Schott/Burrman:* The Uruguay Round, S. 100f; *Etter* in *Cottier (Hrsg.):* GATT-Uruguay Round, S. 91, 96.

[259] Vgl. den rechtsverbindlicher Originaltext bei *WTO-Legal Text:* S. 328.

[260] Vgl. *Hamblock/Wessels*: Großwörterbuch, S. 40; *Pons:* Fachwörterbuch „Recht", S. 9; *Pons:* Kompaktwörterbuch, S. 7.

[261] Vgl. allgemein zur Auslegungsmethode „argumentum e contrario" *Larenz:* Methodenlehre, S. 374, *Creifelds:* Rechtswörterbuch, S. 117.

Auffälligerweise ist der Begriff Dienstleistung nicht definiert.[262] Art I Abs. 3 lit. b) GATS bestimmt lediglich, daß der Begriff *„Dienstleistungen"* jede Art von Dienstleistung in jedem Sektor einschließt.

Vergegenwärtigt man sich die Ausgangspositionen anläßlich der Entstehung des GATS[263], so ist festzustellen, daß die Entwicklungsländer sich mit ihrer Forderung nach einer möglichst präzisen Formulierung des Begriffs *„Dienstleistung"* nicht durchsetzen konnten. Im Verlauf der Verhandlungen zum GATS gelang es den Mitgliedern nicht, sich auf eine allgemeingültige Definition zu einigen.[264] Dies verwundert indes nicht, ist es doch bis in die Gegenwart nicht gelungen, den Begriff „Dienstleistung" allgemeinverbindlich zu definieren.[265]

a) Das Fehlen einer allgemein anerkannten Definition des Begriffs „Dienstleistung"

Es gab Versuche, eine Legaldefinition für den Begriff „Dienstleistung" zu entwickeln[266]. Die Literatur beschränkt sich jedoch überwiegend auf die Beschreibung von Eigenschaften, welche die meisten Dienstleistungen oder bestimmte Arten von Dienstleistungen kennzeichnen.[267] Danach spricht man bei Vorliegen folgender Eigenschaften von Dienstleistungen:

- Nichtstofflichkeit im Sinne von Unberührbarkeit, Unsichtbarkeit bzw. Immaterialität[268]
- Fehlende Lager- und Transportfähigkeit.

Die Eigenschaften dienen dazu, einige Besonderheiten der Dienstleistungen aufzuzeigen. Dennoch sind sie zur Abgrenzung des Waren- vom Dienstleistungshandel nicht ausreichend.[269] Denn es sind Formen von Dienstleistungen denkbar, bei denen gerade in Gegenständen die Leistungen verkörpert sind. So stellt die Erstellung von Software etwa eine Dienstleistung dar, die auf Disketten oder einer CD-Rom gespeichert wird und somit körperlich ist. Auch sind Dienstleistungen nicht immer „unsichtbar".
Die Eröffnung eines Versicherungsbüros oder einer Kanzlei als Vorstufe für die Erbringung einer Dienstleistung ist transparent. Das Kriterium fehlender Lager- und Transportfähigkeit ist auch nicht bei sämtlichen Dienstleistungen gegeben. Zu erinnern ist hierbei erneut an die Dienstleistung, die auf einer CD-Rom bzw. Computerdiskette gespeichert ist.
Das Kriterium der Nichtstofflichkeit ist mithin nur begrenzt zur Abgrenzung des Begriffs „Dienstleistung" vom Begriff „Ware" tauglich.

---

262 Vgl. allgemein hinsichtlich der Problematik, für den Begriff „Dienstleistung" eine Legaldefinition zu finden *Eiteljörge* in *Klein/Meng/Rhode (Hrsg.):* Welthandelsordnung, S. 152.
263 Ausführlich hierzu Zweiter Teil, 1. Kapitel, A.
264 Vgl. *Barth:* EuZW 1994, S. 455.
265 *Krommenacker* in *Petersmann/Hilf (Hrsg.):* The New GATT Round, S. 7; *Stadler:* Die Liberalisierung des Dienstleistungshandels, S. 28, Fn. 43 m.w.N.; *Eckert:* Die Liberalisierung, S. 15.
266 *Hill:* On Goods and Services, S. 318; *Snape* in *Messerlin/Sauvant (Hrsg.):* The International Bank for Reconstruction, S. 5.
267 *Krommenacker* in *Petersmann/Hilf (Hrsg.):* The New GATT Round, S. 7; *Stadler:* Die Liberalisierung des Dienstleistungshandels, S. 28, Fn. 44 m.w.N.
268 Die rechtliche Beratung eines Mandanten durch einen Rechtsanwalt stellt eine klassische Dienstleistung dar, die stofflich nicht greifbar ist. Auch die Übermittlung einer Nachricht im Wege der Telekommunikation ist eine nicht verkörperte Dienstleistung.
269 So auch *Koehler:* GATS, S. 31.

b) Der völkerrechtliche Dienstleistungsbegriff

Bei den oben beschriebenen Problemen, eine geeignete Formulierung für eine Definition des Dienstleistungsbegriffs zu finden, ist es nicht überraschend, daß eine diesbezügliche Problemlösung auch nicht im Rahmen des GATS gelungen ist. Wie jedoch bereits mehrfach erwähnt, enthält das GATS Listen, in denen verschiedene Arten von Dienstleistungen aufgeführt sind. Das GATS bestimmt im Wege der Enumeration, welche kommerziellen Aktivitäten unter den Begriff der Dienstleistung fallen sollen. Mit anderen Worten: Die Vertragspartner haben mit Hilfe der Listen übereinstimmend geklärt, welche Aktivitäten als Dienstleistungen gelten und damit in den Anwendungsbereich des GATS fallen. Somit wird die Eigenschaft der Nichtstofflichkeit von Dienstleistungen durch einen enumerativen Ansatz ersetzt. Dies ist erneut ein Beispiel für eine pragmatische Vorgehensweise bei der Bewältigung von Hindernissen.

Eine Veränderung des Anwendungsbereichs des GATS bzw. eine Erweiterung des Dienstleistungsbegriffs wird daher mit hoher Wahrscheinlichkeit durch neue Länderlisten erfolgen und weniger durch eine Neufassung des Art. I Abs. 3 b) GATS.

c) Der Ausschluß von Dienstleistungen, die in Ausübung hoheitlicher Gewalt erbracht werden

Dem GATS-Text ist jedoch immerhin eine Negativabgrenzung hinsichtlich des Anwendungsbereichs zu entnehmen. Denn gemäß Art. I Abs. 3 b) GATS fallen jene Dienstleistungen, die in Ausübung hoheitlicher Gewalt erbracht werden, jedenfalls nicht unter die Begriffbestimmung „Dienstleistung".
In Ausübung hoheitlicher Gewalt erbrachte Dienstleistungen werden sogleich durch Art. I Abs. 3 c) legaldefiniert. Danach meint dieser Begriff jede Art von Dienstleistung, die weder zu kommerziellen Zwecken noch im Wettbewerb mit einem oder mehreren Dienstleistungserbringern erbracht wird. Anders formuliert: Staatliche Monopole, deren Dienstleistungen nicht zu Gewinneinnahmen führen, unterliegen nicht den Liberalisierungsverpflichtungen des GATS.[270] Aber immer dann, wenn ein Staat Dienstleistungen in einem Bereich erbringt, in dem auch private Anbieter Dienstleistungen veräußern, handelt es sich nicht mehr um Dienstleistungen, die in Ausübung hoheitlicher Gewalt erbracht werden.[271] Bei derartigen staatlichen Dienstleistungen finden die Vorschriften des GATS Anwendung. Die Mitglieder des GATS können sich daher nicht mit dem Argument, ihr eigenes Handeln als Dienstleistungsanbieter stelle die Ausübung hoheitlicher Gewalt dar, den Verpflichtungen des Übereinkommens entziehen.[272]

d) Allgemeine Überlegungen zum Begriff des Handels mit Dienstleistungen

Ähnlich wie bei dem Begriff *„Dienstleistung"* bereitet auch der Versuch, eine allgemein anerkannte Definition für den *„Handel mit Dienstleistungen"* zu finden, Schwierigkeiten.

---

270 Ähnlich auch *Etter* in *Cottier (Hrsg.):* GATT-Uruguay Round, S. 91, 96.
271 Vgl. *Koehler:* GATS, S. 91.
272 *McGovern:* International Trade Regulation, § 31. 111.

Nach der Definition des Internationalen Währungsfonds wird der internationale Handel nach dem Standort- bzw. Wohnsitzprinzip bestimmt.[273] D.h. immer dann, wenn Wirtschaftssubjekte, die Ihren Wohnsitz/Standort in unterschiedlichen Ländern haben, gleichartige ökonomische Werte austauschen, liegt nach den Anknüpfungen der oben genannten Definition ein internationaler Handel vor.[274]

Durch Konvention wird bestimmt, in welchem Land das am Handel teilnehmende Wirtschaftssubjekt seinen Wohnsitz/Standort hat. Entscheidend ist hiernach die Aufenthaltsdauer der Wirtschaftssubjekte in einem bestimmten Land.[275] So tauglich die Definition des internationalen Handels für den Bereich Waren ist, so problematisch gestaltet sich die Transformation der Definition auf den Dienstleistungsbereich.

Denn der Handel mit Dienstleistungen ist nicht ausschließlich durch eine Grenzüberschreitung körperlicher Objekte gekennzeichnet. Häufig ist der direkte Kontakt zwischen Dienstleistungsanbieter und Konsument erforderlich. Derartige Transaktionen würden nach der gängigen Definition aber nicht als „internationaler Handel mit Dienstleistungen“ bezeichnet werden können.

Hinsichtlich des internationalen Handels mit Dienstleistungen lassen sich vier Arten unterscheiden:

aa) Direkter grenzübertretender internationaler Handel

Eine Erscheinungsform ist der direkte grenzübertretende internationale Handel mit Dienstleistungen. Kennzeichnend hierfür ist, daß ein physischer Kontakt zwischen Anbieter und Konsument nicht erforderlich ist. Vielmehr werden die Dienstleistungen erbracht, ohne daß die Handelspartner ihre Standorte verlassen müssen. Die Dienstleistung wird gleich einer Ware gehandelt. Deshalb wird diese Form des Dienstleistungshandels auch als *„across the border services“* bezeichnet.[276]
Sämtliche Dienstleistungen, die mit Hilfe internationaler Informations- und Kommunikationsnetze erbracht werden - der Versandhandel, „Online-Dienste“ (Internet) oder Transportleistungen - sind dieser Kategorie zuzuordnen. Dienstleistungen von Freiberuflern, also Rechtsanwälten, Architekten, Steuerberatern etc. fallen ebenfalls unter diese Gruppe, sofern die Dienste aus dem jeweiligen Land ohne persönliche Grenzüberschreitung angeboten werden.

bb) Dienstleistungshandel durch Grenzübertretung des Anbieters

Bei dieser Form des Handels kommt es zu einem physischen Kontakt zwischen Dienstleistungsanbieter und -konsument. Der Anbieter begibt sich aus seinem Land in das Land des Konsumenten, um dort - vor Ort - seine Dienstleistung anzubieten. Der Anbieter der Dienstleistung orientiert sich mithin an der Nachfrage,

---

273 Vgl. *Reinhardt:* Dienstleistungssektor und Dienstleistungspolitik in Entwicklungsländern, S. 53f; *Reinhardt/Shamleh/Uhlig:* Der Dienstleistungssektor ausgewählter Entwicklungsländer, S. 7f.

274 *IMF:* Balance of Payments Manuel, S. 7, 10.

275 *IMF:* Balance of Payments Manuel, S. 12.

276 Vgl. *Stern/Hoekman:* The World Economy 1987, S. 39, 40; *Breuss* in *Breuss (Hrsg):* Außenwirtschaft 1990, S. 105, 107f.

weshalb diese Form der Dienstleistungserbringung auch als „Nachfrage-orientiert"[277] oder als „demander-located services"[278] bezeichnet wird.
Dabei ist zu differenzieren, ob sich der Anbieter nur kurzfristig in das Land des Konsumenten begibt, um einmalig seine Dienste zu offerieren, oder ob er langfristig in Form einer Niederlassung seine Dienstleistung im Ausland anbieten will.

Der temporäre Auslandsaufenthalt des Anbieters ist dadurch gekennzeichnet, daß er sich lediglich für die Dauer der konkret zu erbringenden Dienstleistung in das Land des Nachfragers begibt, nach Abschluß seiner Tätigkeit jedoch wieder in sein Heimatland zurückkehrt.[279]
Als beispielhaft kann die Tätigkeit eines Computerspezialisten angeführt werden, der aus seinem Heimatland ins Ausland reist, um vor Ort ein EDV-Problem zu lösen. Auch Auslandsmontagetätigkeiten entsprechen dieser Form der temporären internationalen Dienstleistungserbringung. Obwohl sich die eigentliche Dienstleistungserbringung ohne Grenzübertritt vollzieht, handelt es sich nach der Definition des Internationalen Währungsfonds um eine internationale Handelstätigkeit, denn der temporäre Auslandsaufenthalt des Anbieters stellt gerade das Charakteristikum dieser kommerziellen Aktivität dar.[280]

Einige Dienstleistungsanbieter eröffnen Niederlassungen im Ausland. Die Grenzüberschreitung erfolgt hierbei zum Zweck einer dauerhaften, nicht nur einmaligen kommerziellen Aktivität.[281] Insbesondere Banken und Versicherungen erbringen häufig in Form permanenter Niederlassungen Dienstleistungen im Ausland.[282]
Bei dieser speziellen Form des Dienstleistungshandels kommt es weder bei der eigentlichen Dienstleistungserbringung noch beim Anbieter (abgesehen von der einmaligen Gründung der Niederlassung) zu einem Grenzübertritt. Somit liegt letztlich kein internationaler Dienstleistungshandel vor, sondern vielmehr eine ausländische Direktinvestition.[283] Der „Niederlassungshandel" kann daher als internationale Investitionstätigkeit bezeichnet werden.[284] In der Vergangenheit war nicht unumstritten, ob die internationalen Investitionstätigkeiten auch vom Begriff des internationalen Handels mit Dienstleistungen umfaßt werden sollten.[285] Heute besteht jedoch weitgehend Einigkeit darüber, daß dies so sein soll.[286]

---

277 So *Breuss* in *Breuss (Hrsg):* Außenwirtschaft 1990, S. 105, 108.

278 So *Stern/Hoekman:* The World Economy 1987, S. 39, 40.

279 *Reinhardt:* Dienstleistungssektor und Dienstleistungspolitik, S. 57f; *Koehler:* GATS, S. 39.

280 *Hoekman:* Außenwirtschaft 1993, S. 203, 210; *Bhagwati* in *Giarini (Hrsg.):* The Emerging Service Economy, S. 3, 7; *Cass/Noam* in *Friedman/Mestmäcker (Hrsg.):* Rules for Free Trade, S. 43, 50.

281 Vgl. *Stern/Hoekman:* The World Economy 1987, S. 39, 40; *Breuss* in *Breuss (Hrsg):* Außenwirtschaft 1990, S. 105, 108 f.

282 Die Erbringung von Dienstleistungen mit Hilfe von Niederlassungen wird auch als „foreign-earning Trade" bezeichnet, vgl. *Krommenacker* in *Petersmann/Hilf (Hrsg.):* The New GATT Round, S. 465.

283 *Breuss* in *Breuss (Hrsg):* Außenwirtschaft 1990, S. 105, 108f; *Koehler:* GATS, S. 40.

284 Im Englischen spricht man daher von *„foreign direct investment"*, vgl. *Stern/Hoekman:* The World Economy 1987, S. 39, 40

285 Ausführlich hierzu *Koehler:* GATS, S. 41.

286 *Stern/Hoekman:* The World Economy 1987, S. 39, 41; *Reinhardt:* Dienstleistungssektor und Dienstleistungspolitik, S. 60.

cc) Dienstleistungshandel durch Grenzübertretung des Nachfragers

Bei dieser Form der Dienstleistungserbringung kommt es zwar gleichfalls zu einem physischen Kontakt zwischen Anbieter und Nachfrager,

doch begibt sich der Konsument in diesem Fall in das Land des Anbieters.[287] Ein typisches Beispiel ist die Tourismusbranche.[288] Auch der temporäre Aufenthalt eines Patienten bei einer medizinischen Einrichtung im Ausland fällt unter diese Kategorie der Dienstleistungserbringung.

Da die Geschäftspartner ihren Wohnsitz in unterschiedlichen Ländern haben, handelt es sich nach dem oben dargelegten Wohnsitzprinzip um eine internationale Handelsaktivität.

dd) Dienstleistungshandel durch Grenzübertretung des Nachfragers und des Anbieters

Die vierte Erbringungsform eines internationalen Dienstleistungshandels kommt durch die Mobilität von Anbieter und Konsument zustande.[289] Kennzeichnend ist, daß sich beide in ein drittes Land begeben, um dort Leistungen auszutauschen.[290] Diese Art des internationalen Dienstleistungshandels stellt mithin eine Kombination der unter bb) und cc) dargestellten Erbringungsformen dar. Folgendes Beispiel kann zum besseren Verständnis gebildet werden: Ein deutsches Bauunternehmen führt einen Autobahnbrückenbau in Bangkok/Thailand durch. Die örtliche Bauleitplanung obliegt einem schwedischen Ingenieur. Dieser kann seine Dienstleistung sowohl durch einen temporären Aufenthalt in Bangkok erbringen[291] als auch durch eine Tätigkeit seiner Niederlassung[292].

ee) Zusammenfassung

Die Definition des Internationalen Währungsfonds, die für die Annahme eines internationalen Handels an den Standort bzw. Wohnsitz der Geschäftspartner anknüpft, ist auch für die Bestimmung des internationalen Handels mit Dienstleistungen ausschlaggebend. Um sämtliche Erbringungsformen des internationalen Dienstleistungshandels zu erfassen, ist jedoch eine Begriffserweiterung der klassischen Definition notwendig.[293] Nur im Wege einer Definitionserweiterung ist die Erbringung von Dienstleistungen mit Hilfe von Niederlassungen unter den Begriff des internationalen Dienstleistungshandels subsumierbar.

---

287 *Breuss* in *Breuss (Hrsg):* Außenwirtschaft 1990, S. 105, 109 bezeichnet diese Erbringungsform von Dienstleistungen als „Angebots-orientiert"; Im Englischen spricht man daher auch von *„provider-located services"*, vgl. *Stern/Hoekman:* The World Economy 1987, S. 39, 41; oder von *„domestic-establishment trade"* vgl. *Krommenacker* in *Petersmann/Hilf (Hrsg.):*The New GATT Round, S. 465.

288 Vgl. auch *Eckert:* Die Liberalisierung, S. 20.

289 Vgl. *Breuss* in *Breuss (Hrsg):* Außenwirtschaft 1990, S. 105, 109.

290 Daher wird auch die Bezeichnung *„third-country trade"* verwendet, vgl. *Krommenacker* in *Petersmann/Hilf (Hrsg.):*The New GATT Round, S. 465; *Reinhardt/Shamleh/Uhlig:* Der Dienstleistungssektor ausgewählter Entwicklungsländer, S. 10; *Sampson/Snape:* The World Economy 1985, S. 171, 173.

291 *„demander-located services"* im engeren Sinne, vgl. oben bb).

292 *„demander-located services"* im Sinne einer internationalen Investitionstätigkeit.

293 *Nusbaumer:* Services in the Global Market, S. 186, fordert daher auch eine „IMF-Plus-Definition".

e) Der Begriff des Handels mit Dienstleistungen im GATS

In Art. I Abs. 2 lit. a) bis lit. d) erfolgt eine Definition für den Begriff „Handel mit Dienstleistungen". Gemäß Art. I Abs. 2 GATS bedeutet der „Handel mit Dienstleistungen" die Erbringung einer Dienstleistung. Das GATS unterscheidet in Art. I Abs. 2 GATS dann weiter durch lit. a) bis d) zwischen vier verschiedenen Erbringungsformen.

Zunächst ist zu untersuchen, was unter der Erbringung einer Dienstleistung zu verstehen ist. Für diesen Begriff findet sich im GATS-Text unter Art. XXVIII lit. b) GATS eine Legaldefinition, derzufolge von dem Begriff *„Erbringung einer Dienstleistung"* Produktion, Vertrieb, Vermarktung, Verkauf und Bereitstellung der Dienstleistung umfaßt werden.
Des weiteren differenziert das GATS zwischen vier verschiedenen Erbringungsformen.

aa) Dienstleistungshandel in Form des Art. I Abs. 2 lit. a) GATS

Art. I Abs. 2 lit. a) GATS erfaßt die „klassische" Form des internationalen Handels. Es kommt zu einem internationalen Handel von Dienstleistungen, weil die Dienstleistung das Hoheitsgebiet des einen Mitglieds verläßt und in das Hoheitsgebiet eines anderen Mitglieds eingeführt wird. Die Handelspartner, also der Anbieter und Konsument, verbleiben jeweils an ihrem Standort bzw. Wohnsitz. Diese Form wurde oben als direkter, nicht grenzübertretender internationale Handel mit Dienstleistungen bezeichnet.[294]

bb) Dienstleistungshandel in Form des Art. I Abs. 2 lit. b) GATS

Die Erbringung von Dienstleistungen durch Grenzübertretung des Nachfragers findet sich in Art. I Abs. 2 lit. b) GATS.[295] Der Nachfrager wird in Art. I Abs. 2 lit. b) GATS als Dienstleistungsnutzer bezeichnet.
Das GATS bezeichnet den Anbieter einer Dienstleistung als Dienstleistungserbringer[296] und den Nachfrager bzw. Konsumenten einer Dienstleistung als Dienstleistungsnutzer[297]. Sowohl der Dienstleistungserbringer als auch der Dienstleistungsnutzer werden allgemein als „Personen" bezeichnet. Art. XXVIII lit. j) GATS unterscheidet zwischen natürlichen und juristischen Personen. Mithin kann der Dienstleistungserbringer nach dem Verständnis des GATS als juristische oder natürliche Person eine Dienstleistung anbieten. Der Dienstleistungsnutzer kann ebenfalls als juristische oder natürliche Person eine Dienstleistung konsumieren.

(1) Die natürliche Person als Dienstleistungserbringer bzw. -nutzer

Das GATS findet gemäß Art. XXVIII lit. k) Satz 1 GATS nur für natürliche Personen Anwendung, die in dem Hoheitsgebiet eines GATS-Mitglieds ansässig sind.

---

294 Vgl. oben Zweiter Teil, 1. Kapitel, B. II., 2. lit. d) aa).

295 Vgl. oben Zweiter Teil, 1. Kapitel, B. II., 2. lit. d) cc).

296 Vgl. Art. XXVIII lit. g) GATS rechtsverbindlicher Originaltext bei *WTO-Legal Text:* S. 349; BGBl.: 1994 II, S. 1437, 1493 vgl. auch die deutschsprachige Übersetzung in BGBl.: 1994 II, S. 1437, 1655; *Benedek:* Die WTO, S. 409.

297 Vgl. Art. XXVIII lit. i) GATS rechtsverbindlicher Originaltext bei *WTO-Legal Text,* S. 350; BGBl.: II 1994, 1437, 1493 vgl. auch die deutschsprachige Übersetzung in BGBl.: II 1994, 1437, 1655; *Benedek:* Die WTO, S. 409.

Hiermit ist gemeint, daß eine natürliche Person ihren Wohnsitz in einem GATS-Mitgliedsstaat hat.[298] Zudem muß eine natürliche Person einem GATS-Mitglied angehören. Nur in diesem Fall gelten die Handelsvorteile des GATS.[299]
Eine natürliche Person gehört gemäß Art. XXVIII lit. k) i) GATS dem Staat des GATS-Mitglieds an, sofern sie die Staatsangehörigkeit des betreffenden Mitglieds besitzt. Da das GATS keine speziellen Regelungen zum Staatsangehörigkeitsrecht trifft, sind ergänzend die allgemeinen Bestimmungen des Völkerrechts heranzuziehen. Danach muß zwischen dem Staat, der die Staatsangehörigkeit verleiht, und der natürlichen Person eine nähere und engere Beziehung als zu jedem anderen Staat existieren.[300]
Die Angehörigkeit einer natürlichen Person zu einem GATS-Mitglied kann jedoch gemäß Art. XXVIII lit. k) ii) GATS auch anders als durch die Staatsangehörigkeit begründet werden, namentlich durch ein Recht auf dauernden Aufenthalt in einem GATS-Mitgliedsgebiet. Art. XXVIII lit. k) ii) GATS findet jedoch nur dann Anwendung, wenn das betreffende andere GATS-Mitglied keine Staatsangehörigen besitzt (Art. XXVIII lit. k) ii) 1. GATS) oder wenn ein GATS-Mitglied seinen dauerhaft Gebietsansässigen in bezug auf Maßnahmen, die den Handel mit Dienstleistungen betreffen, im wesentlichen dieselbe Behandlung wie seinen eigenen Staatsangehörigen gewährt (Art. XXVIII lit. k) ii) 2. GATS)[301]. Dabei ist zu bedenken, daß Art. XXVIII lit. k) ii) 1. GATS insbesondere für die Europäische Union Anwendung findet. Die Unionsbürger besitzen die Staatsbürgerschaft des jeweiligen EU-Mitgliedsstaats. Art. 8 EGV gewährt den Unionsbürgern, *„sich im Hoheitsgebiet der Mitgliedsstaaten (...) zu bewegen und aufzuhalten“*, eine Unionsstaatsbürgerschaft existiert hingegen (noch) nicht.

(2) Die juristische Person als Dienstleistungserbringer bzw. - nutzer

Das GATS differenziert zwischen einer juristischen Person und einer juristischen Person eines anderen Mitglieds. Unter einer juristischen Person versteht das GATS gemäß Art. XXVIII lit. l) GATS eine nach geltendem Recht ordnungsgemäß gegründete oder anderweitig errichtete rechtsfähige Organisationseinheit. Dabei ist unerheblich, ob die Organisationseinheit der Gewinnerzielung dient oder nicht und ob sie sich in privatem oder staatlichem Eigentum befindet. Das GATS benennt beispielhaft Kapitalgesellschaften, treuhänderisch tätige Einrichtungen, Personengesellschaften, Gemeinschaftsunternehmen, Einzeleigentümer oder Verbände. Das GATS geht mithin von einem sehr weiten Begriffsverständnis bei einer juristischen Person aus.[302]

Die juristische Person eines anderen Mitglieds gemäß Art. XXVIII lit. m) GATS findet Anwendung, wenn beurteilt werden muß, ob eine rechtsfähige Organisationsform einem GATS-Mitgliedsstaat zugeordnet werden kann.[303] Das Kriterium der Zugehörigkeit der juristischen Person zu einem Staat ist das Pendant zur Staatsangehörigkeit der natürlichen Personen. Bei der Bestimmung der Zugehö-

---

298 Vgl. *Koehler:* GATS, S. 96.
299 Siehe hierzu *Hoekman:* JWTL 1993, S. 81, 89f.
300 *Verdross/Simma:* Universelles Völkerrecht, § 1194; *Epping* in *Ipsen (Hrsg.):* Völkerrecht, § 24 Rn 6.
301 Weitere Voraussetzung ist, daß der betreffende GATS-Mitgliedsstaat diese Gleichbehandlung in seiner Urkunde über die Annahme des WTO-Übereinkommens notifiziert hat. Vgl. hierzu auch *McGovern:* International Trade Regulation, § 31. 112.
302 So auch *Koehler:* GATS, S. 98, Fn. 44.
303 *Hoekman:* JWTL 1993, S. 81, 89f.

rigkeit der juristischen Person zu einem Staat finden die allgemeinen völkerrechtlichen Bestimmungen Anwendung. Völkerrechtlich unterscheidet man vier Kriterien: den Sitz der juristischen Person, das Zentrum der Geschäftstätigkeit, das Recht, nach dem sie gegründet wurde und die Staatsangehörigkeit der Personen, von denen sie beherrscht wird.[304] Wird die Dienstleistung durch die juristische Person eines anderen Mitglieds und nicht durch eine Niederlassung[305] erbracht, so ist zur Bestimmung der Zugehörigkeit gemäß Art. XXVIII lit. m) i) GATS das Gründungsrecht sowie das Zentrum und Ausmaß der Geschäftstätigkeit entscheidend.[306] Erfolgt die Erbringung der Dienstleistung mittels kommerzieller Präsenz, so ist gemäß Art. XXVIII lit. m) ii) 1 und 2 GATS das Kontrollprinzip das entscheidende Bestimmungskriterium.[307]

cc) Dienstleistungshandel in Form des Art. I Abs. 2 lit. c) GATS

Art. I Abs. 2 lit. c) GATS beschreibt eine Form der Dienstleistungserbringung mittels kommerzieller Präsenz. Somit knüpft die Norm an den oben näher dargestellten Begriff des internationalen Handels mit Dienstleistungen durch Grenzübertretung des Anbieters an.[308] Hinsichtlich der Terminologie ist darauf hinzuweisen, daß der Dienstleistungsanbieter als Dienstleistungserbringer bezeichnet wird.[309] Im übrigen differenziert auch das GATS zwischen einem begrenzten temporären Aufenthalt des Dienstleistungserbringers und einem unbegrenzten Niederlassungsaufenthalt (ausländische Direktinvestition).[310]

Art. I Abs. 2 lit. c) GATS umfaßt den unbegrenzten Niederlassungsaufenthalt. Der Wortlaut der Norm verwendet den Begriff „kommerzielle Präsenz im Hoheitsgebiet eines anderen Mitglieds". Dieser Begriff erfährt - entsprechend der dargestellten Systematik des GATS - eine Präzisierung in Art. XXVIII lit. d). Das GATS versteht unter „kommerzieller Präsenz" jede Art geschäftlicher oder beruflicher Niederlassung. Diese kann durch Errichtung, Erwerb oder Fortführung einer juristischen Person stattfinden.[311] Die geschäftliche oder berufliche Niederlassung kann jedoch auch durch die Errichtung oder Fortführung einer Zweigstelle oder einer Repräsentanz begründet werden.[312] Der Begriff der kommerziellen Präsenz ist mithin sehr weit gefaßt worden. Dies gilt um so mehr, als die konkreten Formen der Niederlassung nur „unter anderem" genannt werden.
Das GATS ist dahingehend zu verstehen, daß mit der Erbringungsform der kommerziellen Präsenz jegliche Art dauerhafter Niederlassung eines Dienstleistungs-

---

304 *Seidl-Hohenveldern:* Völkerrecht, Rn 1342; *Verdross/Simma:* Universelles Völkerrecht, § 1204.

305 Hierzu ausführlich unten Zweiter Teil, 1. Kapitel, B. III., 2. lit. e) cc).

306 Vgl. auch *McGovern:* International Trade Regulation, § 31. 112.

307 Vgl. auch *McGovern:* International Trade Regulation, § 31. 112.

308 Vgl. oben Zweiter Teil, 1. Kapitel, B. III., 2. lit. d) bb).

309 Art. XXVIII lit. g) GATS des rechtsverbindlichen Originaltextes bei *WTO-Legal Text:* S. 349; BGBl.: 1994 II, S. 1437, 1493 vgl. auch die deutschsprachige Übersetzung in BGBl.: 1994 II, S. 1437, 1655; *Benedek:* Die WTO, S. 409.

310 Siehe hierzu auch die Darstellung oben Zweiter Teil, 1. Kapitel, B. III., 2. lit. d) bb).

311 Art. XXVIII lit. d) i) GATS des rechtsverbindlichen Originaltextes *WTO-Legal Text:* S. 349; BGBl.: 1994 II, S. 1437, 1493 vgl. auch die deutschsprachige Übersetzung in BGBl.: 1994 II, S. 1437, 1655; *Benedek:* Die WTO, S. 408.

312 Art. XXVIII lit. d) ii) GATS des rechtsverbindlichen Originaltextes *WTO-Legal Text:* S. 349; BGBl.: 1994 II, S. 1437, 1493 vgl. auch die deutschsprachige Übersetzung in BGBl.: 1994 II, S. 1437, 1655; *Benedek:* Die WTO, S. 408.

erbringers im Hoheitsgebiet eines anderen GATS-Mitglied erfaßt wird.[313] Somit eröffnet die Fassung des Art. XXVIII lit. d) GATS die Möglichkeit, künftige neue Formen der kommerziellen Präsenz ohne eine Normenänderung unter die Begriffsbestimmung zu subsumieren. Art. XXVIII lit. d) GATS ist einmal mehr ein Beleg für die Behauptung, daß es sich bei dem GATS um ein Übereinkommen handelt, das auf pragmatische Weise den Liberalisierungsprozeß im internationalen Dienstleistungssektor fortsetzen will.

dd) Dienstleistungshandel in Form des Art. I Abs. 2 lit. d) GATS

Auch der internationale Handel mit Dienstleistungen in Form temporären Aufenthalts des Erbringers findet im GATS eine Berücksichtigung. Gemäß Art. I Abs. 2 lit. d) GATS kann eine Dienstleistung durch einen Anbieter mittels dessen Präsenz in Form einer natürlichen Person in dem Hoheitsgebiet eines anderen Mitglieds erbracht werden. Mithin wird auch der internationale Handel mit Dienstleistungen durch den nur temporären Grenzübertritt des Dienstleistungserbringers von den Regelungen des GATS erfaßt. Während Art. I Abs. 2 lit. c) GATS die Dienstleistungserbringung mittels einer juristischen Person regelt, findet Art. I Abs. 2 lit. d) GATS nur für die temporäre Grenzüberschreitung natürlicher Personen zum Zwecke der Dienstleistungserbringung Anwendung. So offenkundig diese theoretische Differenzierung ist, so schwierig ist die praktische Anwendung. Ein Beispiel soll dies verdeutlichen: Entschließt sich ein Unternehmen, eine Niederlassung in einem anderen Mitgliedsstaat zu eröffnen, so bedarf dieses Vorhaben vieler Vorbereitungshandlungen. Ein Repräsentant des Unternehmens wird in das beabsichtigte Land reisen, um die örtlichen Gegebenheiten zu erkunden. Hierbei drängt sich jedoch die Frage auf, ob es sich um die Erbringung einer Dienstleistung durch eine natürliche Person (Repräsentant) oder einer juristischen Person (künftige Niederlassung) handelt. Daß es sich hierbei nicht lediglich um einen akademischen Streit, sondern um eine praktisch bedeutsame Differenzierung handelt, belegt folgende weitere Überlegung. Wie bereits oben anläßlich des Überblicks über den Aufbau des GATS erwähnt, legen die GATS-Mitglieder ihre spezifischen Verpflichtungen hinsichtlich der Liberalisierung des Dienstleistungshandel jeweils in bezug auf die einzelnen Erbringungsformen fest.[314] Das GATS berücksichtigt diese Tatsache, indem es bei der Erbringung einer Dienstleistung zwischen natürlichen und juristischen Personen differenziert. Um den Anwendungsbereich des Art. I Abs. 2 lit. d) GATS (natürliche Personen) zu präzisieren, ist stets die Anlage zum grenzüberschreitenden Verkehr natürlicher Personen, die im Rahmen des Übereinkommens Dienstleistungen erbringen, zu berücksichtigen.[315]

ee) Zusammenfassung

Hinsichtlich der Begriffsbestimmung „Handel mit Dienstleistungen" knüpft das GATS an die allgemein anerkannten Definitionen an. Auch die ausländischen Direktinvestitionen werden vom Geltungsbereich des GATS umfaßt. Bemerkenswert ist, daß das Übereinkommen auch auf die Grenzüberschreitung natürlicher Personen zum Zweck der Nutzung oder der Erbringung einer Dienstleistung Anwendung findet. Art. XXVIII GATS stellt eine wichtige Norm für Begriffbestimmungen dar, denn er enthält, insbesondere für Art. I Abs. 2 GATS, eine Legaldefinition der

---

313 *McGovern:* International Trade Regulation, § 31. 111.

314 Vgl. auch *Koehler:* GATS, S. 94.

315 Vgl. *Koehler:* GATS, S. 94 und ausführlich *Koehler* aaO., S. 160ff.

verwendeten Begriffe. Die am Handel mit Dienstleistungen Beteiligten sind der Dienstleistungserbringer und der Dienstleistungsnutzer. Sie können jeweils als natürliche oder juristische Person auftreten.

f) Der Begriff „Maßnahmen der Mitglieder“ gemäß Art. I Abs. 3 GATS

Der Liberalisierungsprozeß soll durch das GATS speziell für den Dienstleistungssektor gefördert werden.[316] Diesem Gedanken der Fortschreibung des Liberalisierungsprozesses stehen jedoch protektionistische Maßnahmen entgegen.[317] Derartige Maßnahmen werden im GATS als „Maßnahmen der Mitglieder“ bezeichnet.[318] Bei der Konzeption des GATS hat man auch aus den Erfahrungen des GATTs gelernt. Wie oben gezeigt, entstand das GATT, um Handelshemmnisse in Form von Zöllen zu beseitigen. Es zeigte sich jedoch, daß neue Formen der Protektion nur mit Mühe unter die Normen des GATTs zu subsumieren waren. Aus dieser Erkenntnis profitiert das GATS, denn durch Art. XXVIII lit. a) GATS wird der Begriff der Maßnahmen sehr weit definiert.
Gemäß Art. XXVIII lit. a) GATS kann die Maßnahme in Form eines Gesetzes, einer sonstigen Vorschrift, einer Regel, eines Verfahrens, eines Beschlusses, eines Verwaltungshandels oder in sonstiger Form von einem Mitglied des GATS getroffen werden.[319]
Diese Formulierung ist derart weit gefaßt, daß jegliche aktuelle und zukünftige beeinträchtigende Handlung eines GATS-Mitglied unter die Norm subsumiert werden kann.[320]

Art. I Abs. 3 lit. a) i) GATS bestimmt, daß die Maßnahmen von zentralen, regionalen oder örtlichen Regierungen und Behörden eines GATS-Mitglied ergriffen werden müssen. Mithin fällt das gesamte staatliche Handeln eines GATS-Mitglieds unter den Anwendungsbereich des GATS.
Aber auch Maßnahmen nichtstaatlicher Stellen, die in Ausübung der ihnen von zentralen, regionalen oder örtlichen Regierungen bzw. Behörden übertragenen Befugnisse handeln, fallen gemäß Art. I Abs. 3 lit. a) ii) GATS in den Anwendungsbereich des GATS. Somit scheidet auch eine „Flucht in das Privatrecht“[321] durch GATS-Mitglieder aus.

Art. XXVIII lit. c) i) bis iii) GATS stellt klar, daß nur solche Maßnahmen vom Übereinkommen erfaßt werden, die sich auf die Erbringung von Dienstleistungen in den oben näher bezeichneten Erbringungsformen beziehen. Gemäß dieser Norm werden Maßnahmen in bezug auf (1) Kauf, Bezahlung oder Nutzung einer Dienstleistung, (2) auf Zugang zu und Nutzung von Dienstleistungen und (3) die Präsenz von Personen zur Erbringung einer Dienstleistung vom Geltungsbereich des GATS umfaßt.

---

316 Satz 2 der Präambel des GATS.

317 Vgl. oben Erster Teil, 1. Kapitel, A. IV.

318 Art. I Abs. 3 a) GATS des rechtsverbindlichen Originaltextes *WTO-Legal Text:* S. 328; BGBl.: 1994 II, S. 1437, 1476 vgl. auch die deutschsprachige Übersetzung in BGBl.: 1994 II, S. 1437, 1645; *Benedek:* Die WTO, S. 389.

319 Art. XXVIII lit. a) GATS des rechtsverbindlichen Originaltextes *WTO-Legal Text:* S. 349; BGBl.: 1994 II, S. 1437, 1493 vgl. auch die deutschsprachige Übersetzung in BGBl.: 1994 II, S. 1437, 1655; *Benedek:* Die WTO, S. 408.

320 Ähnlich auch *Koehler:* GATS, S. 99, 100.

321 Siehe hierzu *Maurer:* Verwaltungsrecht, § 3, Rn. 9.

g) Zusammenfassung

Insgesamt ist festzuhalten, daß durch die unpräzise Definition des Begriffs „Dienstleistung" das GATS zu einer breiten Geltung gelangt. Grundsätzlich findet das GATS auf alle Dienstleistungssektoren Anwendung, und sämtliche denkbaren

Formen der Dienstleistungserbringung werden umfaßt. Sowohl die am Dienstleistungshandel beteiligten Personen als auch die handelshemmenden Maßnahmen werden aufgrund einer expliziten Legaldefinition durch das GATS exakt bezeichnet. Mithin verfügt das GATS über einen sehr weiten sachlichen Geltungsbereich, weil der gesamte internationale Dienstleistungsverkehr von dem Übereinkommen erfaßt wird.[322]

IV. Die allgemeinen Pflichten und Disziplinen des GATS

Teil II des GATS trifft Regelungen über die allgemeinen Pflichten und Disziplinen. In 17 Artikeln (Art. II bis Art. XV GATS) werden die allgemeinen Pflichten und Disziplinen festgelegt. Wie sich schon aus der Überschrift ergibt, gelten die in den Art. II bis Art. XV GATS niedergelegten Prinzipien sektorübergreifend für alle Dienstleistungsbereiche. Die Grundsätze sind bildlich gesprochen „vor die Klammer gezogen", weshalb sie auch als horizontale Verpflichtungen bezeichnet werden.[323]

Eine gewisse Einschränkung dieser These ergibt sich aus der Tatsache, daß einige Artikel des zweiten Teils jedoch nur Anwendung finden können, sofern das einzelne GATS-Mitglied die individuelle Übernahme spezifischer Liberalisierungsverpflichtungen erklärt hat. Während also Art. II GATS (Meistbegünstigung), Art. III GATS (Transparenz) und Art. VII GATS (Anerkennung) unabhängig davon Anwendung finden, ob ein Mitglied spezifische Verpflichtungen eingegangen ist, gelten z.B. Art. IV GATS (Entwicklungsländer) und Art. VI GATS (Innerstaatliche Regelung) nur dann, wenn das jeweilige Mitglied spezifische Verpflichtungen übernommen hat.

Hinzuweisen ist auf die Tatsache, daß Teil II des GATS-Übereinkommen auch „unvollständige" Bestimmungen enthält.

In Art. IX Abs. 2 GATS (Geschäftspraktiken)[324], Art. X Abs. 1 GATS (Notstandsmaßnahmen), Art. XIII Abs. 2 GATS (Öffentliches Beschaffungswesen)[325]

---

322 Ebenso *Koehler:* GATS, S. 101.

323 So die von *Koehler:* GATS, S. 101 gewählte Bezeichnung.

324 Art. IX Abs. 2 GATS ist im Zusammenhang mit Art. VIII GATS zu lesen. Das Problem der Wettbewerbsverzerrung durch Monopole wird in Art. VIII Abs. 1 GATS benannt. Art IX Abs. 1 GATS stellt weiter klar, daß bestimmte Geschäftspraktiken den Wettbewerb behindern. Die Bekämpfung erfolgt jedoch lediglich durch die Pflicht der Mitglieder, Konsultationen auf Antrag aufzunehmen und somit zu einer Beseitigung der wettbewerbsverzerrenden Geschäftspraktiken zu gelangen (Art. IX Abs. 2 GATS), vgl. dazu auch *McGovern:* International Trade Regulation, § 31. 143; *UNCTAD*: The Outcome of the Uruguay Round, S. 158f.

325 Gemäß Art. XIII Abs. 1 GATS findet das Übereinkommen keine Anwendung auf das öffentliche Beschaffungswesen, vgl. *UNCTAD*: The Outcome of the Uruguay Round, S. 160f.

und Art. XV Abs. 1 GATS (Subventionen)[326] wird jeweils auf die Notwendigkeit weiterer Konsultationen und Verhandlungen hingewiesen. Das Übereinkommen benennt zwar Problemkreise beim Namen, bietet zur Zeit aber noch keine abschließenden Regelungen an, sondern verweist auf die Notwendigkeit weiterer Verhandlungen. Das GATS stellt mithin - wie oben schon erwähnt - ein Verhandlungsforum für weitere Konsultationen dar.

Künftig wird es die Aufgabe des GATS sein, durch Verhandlungsergebnisse die bestehenden Lücken zu schließen und somit zu einem vollständigen Übereinkommen über den internationalen Dienstleistungsverkehr „heranzuwachsen". Das GATS kann daher als ein dynamischer völkerrechtlicher Vertrag bezeichnet werden.

1. Das Meistbegünstigungsprinzip

Art. II Abs. 1 GATS schreibt die bereits aus Art. I Abs. 1 GATT (1947) bekannte Meistbegünstigungsregelung auch für den Handel mit Dienstleistungen vor. „Meistbegünstigung" bedeutet, daß die Mitgliedsstaaten sich verpflichten, Vorteile, die sie einem anderem Mitgliedsstaat gewähren, sofort und bedingungslos mindestens im gleichen Umfange auch anderen Mitgliedsstaaten einzuräumen. Dies bedeutet, wenn z.B. die Bundesrepublik Deutschland dem Staat Frankreich einen Handelsvorteil einräumt, so hat der WTO-Mitgliedsstaat Polen ebenfalls einen Anspruch auf Gewährung desselben Vorteils gegenüber der Bundesrepublik Deutschland. Somit werden mit Hilfe des Meistbegünstigungsprinzips Handelsvergünstigungen aufgrund bilateraler Vereinbarungen auf andere Handelspartner ausgeweitet.[327] Durch diese Systematik soll eine weltweite Zersplitterung von Handelsbeziehungen durch bilaterale Sonderverhältnisse verhindert werden.[328]

a) Anwendungsbereich und Gleichbehandlungsmaßstab

Gemäß Art. II Abs. 1 GATS findet das Meistbegünstigungsprinzip hinsichtlich aller Maßnahmen - die unter das GATS-Übereinkommen fallen - Anwendung. Hinsichtlich des Anwendungsbereichs des Meistbegünstigungsprinzips wird somit ein Unterschied zur Formulierung im GATT deutlich. Während gemäß Art. I Abs. 1 GATT die allgemeine Meistbegünstigung nur bei Zöllen und Belastungen aller Art bei der Ein- oder Ausfuhr von Waren Anwendung findet, ist die Fassung im Art. II Abs. 1 GATS weiter. Denn sowohl für die Dienstleistung (Ware) und Dienstleistungserbringer (Personen) als auch für all diejenigen Maßnahmen, die unter den Anwendungsbereich des GATS-Übereinkommens fallen, gilt das Meistbegünstigungsprinzip.[329] Dies resultiert auch daraus, daß beim internationalen Warenhandel regelmäßig lediglich die Ware die Grenze überquert, hingegen beim Dienstleistungshandel in drei der vier vom GATS erfaßten Erbringungsformen[330] die Grenz-

---

326 Art. XV GATS beschränkt sich auf die Feststellung, daß überhaupt Verhandlungen aufgenommen werden sollen. Art. X GATS und Art. XIII GATS sind in der Formulierung konkreter und sehen vor, daß Verhandlungen innerhalb von 2 Jahren nach Inkrafttreten des Übereinkommens stattfinden.

327 *Senti:* GATT- System der Welthandelsordnung, S. 106; *Herdegen:* Wirtschaftsrecht, § 7, Rn 23.

328 *Benedek:* Die Rechtsordnung des GATT, S. 61f; *Krommenacker:* World-Traded Services, S. 168.

329 Vgl. auch *Senti:* GATT-WTO, S. 104.

330 Hierzu Zweiter Teil, 1. Kapitel, B. III. 2. lit. e) aa)-ee).

überschreitung gerade der Handelspartner, also natürlicher oder juristischer Personen, notwendig ist.[331]

Das Meistbegünstigungsprinzip verlangt eine Behandlung der Dienstleistungen und Dienstleistungserbringer eines GATS-Mitglied, die nicht weniger günstig ist, als diejenige, die den gleichen Dienstleistungen oder Dienstleistungserbringern eines anderen Landes gewährt wird. Wie sich schon aus dem Wortlaut des Art. II Abs. 1 GATS unmittelbar ergibt, ist nicht Voraussetzung, daß der Handelsvorteil (Behandlung) einem GATS-Mitgliedsstaat gewährt wird.
Selbst dann, wenn ein GATS-Mitglied hinsichtlich des Handels mit Dienstleistungen einem Handelspartner Vergünstigungen gewährt, der nicht Mitglied des GATS ist, haben alle anderen GATS-Mitglieder einen Anspruch auf zumindest eine nicht weniger günstige Behandlung. Auch in diesem Punkt unterscheidet sich das GATS vom GATT, denn die Meistbegünstigung des GATTs gilt nur zwischen den Vertragsparteien.

Bisher nicht vollständig geklärt ist die Frage, wann die Dienstleistungen bzw. Dienstleistungserbringer „gleich" im Sinne des Art. II Abs. 1 GATS sind.
Auch die Formulierung in Art. I Abs. 1 GATT verlangt die Gleichartigkeit zwischen den Waren. Bei der Interpretation der *„gleichartigen Waren"* im Rahmen des GATTs wurde entweder auf die Beschaffenheit der Waren oder auf die unmittelbare Konkurrenz der Waren auf dem jeweiligen Markt abgehoben.[332] Durchgesetzt hat sich die Orientierung an dem Kriterium der Konkurrenzsituation.[333]

Es mag sein, daß in ähnlicher Weise auch im Rahmen des GATS entschieden wird, ob die gleichen Dienstleistungen oder Dienstleistungserbringer betroffen sind.[334] Abschließend wird diese Frage jedoch wohl erst nach Entscheidung konkreter Streitfälle durch ein *Panel*-Gremium beantwortet werden können. Jedenfalls bei der Beantwortung der Frage, wann gleichartige Dienstleistungserbringer vorliegen, wird wohl nicht ausschließlich eine Übernahme der „Konkurrenzlösung" ausreichen.

b) Sofortige und bedingungslose Meistbegünstigung

Art. II Abs. 1 GATS verlangt, daß die Meistbegünstigung *„sofort"* Anwendung findet. Damit ist eine auch nur bedingt zeitliche Privilegierung einzelner GATS-Mitglieder ausgeschlossen. Entsprechend den Bestimmungen des GATTs[335] gilt auch beim GATS der Grundsatz, daß die Gleichbehandlung ohne zeitlichen Verzug gleichzeitig allen GATS-Handelspartnern zu gewähren ist.

Aus dem Wortlaut des Art. II Abs. I GATS ergibt sich auch, daß die Gleichbehandlung *„bedingungslos"* zu gewähren ist. Damit ist gemeint, daß die Gewährung der Gleichbehandlung nicht von einer Gegenleistung abhängig gemacht werden darf.[336]

---

331 So auch *Koehler:* GATS, S. 104.
332 *McGovern:* International Trade Regulation, § 8. 122; *Jackson:* World Trade, S. 260.
333 *Senti:* GATT- System der Welthandelsordnung, S. 109.
334 So die Vermutung von *McGovern:* International Trade Regulation, § 31. 121.
335 Vgl. zu Art. I GATT *Senti:* GATT- System der Welthandelsordnung, S. 106.
336 *Carreau/Flory/Juillard:* Droit international économique, S. 108; *Messerlin:* La nouvelle organisation mondiale du commerce, S. 233f.

c) Die Ausnahmen vom Meistbegünstigungsprinzip

Vergegenwärtigt man sich die Existenz der bestehenden protektionistischen Maßnahmen, so ist kaum nachzuvollziehen, daß sich die GATS-Mitglieder tatsächlich mit Art. II Abs. I GATS nunmehr zu einer vollkommenen Liberalisierung des Dienstleistungshandels verpflichten wollen. So weitreichend Art. II Abs. 1 GATS formuliert ist, so sehr wird er durch die Ausnahmemöglichkeiten der Absätze zwei und drei modifiziert. Bei den Ausnahmemöglichkeiten vom Meistbegünstigungsprinzip ist zwischen denen des Art. II Abs. 2 GATS und denen des Art. II Abs. 3 GATS zu differenzieren. Schließlich erfährt der Art. II Abs. 1 GATS auch Einschränkungen durch Art. V GATS.[337]

aa) Ausnahmen gemäß Art. II Abs. 2 GATS

Das eigentliche Problem bei der sofortigen und bedingungslosen Meistbegünstigung besteht darin, daß ein GATS-Mitglied (mit einer eher restriktiven Politik hinsichtlich der Gewährung von Handelsvorteilen) automatisch in den Genuß von Vorteilen eines anderen GATS-Mitglied gelangt, das eine liberale Handelspolitik betreibt. Somit kommt es zu einer faktischen Benachteiligung von GATS-Mitgliedern mit einem liberalen Außenhandelsregime, weil diese Mitglieder ihre heimischen Märkte auch für solche GATS-Staaten öffnen, die einen ausländischen Handel auf ihren Märkten nur unter erschwerten Bedingungen gewähren. Das Meistbegünstigungsprinzip des Art. II Abs. 1 GATS trägt mithin nicht zu einer weiteren internationalen Marktöffnung bei. Vielmehr gestattet es Handelsvorteile auch für solche GATS-Mitglieder, die ihrerseits ihre Dienstleistungsmärkte für Anbieter aus anderen GATS-Mitgliedsstaaten verschließen. Dieses Phänomen der Inanspruchnahme von Vorteilen aufgrund der Meistbegünstigungsklausel ohne Gegenleistung wird auch als „Schwarzfahrer" oder *„free rider"* bezeichnet.[338]

Art. II Abs. 2 GATS verweist denn auch auf eine Anlage, in der Abweichungen von der Meistbegünstigungsregel aufgeführt sind und die von dem jeweiligen Mitgliedsstaat beibehalten werden dürfen. Der Aufbau der Anlagen untergliedert sich in einen allgemeinen Teil, der den Geltungsbereich, die Überprüfung und die Beendigung der Ausnahmen regelt.[339] Der zweite Teil wird durch die jeweiligen konkreten Länderlisten gebildet.[340]
Die konkreten Anlagen der GATS-Mitglieder stellen „Negativlisten" dar, in denen abschließend Ausnahmen vom Prinzip der Meistbegünstigung aufgeführt sind. Diese Listen sind integraler Bestandteil des GATS-Übereinkommens.[341] Durch die Benennung der Ausnahmen durch die einzelnen GATS-Mitglieder wird diesen die Möglichkeit eingeräumt, Handelsvorteile gegenüber einem anderen Staat aufrecht

---

337 Siehe hierzu den Zweiten Teil, B., IV., 4. lit. a).

338 *Reiterer* in *Breuss (Hrsg):* The World Economy after the Uruguay Round, S. 21, 30; *Hoekmann* in *OECD Documents (Hrsg.):* General Agreement on Trade in Services, S. 117,178; *Barth/Putscher:* Die Bank 1994, S. 132, 135.

339 Vgl. den rechtsverbindlichen Originaltext *WTO-Legal Text:* S. 352; BGBl.: 1994 II, S. 1437, 1495 vgl. auch die deutschsprachige Übersetzung in BGBl.: 1994 II, S. 1437, 1657; *Benedek:* Die WTO, S. 411.

340 Vgl. etwa die Liste mit den spezifischen Verpflichtungen der Europäischen Gemeinschaften und ihrer Mitgliedstaaten, der englische Originaltext in BGBl.: 1994 II, S. 1522f vgl. auch die deutschsprachige Übersetzung in BGBl.: 1994 II, S. 1437, 1679f.

341 Vgl. *Senti:* Die neue Welthandelsordnung, ORDO 1994, S. 301, 308.

zu erhalten oder zu gewähren, die eben nur gegenüber diesem Staat und nicht auch gegenüber den anderen GATS-Mitgliedern gelten sollen.[342]

Absatz 1 der Anlage zu Ausnahmen von Art. II GATS nennt die einzelnen Bedingungen, unter denen einem Mitglied bei Inkrafttreten des GATS-Übereinkommens Ausnahmen vom Meistbegünstigungsgrundsatz gewährt werden können. Hinsichtlich des Geltungsbereichs wird bei den Ausnahmen mithin zwischen denen, die bei Inkrafttreten des Übereinkommens vereinbart wurden, und weiteren späteren Ausnahmen nach Inkrafttreten des Übereinkommens unterschieden. Ausnahmen nach dem Inkrafttreten des GATS-Übereinkommens können gemäß Absatz 2 der Anlage zu Ausnahmen von Art. II GATS nur nach Art. IX Abs. 3 des WTO-Übereinkommens vereinbart werden. Nach Art. IX Abs. 3 des WTO-Übereinkommens[343] kann die Ministerkonferenz nur bei Vorliegen außergewöhnlicher Umstände beschließen, ein Mitglied von einer Verpflichtung aus diesem Übereinkommen oder einem der Multilateralen Handelsübereinkommen, also auch dem GATS, zu entbinden (sog. *waiver*). Ein derartiger Beschluß bedarf zudem einer drei Viertel Mehrheit. Im übrigen unterliegt die Ausnahmegewährung einer zeitlichen Begrenzung und Überprüfung gemäß Art. IX Abs. 4 WTO-Übereinkommen. Mit anderen Worten, nunmehr - nach Inkrafttreten des GATS-Übereinkommens - können Ausnahmen vom Meistbegünstigungsprinzip des Art. II Abs. 1 GATS nicht mehr unabhängig und selbständig von den einzelnen GATS-Mitgliedern gemäß Art. II Abs. 2 GATS durch Listen erklärt werden. Somit wird zumindest verhindert, daß die GATS-Mitglieder nach und nach immer mehr und neue Ausnahmen von Art. II Abs. 1 GATS benennen.

Die den Mitgliedern des GATS gewährten Ausnahmen unterliegen einer Überprüfung. Gemäß Absatz 3 und 4 der Anlage zu Ausnahmen von Art. II GATS[344] überprüft der Rat für den Handel mit Dienstleistungen[345] diejenigen Ausnahmen, die für einen Zeitraum von mehr als fünf Jahren gewährt wurden. Spätestens fünf Jahre nach Inkrafttreten des WTO-Übereinkommens findet durch den Rat für den Handel mit Dienstleistung eine Überprüfung der oben beschriebenen Ausnahmen statt.
Der Gegenstand der Überprüfung wird durch Absatz 4 a) und 4 b) der Anlage zu Ausnahmen von Art. II GATS festgelegt.[346] Gemäß Absatz 4 a) überprüft der Rat, ob die Bedingungen, die Grundlage für die Gewährung der Ausnahme waren, weiterhin bestehen.

Des weiteren bestimmt der Rat gemäß Absatz 4 b) während der Überprüfung der Ausnahme, ob und zu welchem Zeitpunkt künftig eine weitere Überprüfung statt-

---

342 *Wartenweiler* in *Gemperle/Zeller/Wartenweiler (Hrsg.):* Die Ergebnisse der Uruguay-Runde, S. 27, 29f; *Hoekman* in *Martin/Winters (Hrsg.):* Assessing the General Agreement on Trade in Services, S. 327, 333.

343 Vgl. den rechtsverbindlichen Originaltext *WTO-Legal Text:* S. 11, 12; BGBl.: 1994 II, S. 1437, 1447f. vgl. auch die deutschsprachige Übersetzung in BGBl.: 1994 II, S. 1437, 1627f.; *Benedek:* Die WTO, S. 50f.

344 Vgl. den rechtsverbindlichen Originaltext *WTO-Legal Text:* S. 352; BGBl.: 1994 II, S. 1437, 1495 vgl. auch die deutschsprachige Übersetzung in BGBl.: 1994 II, S. 1437, 1657; *Benedek:* Die WTO, S. 411.

345 Vgl. allgemein zum Rat für den Handel mit Dienstleistungen die Ausführungen oben Erster Teil, 2. Kapitel, A. I.

346 Vgl. den rechtsverbindlichen Originaltext *WTO-Legal Text:* S. 352; BGBl.: 1994 II, S. 1437, 1495 vgl. auch die deutschsprachige Übersetzung in BGBl.: 1994 II, S. 1437, 1657; *Benedek:* Die WTO, S. 411.

finden soll. Der Rat ist zwar nicht mit der Befugnis ausgestattet worden, eine genehmigte Ausnahme vom Meistbegünstigungsprinzip als unzulässig zu werfen, aber der Überprüfungsmechanismus bewirkt, daß die Existenz der gewährten Ausnahmen nicht in Vergessenheit gerät. Mithin erzeugt die Festlegung exakter Überprüfungsintervalle Transparenz auch hinsichtlich der genehmigten Ausnahmen. Des weiteren bewirkt der Überprüfungsmechanismus für das einzelne Mitglied den Zwang, zumindest die genehmigte Ausnahme zu begründen.[347]

Die Absätze 5, 6 und 7 der Anlage zu Ausnahmen von Art. II GATS benennen den Zeitpunkt, an dem die gewährten Ausnahmen beendigt werden. Absatz 5 der Anlage zu Ausnahmen von Art. II GATS stellt erklärend fest, daß die einem Mitglied gewährte Ausnahme an dem in der Genehmigung benannten Zeitpunkt endet. Nach Absatz 6 sollen Ausnahmen von Art. II GATS einen Zeitraum von 10 Jahren nicht überschreiten; zudem sind die Ausnahmen Gegenstand von Verhandlungen im Rahmen späterer Handelsliberalisierungsrunden. Absatz 7 verpflichtet die Mitglieder des GATS dazu, dem Rat für den Handel mit Dienstleistungen nach Ablauf der genehmigten Ausnahme Rechenschaft darüber abzulegen, daß nunmehr Maßnahmen wieder in Einklang mit dem Meistbegünstigungsprinzip gebracht worden sind.

bb) Ausnahmen gemäß Art. II Abs. 3 GATS

Das Meistbegünstigungsprinzip wird auch durch Art. II Abs. 3 GATS eingeschränkt. Danach wird den Mitgliedern des GATS nicht das Recht verwehrt, angrenzenden Ländern Vorteile zu gewähren oder einzuräumen, um, beschränkt auf die unmittelbaren Grenzgebiete, den Austausch örtlich erbrachter und genutzter Dienstleistungen zu erleichtern. Die einem benachbarten Handelpartner eingeräumten Handelvorteile unterliegen mithin nicht automatisch dem Meistbegünstigungsprinzip des Art. II Abs. 1 GATS.

Gemäß Art V GATS[348] können GATS-Mitglieder Übereinkünfte über die wirtschaftliche Integration zwischen den Vertragsparteien abschließen und/oder ihre bestehende Mitgliedschaft in derartigen Übereinkünften beibehalten. Unter den Begriff „Übereinkünfte über die wirtschaftliche Integration" fallen insbesondere Zollunionen und Freihandelszonen. Mithin fällt auch die Europäische Union unter Art. V GATS. Die durch die Übereinkünfte zwischen den Parteien vereinbarten Handelsliberalisierungen sind ebenfalls dem Geltungsbereich des Art. II Abs. 1 GATS entzogen. Bei Art. V GATS handelt es sich um eine dauerhafte Ausnahme, die nicht Gegenstand weiterer Liberalisierungsverhandlungen sein soll. Die durch Art. V GATS gewährte Ausnahme vom Meistbegünstigungsprinzip gilt für sämtliche Dienstleistungssektoren, daher spricht man auch von horizontalen Meistbegünstigungsausnahmen[349].

Auch zur Vermeidung einer Doppelbesteuerung dürfen gemäß Art. XIV lit. e) GATS Ausnahmen vom Meistbegünstigungsprinzip gemacht werden.

---

[347] *McGovern:* International Trade Regulation, § 31. 121.
[348] Siehe hierzu den Zweiten Teil, B., IV., 4. lit. a).
[349] *Barth:* EuZW 1994, S. 455, 456.

cc) Bewertung

Das Meistbegünstigungsprinzip des GATS findet nur scheinbar sofort und bedingungslos Anwendung. Vom Grundsatz des Art. II Abs. 1 GATS wird durch mannigfache Ausnahmen so sehr abgewichen, daß die Ausnahmen zur Regel werden. Entgegen dem Wortlaut des Art. II Abs. 1 GATS liegt keine bedingungslose Meistbegünstigung, sondern ein Konzept der bedingten Meistbegünstigung vor.[350]
Bei Überprüfung der von den Mitgliedern aufgestellten Negativlisten ist feststellbar, daß umfassende und erhebliche Ausnahmen vom Meistbegünstigungsprinzip angemeldet worden sind. Insbesondere bei den audiovisuellen Dienstleistungen, den Finanz- und den Transportdienstleistungen bestehen viele Ausnahmen vom Art. II Abs. 1 GATS.[351]
Das gegenwärtige Meistbegünstigungsprinzip des GATS steht erst am Anfang des Liberalisierungsprozesses. Allerdings läßt die Konzeption der Ausnahmeregelungen vermuten, daß die gewährten Ausnahmen abnehmen werden und die Meistbegünstigung im Sinne des Art. II Abs. 1 GATS an Bedeutung gewinnen wird. Durch die gegenwärtige Formulierung des Meistbegünstigungsprinzips im GATS-Übereinkommen ist es den „Architekten" des Übereinkommens zumindest gelungen, dieses Prinzip auch für den internationalen Handel mit Dienstleistungen durchzusetzen. Dies ist anerkennenswert, obgleich die jetzige Form des Meistbegünstigungsprinzips des GATS hinter der des GATTs bleibt.

2. Das Transparenzgebot und die Offenlegung vertraulicher Informationen

Gemäß Art. III und Art. IIIbis GATS verpflichten sich die GATS-Mitglieder zum Prinzip der Transparenz hinsichtlich aller für das GATS einschlägigen Maßnahmen. Beim internationalen Handel werden ausländische Anbieter häufig dadurch behindert, daß Informationen über die rechtlichen Rahmenbedingungen, die von dem Anbieter zu beachten sind, nicht oder nur unvollständig und zögerlich vom jeweiligem Staat bekannt gegeben werden.
Mit Art. III GATS wurde eine Rechtspflicht zur Transparenz geschaffen. Der Artikel konkretisiert die schon in der Präambel niedergelegte Absicht, durch Transparenz den internationalen Dienstleistungshandel zu fördern.[352]

Gemäß Art. III Abs. 1 GATS verpflichten sich die GATS-Mitglieder alle einschlägigen allgemeingültigen Maßnahmen, die sich auf die Anwendung des GATS-Übereinkommens beziehen oder dieses beeinträchtigt, umgehend zu veröffentlichen.[353] Zudem müssen Mitglieder andere - als das GATS - vereinbarte internationale Übereinkünfte, die für den Dienstleistungshandel gelten, offen legen. Gemäß Art. III Abs. 3 GATS ist jedes GATS-Mitglied verpflichtet, dem Rat für den Handel mit Dienstleistungen mindestens einmal jährlich über die Einführung neuer oder die Änderung bestehender Gesetze, die Einfluß auf den Handel mit Dienstleistungen haben, zu unterrichten.

---

[350] Vgl. *Reiterer* in *Breuss (Hrsg.):* The World Economy after the Uruguay Round, S. 21, 30.

[351] Vgl. die Auswertung der Negativlisten bei *Messerlin:* La nouvelle organisation mondiale du commerce, S. 328; *Hoekman* in *Martin/Winters (Hrsg.):* Assessing the General Agreement on Trade in Services, S. 326, 334.

[352] Vgl. allgemein zur Präambel des GATS die Ausführungen im Zweiten Teil, 1. Kapitel, B. II.

[353] Vgl. den rechtsverbindlichen Originaltext bei *WTO-Legal Text:* S. 331; BGBl.: 1994 II, S. 1437, 1476f. vgl. auch die deutschsprachige Übersetzung in BGBl.: 1994 II, S. 1437, 1646; *Benedek:* Die WTO, S. 390.

Das Gebot zur Transparenz im GATS-Übereinkommen wurde in Anlehnung an die Bestimmungen des GATTs geschaffen. Gemäß Art. X Abs. 1 GATT sind auch die Mitglieder des GATTs zur Veröffentlichung von Handelsvorschriften verpflichtet.[354]

Die eigentliche Innovation innerhalb des GATS-Übereinkommens stellt Art. III Abs. 4 GATS dar. Hiernach sind die GATS-Mitglieder dazu verpflichtet, Auskunftsstellen zu errichten. Diese Auskunftsstellen müssen auf Nachfrage anderer GATS-Mitglieder Informationen zur Verfügung stellen. Gemäß Art. III Abs. 5 GATS kann jedes GATS-Mitglied Maßnahmen eines anderen GATS-Mitglied, die nach seiner Auffassung die Wirkungsweise des GATS-Übereinkommens tangieren, dem Rat für den Handel mit Dienstleistungen gegenüber *„notifizieren"*.

Das Gebot der Transparenz erfährt eine Relativierung durch Art. IIIbis. Nach dieser Norm sind die GATS-Mitglieder nicht dazu verpflichtet, vertrauliche Informationen, deren Offenlegung die Durchsetzung von Gesetzen behindern, dem öffentlichen Interesse widersprechen, oder auch nur berechtigte kommerzielle Interessen bestimmter öffentlicher oder privater Unternehmen schädigen würde, zur Verfügung zu stellen.

Die Fassung des Art. IIIbis ist derart unpräzise, daß sie den GATS-Mitgliedern sehr einfach die Möglichkeit eröffnet, sich unter Berufung auf Art. IIIbis GATS dem Transparenzgebot des Art. III GATS zu entziehen. Deshalb ist grundsätzlich der Ansicht, die Art. III GATS eher eine Appellfunktion zukommen läßt[355], zuzustimmen. Allerdings liegt der Grund für die Schaffung der Norm darin begründet, daß insbesondere die Entwicklungsländer und die am wenigsten entwickelten Länder finanziell nicht dazu in der Lage sind, sämtliche Gesetze, Verordnungen, Richtlinien usw. zu veröffentlichen. Dieser besonderen Situation sollte durch Art. IIIbis Rechnung getragen werden. Bisher hat sich aber noch kein WTO-Mitglied unter Bezugnahme auf diese Norm dem Transparenzgebot entzogen.[356]

3. Die zunehmende Beteiligung der Entwicklungsländer

Ziel des GATS-Übereinkommens ist es in erster Linie, den weltweiten Handel mit Dienstleistungen weiter zu liberalisieren und für den Abbau noch vorhandener protektionistischer Maßnahmen zu sorgen. Hiervon sollen nicht nur die sog. Industriestaaten, sondern alle GATS-Mitglieder, mithin auch die Entwicklungsländer profitieren. In den verschiedenen, durch die WTO verwalteten Übereinkommen ist daher den besonderen Interessen der Entwicklungsländer ein unterschiedlich großer Raum eingeräumt worden.

Art. IV GATS schreibt eine zunehmende Beteiligung der Entwicklungsländer am Welthandel vor und verweist auf die spezifischen Verpflichtungen der verschiedenen Mitglieder gemäß den Teilen III und IV des GATS-Übereinkommens.

---

354 Vgl. den rechtsverbindlicher Originaltext des Übereinkommens bei *WTO-Legal Text:* S. 498; vgl. auch die deutschsprachige Übersetzung bei *Benedek:* Die WTO, S. 77.

355 So etwa *Messerlin:* La nouvelle organisation mondiale du commerce, S. 240.

356 So die Auskunft von *Verhandlungsführern der GATS-Mitgliedstaaten* in einem Gespräch mit dem *Verfasser* in der Zeit vom 05. bis 08.06.2000.

Systematisch gehört die Vorschrift des Art. IV GATS daher eigentlich nicht in den II. Teil des Übereinkommens.[357] Dieser Teil regelt nach der im Gesetzestext verwendeten Formulierung lediglich die „Allgemeinen Pflichten und Disziplinen" der Mitglieder.[358] Art. IV GATS findet hingegen nicht unabhängig von konkreten Liberalisierungskonzessionen Anwendung, sondern nur im Rahmen eingegangener spezifischer Verpflichtungen. Art. IV GATS müßte daher aus systematischen Gründen im Teil III des Übereinkommens erscheinen. Da jedoch die Regelungen des GATS chronologisch behandelt werden sollen, ist eine Erörterung an dieser Stelle geboten.

a) Der Begriff der Entwicklungsländer

Ebenso wie das GATT enthält auch das GATS keine explizite Definition für den Begriff „Entwicklungsländer".
In Art. XVIII Abs. 1 GATT wird der Begriff der Entwicklungsländer eingegrenzt, es sind Länder gemeint, *„deren Wirtschaft nur einen niedrigen Lebensstandard zuläßt und sich in den Anfangsstadien der Entwicklung befindet."*[359] Der Vertragstext ist gekennzeichnet durch die unbestimmten Rechtsbegriffe *„niedriger Lebensstandard"* und *„Anfangsstadien der Entwicklung"*. In Anlage I zum GATT-Text erhalten diese Begriffe unter Nr. 1 und Nr. 2 eine weitere Erläuterung.[360] Gemäß Anlage I zu Art. XVIII Nr. 1 GATT obliegt es den VERTRAGSPARTEIEN[361] festzustellen, ob die Wirtschaft eines GATT-Mitglieds nur einen niedrigen Lebensstandard zuläßt. Ein Land befindet sich gemäß
Anlage I zu Art. XVIII Nr. 2 GATT nicht nur dann im Anfangsstadium der Entwicklung, wenn die wirtschaftliche Entwicklung gerade erst begonnen hat, sondern auch dann, wenn es seine Wirtschaft industrialisiert, um eine übermäßige Abhängigkeit von der Grundstoffproduktion zu beseitigen. Eine eindeutige Definition des Begriffs „Entwicklungsländer" wird aber auch durch die Erläuterungen in der Anlage zum GATT nicht gegeben. Mithin ist die Lücke der Definition im GATS nicht mit Hilfe einer Analogie zum GATT zu schließen.
Eine Abgrenzung der Entwicklungsländer zu den Industriestaaten scheint insofern möglich zu sein, als daß wohl Einigkeit darüber herrscht, daß die Mitgliedsstaaten der OECD als Industriestaaten gelten.[362] Zudem sollen zu dem Kreis der Industriestaaten auch solche Staaten zählen, die in den letzten Jahren eine relativ starke Industrialisierung erfahren haben, die sogenannten *New Industrialized Countries (NIC's)*[363]. Mithin läßt sich eine Negativabgrenzung in der Form vornehmen, daß Staaten, die weder Mitglied der OECD sind, noch in den letzten Jahren eine relativ starke Industrialisierung erfahren haben, zum potentiellen Kreis der Entwicklungsländer gehören. Es zeigt sich, daß die Statusbestimmung als Entwick-

---

357 So auch *Koehler:* GATS, S. 132.

358 Vgl. den rechtsverbindlichen Originaltext bei *WTO-Legal Text:* S. 329; BGBl.: 1994 II, S. 1437, 1476f. vgl. auch die deutschsprachige Übersetzung in BGBl.: 1994 II, S. 1437, 1645f.; *Benedek:* Die WTO, S. 389.

359 Vgl. den rechtsverbindlicher Originaltext des Übereinkommens bei *WTO-Legal Text:* S. 511; vgl. auch die deutschsprachige Übersetzung bei *Benedek:* Die WTO, S. 90; siehe hierzu auch *Senti* in: *Sautter (Hrsg.):* Konsequenzen, S. 19f. *ders.:* GATT- System der Welthandelsordnung, S. 312f.

360 Vgl. den rechtsverbindlicher Originaltext des Übereinkommens bei *WTO-Legal Text:* S. 551; vgl. auch die deutschsprachige Übersetzung bei *Benedek:* Die WTO, S. 125.

361 Es sei hier noch einmal daran erinnert, daß mit VERTRAGSPARTEIEN das oberste Organ des GATTs gemeint war, vgl. hierzu Fn. 94.

362 Vgl. *Senti* in: *Sautter (Hrsg.):* Konsequenzen, S. 19f.; *Koehler:* GATS, S. 138.

363 *Senti* in: *Sautter (Hrsg.):* Konsequenzen, S. 19.

lungsland einerseits von objektiven Bedingungen - etwa der Mitgliedschaft in der OECD - abhängig ist, andererseits der Entscheidung der VERTRAGSPARTEIEN des GATTs bzw. den Mitgliedern des GATS obliegt.
Es ist verständlich, daß diesem Verfahren daher vorgeworfen werden kann, insgesamt am Kriterium der Objektivität zu leiden. Mitgliedsstaaten, die den Status Entwicklungsland besitzen, wird in zahlreichen Bestimmungen der WTO-Texte eine privilegierte Stellung eingeräumt.

Gerade deswegen wollte die VR China ursprünglich auch nur unter der Bedingung, daß es den Status eines Entwicklungslandes enthält, der WTO beitragen. China konnte sich hierbei darauf berufen, nicht Mitglied der OECD[364] zu sein. Andererseits sehen die meisten WTO-Mitglieder China als einen Staat an, dessen Wirtschaft in den letzten Jahren eine relativ starke Industrialisierung erfahren hat (NIC`s), weshalb China als Industriestaat behandelt werden soll. Da mittlerweile die Verhandlungen mit den USA und der Europäischen Union erfolgreich beendet worden sind, scheint auch der künftige Status Chinas innerhalb der WTO geklärt zu sein.
Zukünftige Konflikte sind wohl am ehesten durch eine Präzisierung des Begriffs der Entwicklungsländer zu lösen.

b) Berücksichtigung der Interessen der Entwicklungsländer

Der Anwendungsbereich des Art. IV GATS ist auf solche Entwicklungsländer begrenzt, die Mitglied der WTO sind. Wie eine zunehmende Beteiligung der Entwicklungsländer am Welthandel erreicht werden soll, ist in Art. IV Abs. 1 Buchstabe a) bis c) GATS niedergelegt. *„Durch ausgehandelte spezifische Verpflichtungen der verschiedenen Mitglieder nach den Teilen III und IV "*, soll eine Stärkung der Kapazität sowie Leistungs- und Wettbewerbsfähigkeit der inländischen Dienstleistungen der Entwicklungsländer erfolgen. Dies soll u.a. durch den Zugang zu Technologie auf kommerzieller Grundlage und einen verbesserten Zugang zu Vertriebswegen und Informationsnetzen erreicht werden.
Zudem sollen höher entwickelte Mitgliedsstaaten gemäß Art. IV Abs. 1 lit. c) den Marktzugang insbesondere in jenen Sektoren liberalisieren, die für die Entwicklungsländer von besonderem Ausfuhrinteresse sind.
Dieses Gebot wird in Art. IV Abs. 2 GATS näher konkretisiert, indem sich die Mitgliedsstaaten verpflichten, innerhalb von zwei Jahren nach Inkrafttreten des WTO-Übereinkommens Kontaktstellen für die Entwicklungsländer einzurichten. Diese Kontaktstellen geben Informationen über kommerzielle und technische Aspekte für die Erbringung von Dienstleistungen, Registrierung, Anerkennung und Erwerb beruflicher Qualifikationen wie Verfügbarkeit von Dienstleistungen im jeweiligen Mitgliedsstaat.
Die Entwicklungsländer haben ein besonderes Interesse am Ausbau ihrer inländischen infrastrukturellen Rahmenbedingungen (insbesondere der technologischen Ausrüstung), an einem einfacheren und effektiveren Zugang zu den internationalen Vermarktungssystemen im Dienstleistungssektor, schließlich an der Ausweitung des Handels in jenen Sektoren, in denen sie international konkurrenzfähig sind.[365] Diesen besonderen Interessen wird durch Art. IV GATS zwar Rechnung getragen, jedoch werden die Industriestaaten nicht dazu verpflichtet, den Entwick-

---

364 Vgl. die Mitgliedslisten bei *Baratta:* Fischer Weltalmanach, S. 905.
365 *Mark/Helleiner:* Trade in Services, S. 4f.; *Keppler* in *Sautter (Hrsg.):* Konsequenzen, S. 57f.; *Schott/Mazza:* JWTL 1986, S. 259f.; *Ewing:* JWTL 1985, S. 150f.

lungsländern solche Konzessionen zu unterbreiten, die sie anderen GATS-Mitgliedern gerade nicht einräumen. Mithin ist es sachgerecht, Art. IV Abs. 1 GATS lediglich als „Erklärung der guten Absichten" zu bezeichnen.[366]

Schließlich schreibt Art. IV Abs. 3 GATS eine Vorrangstellung für die *am wenigsten entwickelten Ländern* fest. Möglicherweise ist der Gebrauch der Formulierung „wirtschaftlich schwache Länder" politisch korrekter.[367] Der GATS-Text spricht jedoch von den „am wenigsten entwickelten Ländern".

Die WTO-Texte differenzieren zwischen *Entwicklungsländern* und *am wenigsten entwickelten Ländern (Least Developed Countries, LLDC).*

Die Programme der WTO hinsichtlich der zukünftigen Entwicklung dieser Staaten sind in 23 einzelnen Übereinkommen des WTO-Vertrags konkret und mit Hilfe rechtsverbindlicher Normen manifestiert. Teilweise sind die Vorstellungen auch nur in einfachen Beschlüssen und Ministererklärungen dokumentiert.

c) Bewertung

Bei Art. IV GATS handelt es sich teilweise um eine konkrete Regelung, da den Industriestaaten durch die Norm bestimmte Verpflichtungen auferlegt werden - etwa die Schaffung einer Informationsstelle. Zudem statuiert Art. IV GATS für die Entwicklungsländer einen Anspruch auf Verwirklichung bestimmter Maßnahmen innerhalb zeitlicher Grenzen. Man kann daher sagen, daß diese Norm über allgemeine und unverbindliche Absichtserklärungen hinausgeht.

Andererseits ist die ungenaue Definition des Begriffs „Entwicklungsländer" zu kritisieren. Aus Gründen der Transparenz wäre es wünschenswert, diesen Begriff künftig anhand objektiverer Kriterien zu bestimmen. Insofern besteht bei Art. IV GATS ein Nachbesserungsbedarf.

Das GATS geht von dem Grundgedanken aus, daß durch eine Liberalisierung des Dienstleistungshandels den Interessen der Entwicklungsländern am effektivsten und schnellsten entsprochen werden kann. So soll das GATS zu einer erfolgreichen Entwicklungspolitik führen. Der Handel soll für die Entwicklungsländer nicht Hilfe, sondern Wohlfahrtseffekte bringen.

Dieser Ansatz mag zu kritisieren sein, weil die starken Industriestaaten die internationale Handelspolitik dominieren und hierdurch die Gefahr besteht, daß Industriestaaten durch ihre Politik eine Unterwerfung der Entwicklungsländer erreichen. Diese Gefahr kann jedoch durch eine aktive und geschlossene Teilnahme der Entwicklungsländer an der internationalen Handelspolitik jedenfalls teilweise gebannt werden. Die WTO bietet hierfür ein geeignetes Forum.
Sicherlich kann man Entwicklungspolitik nicht nur durch Handelsbeziehungen betreiben, die Gefahr, daß dabei soziale Gesichtspunkte auf der Strecke blieben, wäre zu groß. Insoweit darf auf eine Entwicklungspolitik durch Hilfe nicht verzichtet werden.

---

366 So etwa *UNCTAD:* The Outcome of Uruguay Round, S. 156: *„a statement of good in tentions".*

367 Vgl. *Senti:* GATT-WTO, S. 64.

Aus Gründen der Selbstachtung der Entwicklungsländer gewinnt in der Entwicklungspolitik der Gesichtspunkt der „Hilfe zur Selbsthilfe" eine immer größere Bedeutung. In diesem Kontext, ist die „Entwicklungshilfe" des GATS zu begrüßen. Eine Entwicklungspolitik nur durch Handelsbeziehungen trägt den Interessen der Entwicklungsländer aber ebenso wenig Rechnung wie eine Entwicklungspolitik, die nur aus Hilfen besteht. Mithin kann auch das GATS, im Rahmen seiner Möglichkeiten, zu positiven Wohlfahrtseffekten in den Entwicklungsländern führen.

4. Wirtschaftliche Integration

Bei Darstellung und Beurteilung des Meistbegünstigungsprinzips fiel auf, daß die Regelungen des GATS zu kollisionsrechtlichen Problemen mit bestehenden Verträgen über Freihandelszonen führen können. Der Vertragstext des GATS berücksichtigt, daß sich einige GATS-Mitglieder in speziellen Übereinkommen zu Freihandelszonen zusammen geschlossen haben bzw. künftig zusammenschließen werden. An die Ausgestaltung der Übereinkünfte zur Errichtung von Freihandelszonen knüpft das GATS jedoch einige Bedingungen.

Die allgemeinen Erwartungen an Übereinkünfte zur wirtschaftlichen Integration werden in Art. V GATS niedergelegt, hinsichtlich der Integration der Arbeitsmärkte findet Art. V^{bis} GATS Anwendung.

a) Wirtschaftliche Übereinkünfte gemäß Art. V GATS

Gemäß Art. V Abs. 1 GATS werden die GATS-Mitglieder durch das Übereinkommen nicht daran gehindert, Übereinkünfte zu schließen, deren Ziel die Liberalisierung des Handels mit Dienstleistungen zwischen den Vertragsparteien ist. Voraussetzung ist jedoch gemäß Art. V Abs. 1 lit. a) GATS, daß die Übereinkunft einen beträchtlichen sektoralen Geltungsbereich hat. Der englische Text spricht von *„has substantial sectoral coverage"*. Durch eine Fußnote im rechtverbindlichen Originaltext wird dieser unbestimmte Rechtsbegriff näher erläutert.[368]
Danach ist die Bedingung erfüllt, wenn eine große Zahl von Sektoren ein erhebliches Handelsvolumen und viele Erbringungsformen durch die Übereinkunft einer Regelung erfahren.

Gemäß Art. V Abs. 1 lit. b) GATS muß die Übereinkunft so gestaltet sein, daß eine Diskriminierung im Sinne des Art. XVII GATS zwischen oder unter den Vertragsparteien ausgeschlossen wird. Elementare Grundsätze des GATS sollen mithin auch für andere Übereinkünfte, die der wirtschaftlichen Integration dienen sollen, Geltung haben. Somit läßt sich feststellen, daß die Bestimmungen des GATS nach dessen Konzeption Ausstrahlungswirkung auch für andere internationale Übereinkommen erzeugen sollen.
In Art. XVII GATS ist das Prinzip der Inländerbehandlung niedergelegt. Hierunter versteht man die Pflicht der GATS-Mitglieder, ausländische Dienstleistungen und Dienstleistungserbringer nicht weniger günstig als die einheimischen Dienstleistungen und Dienstleistungserbringer zu behandeln. Dieses Prinzip soll nach Art. V Abs. 1 lit. b) GATS auch für Übereinkünfte zur wirtschaftlichen Integration gelten.

---

[368] Siehe hierzu Fn. 1 des rechtsverbindlichen Originaltexts bei *WTO-Legal Text:* S. 331; BGBl.: 1994 II, S. 1437, 1478 vgl. auch die deutschsprachige Übersetzung in BGBl.: 1994 II, S. 1437, 1647; *Benedek:* Die WTO, S. 392.

Diese Vorschrift erfährt jedoch in Art. V Abs. 1 lit. b) i) - ii) GATS sogleich eine Entschärfung. Besteht nämlich eine Diskriminierung im Sinne des Art. XVII durch eine Übereinkunft, so können sich GATS-Mitglieder dieser Übereinkunft anschließen, so lange die Übereinkunft selbst die Abschaffung bestehender diskriminierender Maßnahmen vorsieht (Art. V Abs. 1 lit. b) i)), und/oder die Einführung neuer oder stärker diskriminierender Maßnahmen verbietet (Art. V Abs. 1 lit. b) ii)). Die Abschaffung bzw. das Verbot müssen jedoch entweder bei Inkrafttreten der Übereinkunft oder auf Grundlage eines angemessenen Zeitplans erfolgen. Ausnahmen vom Diskriminierungsverbot, die das GATS gemäß den Art. XI, XII, XIV und XIVbis gestattet, sind auch im Rahmen der Übereinkunft zulässig.

Für Entwicklungsländer gelten besondere Bestimmungen. Das GATS schreibt in Art. V Abs. 3 lit. a) eine flexible Handhabung vor, die den Entwicklungsstand der betroffenen Länder berücksichtigt.

Art. V GATS sieht jedoch nicht die Möglichkeit vor, ein Verfahren vor dem Streitbeilegungsgremium anzustrengen, etwa für den Fall, daß ein GATS-Mitglied eine Übereinkunft eingegangen ist, die nicht den Erfordernissen des Art. V Abs. 1 GATS entspricht. Die einzige Kontrolle wird durch Art. V Abs. 7 GATS in Form der Transparenz erbracht. Gemäß dieser Vorschrift sind die Mitglieder des GATS nämlich dazu gehalten, Übereinkünfte, die der wirtschaftlichen Integration dienen, dem Rat für den Handel mit Dienstleistungen anzuzeigen. Dieser kann Arbeitsgruppen einsetzen und Empfehlungen aussprechen.

Es ist offenkundig, daß das oben erklärte Meistbegünstigungsprinzip eine weitreichende Verpflichtung für die Mitglieder des GATS darstellt. Man denke insbesondere an die Mitgliedsstaaten der EU, die sich gegenseitig besondere Vorteile beim Handel - insbesondere mit Dienstleistungen[369] - etwa bei der Niederlassungsfreiheit[370] einräumen. Da sowohl die EU als auch die Mitgliedsstaaten der EU Mitglieder der WTO sind, würde die konsequente Umsetzung des Meistbegünstigungsprinzips dazu führen, daß etwa WTO-Mitgliedsstaaten wie Polen oder Ungarn die gleichen Handelsbedingungen in Deutschland vorfänden wie z.B. die EU-Staaten Italien und Frankreich. Die „Osterweiterungsdebatte“ der EU könnte sich mithin erübrigen, indem die beitrittswilligen osteuropäischen Staaten Mitglied der WTO und somit durch die Anwendung der Meistbegünstigungsklausel ebenso behandelt würden, wie andere EU-Staaten.

Die Folge wäre, daß territoriale Wirtschaftsbündnisse und Freihandelszonen wie die EU, ASEAN etc. an Bedeutung verlieren würden. Gemäß Art. V GATS wird den besonderen Interessen der EU und weiteren Freihandelszonen entsprochen.

b) Übereinkunft gemäß Art. V^{bis} GATS

Den Mitglieder des GATS steht es auch frei, Übereinkünfte über die Integration von Arbeitsmärkten zu schließen. Art. V^{bis} GATS[371] stellt an derartige Übereinkünfte jedoch ebenfalls einige Bedingungen. Die Übereinkunft muß die volle Integrati-

369 Art. 49 - 55 EG-Vertrag.

370 Art. 43 - 48 EG-Vertrag.

371 Vgl. den rechtsverbindlichen Originaltext bei *WTO-Legal Text:* S. 332; BGBl.: 1994 II, S. 1437, 1479 vgl. auch die deutschsprachige Übersetzung in BGBl.: 1994 II, S. 1437, 1647; *Benedek:* Die WTO, S. 393.

on der Arbeitsmärkte zwischen oder unter den Vertragsparteien der Übereinkunft herbeiführen. Der unbestimmte Rechtsbegriff der „vollen Integration" wird im rechtsverbindlichen Originaltext erneut mittels einer Fußnote näher bestimmt.[372] Eine volle Integration liegt typischerweise vor, wenn den Staatsangehörigen der betreffenden Vertragsparteien das Recht auf freien Zugang zu den Beschäftigungsmärkten der Vertragsparteien gewährt wird. Zudem muß die Übereinkunft über integrierte Arbeitsmärkte auch Regelungen über die Verdienst- und andere Beschäftigungsbedingungen sowie Sozialleistungen enthalten.
Schließlich muß die Übereinkunft die Staatsangehörigen der Vertragsparteien von der Pflicht zur Beschaffung von Aufenthalts- und Arbeitserlaubnissen freistellen (Art. V^{bis} lit. a) GATS), zudem muß die Übereinkunft dem Rat für Handel mit Dienstleistungen gegenüber notifiziert werden (Art. V^{bis} lit. b) GATS).

5. Innerstaatliche Regelung

Ebenso wie Art. IV GATS, der die zunehmende Beteiligung der Entwicklungsländer vorschreibt, verweist Art. VI GATS auf die spezifischen Verpflichtungen der GATS-Mitglieder. Systematisch gehört diese Vorschrift, ebenso wie Art. IV GATS, daher eigentlich nicht in den II. Teil des Übereinkommens, sondern in den Teil III.

In der Präambel des GATS haben die Mitglieder anerkannt, daß jedes einzelne Mitglied das Recht hat, die Erbringung von Dienstleistungen in dessen Hoheitsgebiet selbständig zu regeln, um u.a. politische Ziele zu verwirklichen.[373] Dieses Souveränitätsrecht wird durch Art. VI GATS jedenfalls für die Sektoren, in denen ein Mitglied spezifische Verpflichtungen übernommen hat, angetastet. An dieser Stelle wird der Konflikt, einerseits eine Liberalisierung des Handels mit Dienstleistungen zu erreichen, andererseits jedoch das Bestreben der GATS-Mitglieder ihr Souveränitätsrecht zur Regelung des innerstaatlichen Wirtschaftsleben nicht zu verlieren, besonders deutlich.[374] Denn eine Öffnung der Dienstleistungsmärkte ist nur durch eine Modifizierung der jeweiligen innerstaatlichen Regelungen zu erreichen.

Nach Art VI Abs. 1 GATS müssen die GATS-Mitglieder sicherstellen, daß in denjenigen Sektoren, in denen sie spezifische Verpflichtungen übernommen haben, alle allgemein geltenden Maßnahmen, die den Handel mit Dienstleistungen betreffen, *„angemessen, objektiv und unparteiisch angewendet werden"*. Diese Verpflichtung kann auch als eine Art Verhältnismäßigkeitsgrundsatz bezeichnet werden.[375]

Gemäß Art. VI Abs. 2 lit. a) GATS ist jedes Mitglied dazu verpflichtet, *„gerichtliche, schiedsrichterliche oder administrative Instanzen oder Verfahren"* zu unterhalten oder einzurichten. Mit Art. VI Abs. 2 lit. a) GATS wird versucht, für die Erbringung von Dienstleistungen in allen GATS-Mitgliedsländern ein Mindestniveau an Verwaltungs- und Rechtsweggarantien zu schaffen. Die Erreichung dieses Ziels erfährt aber durch Art. VI Abs. 2 lit. a) GATS selbst und Art. VI Abs. 2 lit. b) GATS

---

372 Siehe hierzu Fn. 2 des rechtsverbindlichen Originaltexts bei *WTO-Legal Text:* S. 331; BGBl.: 1994 II, S. 1437, 1478 vgl. auch die deutschsprachige Übersetzung in BGBl.: 1994 II, S. 1437, 1647; *Benedek:* Die WTO, S. 393.

373 Vgl. oben Zweiter Teil, 2. Kapitel, B. II.

374 Siehe hierzu *Barth:* EuZW 1994, S. 455, 457.

375 Vgl. *Etter* in *Cottier (Hrsg.):* GATT-Uruguay Round, S. 91, 98.

eine erhebliche Einschränkung. Unterhält ein GATS-Mitglied noch keine Verwaltungs- bzw. Rechtsweggarantie, so ist die Einrichtung einer solchen von der praktischen Durchführbarkeit abhängig. Zudem ist ein GATS-Mitglied gemäß Art. VI Abs. 2 lit. b) GATS nicht dazu verpflichtet, die jeweiligen Instanzen oder Verfahren einzurichten, *„wenn dies mit seiner verfassungsmäßigen Struktur oder seiner Rechtsordnung unvereinbar ist."*

Ist die Erbringung einer Dienstleistung, für die ein GATS-Mitglied eine spezifische Verpflichtung übernommen hat, von einer bestimmten auf Antrag erteilten Genehmigung abhängig, so knüpft Art. VI Abs. 3 GATS an ein derartiges Verfahren minimale Anforderungen. Diese Vorschrift erkennt an, daß grundsätzlich für ein derartiges Genehmigungsverfahren die jeweiligen innerstaatlichen Gesetze des GATS-Mitglieds Anwendung finden. Art. VI Abs. 3 GATS verpflichtet die GATS-Mitglieder lediglich dazu, überhaupt eine Entscheidung herbeizuführen und den Antragsteller auf Antrag *„unverzüglich über den Stand der Bearbeitung des Antrags"* zu unterrichten.

Bei der Fassung des Art. VI GATS wurde auch die Möglichkeit erkannt, daß GATS-Mitglieder aufgrund innerstaatlicher Regelungen die Erbringung von Dienstleistungen von Qualifikationserfordernisse und -verfahren, technische Normen und Zulassungserfordernissen abhängig machen könnten. Derartige nationale Vorschriften könnten zu einer Hemmung des Handels mit Dienstleistungen führen. Gemäß Art. VI Abs. 4 GATS ist es daher die Aufgabe des Rats für den Handel mit Dienstleistungen, „Disziplinen"[376] zu entwickeln, mit dem Ziel, daß innerstaatliche Regelungen der GATS-Mitglieder auf *„objektiven und transparenten Kriterien"* beruhen (Art. VI Abs. 4 lit. a) GATS) und *„nicht belastender als nötig sind, um die Qualität der Dienstleistung zu gewährleisten"* (Art. VI Abs. 4 lit. b) GATS).
In der zuständigen Arbeitsgruppe konnte man sich bisher noch nicht auf allgemein akzeptierte „Disziplinen" einigen. Dieser Arbeitspunkt der Uruguay-Runde ist mithin noch unerledigt geblieben. Die Verhandlungen dauern zwar an, eine Kompromißlösung wird angestrebt, ist aber noch nicht vorstellbar.[377]

Solange der Rat für den Handel mit Dienstleistungen die „Disziplinen" noch nicht erarbeitet hat, verpflichten sich die GATS-Mitglieder gemäß Art. VI Abs. 5 lit. a) GATS dazu, keine Zulassung- bzw. Qualifikationserfordernisse oder technische

Normen innerstaatlich vorzuschreiben, die nicht auf objektiven und transparenten Kriterien beruhen und nicht belastender als nötig sind, um die Qualität der Dienstleistung zu gewährleisten.

Die Bestrebung des Art. VI GATS, ein Mindestniveau an rechtsstaatlichen Einrichtungen in allen GATS-Mitgliedsstaaten zu schaffen, ist anerkennenswert und notwendig. Gleichwohl ist festzustellen, daß der Bestimmungsgrad dieser Verpflichtung aufgrund der gewährten Ausnahmen als gering einzustufen ist.[378] Es bleibt zu hoffen, daß auch im Rahmen des Art. VI GATS in weiteren Verhandlungsrun-

---

376 Der Rat für den Handel mit Dienstleistungen ist gehalten, Richtlinien zu entwickeln, an denen sich die innerstaatlichen Verfahren orientieren sollen, vgl. *McGovern:* International Trade Regulation, § 31. 141.

377 So die Auskunft von *Mitarbeitern des GATS-Sekretariats* und *Unterhändlern von WTO-Mitgliedern* anläßlich eines Gespräch mit dem *Verfasser* in Genf.

378 So auch *Koehler:* GATS, S. 134.

den, ein Abbau der gewährten Ausnahmen erreicht werden kann. Nur so kann es hinsichtlich der Verwaltungs- und Rechtsweggarantie zu einer wünschenswerten Harmonisierung in allen GATS-Mitgliedsstaaten kommen.
Das Erstellen einer Richtlinie durch den Rat für den Handel mit Dienstleistungen bezüglich technischer Normen und Qualifikationen ist positiv zu bewerten und ist geeignet zumindest für diesen Bereich, eine Harmonisierung zu schaffen.

6. Anerkennung ausländischer Qualifikationen

Art. VII GATS ist eine Norm, die den GATS-Mitgliedern eine allgemeine Pflicht und Disziplin in bezug auf die Anerkennung ausländischer Qualifikationen auferlegt. Systematisch steht sie daher folgerichtig im Teil II des GATS-Übereinkommens.
Um einen liberalen internationalen Handel mit Dienstleistungen zu gewährleisten, ist die Anerkennung ausländischer Berufsqualifikationen durch die einzelnen GATS-Mitglieder von großer Relevanz.[379]
Gemäß Art. VII Abs. 1 Satz 1 GATS werden die GATS-Mitglieder jedoch nicht grundsätzlich zur Anerkennung ausländischer Qualifikationen verpflichtet. Vielmehr „kann" ein GATS-Mitglied *„die Zulassungen oder Berufserfahrung"* eines Dienstleistungserbringers aus einem anderen Mitgliedsland anerkennen. Die Norm gestattet den GATS-Mitgliedern, bei der Anerkennung nach dem Prinzip der Reziprozität[380] vorzugehen. Hiernach erfolgt die Anerkennung von Berufsqualifikationen nur dann, wenn das Land, dessen Qualifikationen anerkannt werden, im Gegenzug auch die Qualifikationen des anerkennenden Landes anerkennt.

Gemäß Art. VII Abs. 2 GATS werden die Mitglieder jedoch verpflichtet, im Falle einer nach Art. VII Abs. 1 GATS getroffenen Anerkennungsvereinbarung, anderen interessierten Mitgliedern die Möglichkeit zum Beitritt zu gewährleisten. Mit dieser Vorschrift wird einerseits das schon oben vorgestellte Transparenzprinzip des Art. III GATS für den Bereich der Anerkennung ausländischer Qualifikationen manifestiert. Auf der anderen Seite wird eine weitere Ausnahme vom Meistbegünstigungsprinzip des Art. II Abs. 1 GATS geschaffen. Denn nach dem Meistbegünstigungsprinzip würde die Anerkennung von Berufsqualifikationen eines Mitgliedslandes ohne weitere Verhandlung auch für alle anderen Mitgliedsländer gelten. Aus der Formulierung des Art. VII Abs. 2 GATS läßt sich mithin im Umkehrschluß entnehmen, daß die Anerkennung ausländischer Berufsqualifikationen nicht dem Meistbegünstigungsprinzip unterfallen soll.

Der Regelungsgehalt des Art. VII GATS geht über die schon bekannten Regelungen des GATS nicht hinaus. Das allgemeine Prinzip der Transparenz und der Bereitschaft, weitere Verhandlungen aufzunehmen, wird schon in Art. III GATS bzw. in der Präambel niedergelegt. Auch bei Art. VII GATS verbleibt es - wie auch schon bei Art. III GATS - bei einer Appellfunktion der Regelung.[381]

---

379 *McGovern:* International Trade Regulation, § 31. 142; *Reiterer* in *Breuss (Hrsg):* The World Economy after the Uruguay Round, S. 21, 31.

380 Vgl. allgemein zum Prinzip der Reziprozität die Ausführungen oben Erster Teil, 2. Kapitel B. I.; *Herdegen:* Wirtschaftsrecht, § 7, Rn 22.

381 *Koehler:* GATS, S. 113.

7. Behandlung von Monopolen

Art. VIII Abs. 1 GATS findet nach seinem Wortlaut sowohl für die allgemeinen Pflichten und Disziplinen Anwendung als auch für die spezifischen Verpflichtungen. Die Mitglieder des GATS übernehmen die Gewähr dafür, daß ein Dienstleistungserbringer mit Monopolstellung in einer Weise auf dem Markt agiert, daß sie ihre nach Art. II GATS (Meistbegünstigung) und spezifischen Verpflichtungen nicht verletzen.

Hat ein GATS-Mitglied Grund zu der Annahme, daß ein Dienstleistungserbringer mit Monopolstellung eines anderen GATS-Mitglieds entgegen Art. VIII Abs. 1 und 2 GATS seine Monopolstellung mißbraucht, so kann es gemäß Art. VIII Abs. 3 GATS beim Rat für den Handel mit Dienstleistung beantragen, daß dieser spezifische Informationen von dem verantwortlichen GATS-Mitglied einholt. Mithin stellt Art. VIII Abs. 3 GATS eine weitere Ausformung des ohnehin schon geltenden Transparenzgebots dar.

Zu kritisieren ist, das GATS-Mitglieder bei einer Vermutung eines Verstoßes gegen Art. VIII Abs. 1 oder 2 GATS lediglich den oben beschriebenen Antrag beim Rat für den Handel mit Dienstleistung stellen können. Effektiver wäre die Möglichkeit, in einem Verfahren vor dem Streitbeilegungsgremium klären zu lassen, ob ein Verstoß gegen Art. VII Abs. 1 oder 2 GATS gegeben ist.

Der Befolgung der Regelung des Art. VIII GATS durch die Mitglieder wäre es dienlich, wenn stets die Gefahr eines quasi „gerichtlichen Verfahrens" für den Fall der Mißachtung drohen würde.

8. Geschäftspraktiken

Gemäß Art. IX Abs. 1 GATS erkennen die GATS-Mitglieder an, daß auch gewisse Geschäftspraktiken von Dienstleistungserbringern, die keine Monopolstellung genießen, dennoch den Handel mit Dienstleistungen behindern können.

In einem solchem Fall verpflichtet Art. IX Abs. 2 GATS das Mitglied, dessen Dienstleistungserbringer derartige Geschäftspraktiken anwendet, lediglich Konsultationen mit einem „klagenden" Mitglied aufzunehmen. Ziel dieser Verhandlungen soll dann die Abschaffung der behindernden Geschäftspraktiken sein. Eine tatsächlich neue Verpflichtung wird mithin durch Art. IX GATS nicht statuiert.

9. Notstandsmaßnahmen

Art. X GATS trifft Regelungen bezüglich der Frage, unter welchen Voraussetzungen ein GATS-Mitglied von gemachten spezifischen Verpflichtungen zurücktreten bzw. diese zumindest zeitweilig aussetzen kann. Auch hier ist die systematische Stellung zu kritisieren, die Norm hat eigentlich im Teil III des Übereinkommens zu stehen.

Die Fassung des Art. X GATS weist Parallelen zu Art. XIX des GATTs auf.[382] Anders als beim GATT konnten sich die GATS-Verhandlungsführer jedoch nicht auf eine dem Art. XIX GATT vergleichbare Norm verständigen. Daher schreibt Art. X Abs. 1 eine Pflicht zu weiteren multilateralen Verhandlungen über die Frage von Notstandsmaßnahmen vor. Die Ergebnisse derartiger Verhandlungen sollten gemäß Art. X Abs. 1 Satz 2 GATS spätestens drei Jahre nach Inkrafttreten des WTO-Übereinkommens in Kraft treten.[383] Bemerkenswert ist in sofern, daß anläßlich der Schaffung des Art. X GATS davon ausgegangen worden ist, daß es „Ergebnisse" geben wird.

Für eine Übergangszeit sieht Art. X Abs. 2 GATS vor, daß sich ein GATS-Mitglied, ungeachtet des Art. XXI Abs. 1 GATS, jedoch unter Notifizierung gegenüber dem Rat für den Handel mit Dienstleistungen, von eingegangenen spezifischen Verpflichtungen innerhalb von einem Jahr nach deren Inkrafttreten lösen bzw. diese ändern kann. Einzige Bedingung ist, dem Rat gegenüber zu begründen, wieso die Änderung oder Rücknahme nicht bis zum Ende der durch Art. XVI Abs. 1 GATS vorgesehenen Dreijahresfrist aufgeschoben werden kann.

Gemäß der oben genannten Frist hätten die Verhandlungen über Art. X GATS eigentlich am 31.12.1997 beendet werden müssen. Bis zu diesem Zeitpunkt konnte man jedoch nicht zu einem Abschluß kommen. Die Frist wurde daher bis Juni 1999 verlängert. Aber auch dieser Zeitpunkt verstrich, ohne daß es zu Ergebnissen gekommen ist. Die Verhandlungsgruppe tritt nach wie vor zu Gesprächen zusammen. Spätestens am 15. Dezember 2000 sollen nun Ergebnisse präsentiert werden.[384] Es ist aber zu vermuten, daß diese zweite Frist erneut fruchtlos verstreichen wird.[385]

Das Problem besteht insbesondere darin, daß etwa gleich starke Gruppen von Befürwortern von Notstandsmaßnahmen und deren Gegner existieren. Beide Seiten meinen durch den Vertragstext bestätigt zu werden.
Die Gegner von Notstandsmaßnahmen argumentieren mit Art. X Abs. 1 Satz 1 GATS. Hiernach sollen Verhandlungen über die Frage von Notstandsmaßnahmen geführt werden. Dies würde implizieren, daß zunächst über die Frage diskutiert werden muß, ob überhaupt Notstandsmaßnahmen durch das GATS gestattet werden sollen. Es wird angeführt, daß anders als der Warensektor sich der Dienstleistungssektor wegen seiner spezifischen Eigenarten nicht für Notstandsmaßnahmen anbieten würde.
Die Befürworter von Notstandsmaßnahmen argumentieren mit Art. X Abs. 1 Satz 2 GATS, der ausdrücklich vorschreibt, daß die Ergebnisse in Kraft treten sollen. Eine derartige Formulierung würde keinen Sinn machen, wenn nicht grundsätzlich die Ergreifung von Notstandsmaßnahmen zulässig sei. Die Gruppe der Anhänger von Notstandsmaßnahmen wird von den Entwicklungsländern angeführt. Diese

---

382 Vgl. zu Art XIX GATT den rechtsverbindlichen Originaltext des Übereinkommens bei *WTO-Legal Text*, S. 518; vgl. auch die deutschsprachige Übersetzung bei *Benedek:* Die WTO, S. 97.

383 Dies wäre der 31.12.1997 gewesen.

384 So die aktuellen Auskünfte von *Mitarbeitern des GATS-Sekretariats* und den *Verhandlungsführern der GATS-Mitglieder* in einem Gespräch mit dem *Verfasser* in der Zeit vom 05. bis 08.06.2000.

385 Als Ergebnis der in Genf geführten Gesprächen vom 05. bis 08.06.2000 kommt der *Verfasser* zu dieser Einschätzung.

wollen eine Art „Notbremse" für eingegangene Liberalisierungsverpflichtungen an die Hand bekommen.[386]

Zu vermuten ist, daß man sich darauf einigen wird, das Notstandsmaßnahmen unter einem engen und genau beschriebenen Katalog von Voraussetzungen ergriffen werden können. Denn die Gegner von Art. X GATS haben inzwischen erkannt, daß weitere Liberalisierungen gerade von Entwicklungsländer nicht zu erwarten sind, solange sie bei ihrer Haltung bleiben. Zudem haben die ASEAN-Staaten nunmehr einen derartigen Textvorschlag in die Verhandlungsgruppe eingeführt. Daher wird vom GATS-Sekretariat auch vermutet, daß am 15. Dezember 2000 zumindest ein Zwischenergebnis präsentiert werden kann.

Insgesamt läßt sich jedoch resümieren, daß die Verhandlungen über Art. X GATS eines der unerledigten Themen der Uruguay-Runde ist. Die Verhandlungen dauern an und gestalten sich äußerst kompliziert. Gleichwohl ist eine Lösung der Streitfrage existentiell für weitere Liberalisierungsfortschritte.
Zu Recht wurde an der Fassung des Art. X Abs. 2 GATS kritisiert, daß der Norm keine Bestimmung zu entnehmen ist, unter welchen Voraussetzungen sich GATS-Mitglieder auf die Vorschrift berufen konnten.[387] Hieraus resultierte auch die Befürchtung, daß aufgrund der unklaren Fassung des Art. X Abs. 2 GATS den spezifischen Listen nur eine äußerst begrenzte Bedeutung zukommen würde. Zu bedenken ist aber, daß es gerade der eingesetzten Verhandlungsgruppe obliegt, sich auf Voraussetzungen und Bedingungen zu verständigen, unter denen Maßnahmen gemäß Art. X GATS ergriffen werden können.
Unklar ist auch, ob bei einer Maßnahme gemäß Art. X GATS, Art. XXI Abs. 2 und 3 GATS, der bei einer Zurücknahme von spezifischen Zugeständnissen, eine Entschädigungsleistung für die hierdurch benachteiligten GATS-Mitglieder vorsieht, gelten solle.[388] Eine derartige Annahme drängt sich bei der gegenwärtigen Vertragsfassung geradezu auf. Denn Art. X Abs. 2 GATS sieht lediglich die Nichtanwendung des Art. XXI Abs. 1 GATS vor, nicht jedoch die Entschädigungsleistung regelnden Absätze 2 bis 5.

Sollte die Verhandlungsgruppe zu dem Ergebnis kommen, daß auch bei der Ergreifung von Notstandsmaßnahmen als Kompensation Entschädigungen zu gewähren sind, stellt sich die Frage, worin eigentlich noch der Unterschied zu Art. XXI GATS bestehen soll.

Schließlich ist noch darauf hinzuweisen, daß auch die Frist des Art. X Abs. 3 GATS entsprechend der Frist des Absatzes 1 verlängert worden ist. Sollte also tatsächlich am 15. Dezember 2000 eine Lösung präsentiert werden können, so würde der Absatz 2 nicht mehr anwendbar sein.

---

386 So die aktuellen Auskünfte von *Mitarbeitern des GATS-Sekretariats* und den *Verhandlungsführern der GATS-Mitglieder* in einem Gespräch mit dem *Verfasser* in der Zeit vom 05. bis 08.06.2000.

387 Vgl. etwa *Koehler:* GATS, S. 137, Fn. 199.

388 So der Vorschlag von *McGovern:* International Trade Regulation, § 31. 151; *UNCTAD*: The Outcome of the Uruguay Round, S. 159f; *Koehler:* GATS, S. 137.

10. Zahlungen und Übertragungen

Gemäß Art. XI Abs. 1 GATS verzichten die Mitglieder des GATS grundsätzlich auf eine Beschränkung internationaler Übertragungen und Zahlungen im Rahmen laufender Geschäfte, die mit ihren spezifischen Verpflichtungen zusammenhängen. Aus dem Wortlaut der Norm wird die unpassende systematische Stellung deutlich.

Hiermit ist gemeint, daß sich ein GATS-Mitglied im Falle der Übernahme spezifischer Verpflichtungen gemäß Art. XI Abs. 1 GATS auch zur Liberalisierung des Kapitaltransfers und der Zahlungen für laufende Transaktionen in diesem Bereich verpflichtet.[389] Die grundsätzliche Verpflichtung zur Liberalisierung des Kapitaltransfers erfährt jedoch durch Art. XI Abs. 2 GATS eine Einschränkung. Hiernach sind die Mitglieder des Internationalen Währungsfonds in ihren Rechten und Pflichten nach dem IWF-Abkommen nicht durch das GATS beschränkt. Sie können Devisenmaßnahmen unter der Voraussetzung einsetzen, daß derartige Beschränkungen der Kapitaltransaktionen nicht im Widerspruch zu den eingegangenen spezifischen Verpflichtungen des jeweiligen GATS-Mitglieds stehen. Aber selbst, wenn dies der Fall sein sollte, sind die Transaktionen zulässig, wenn entweder Art. XII GATS Anwendung findet oder der IWF ein entsprechendes Ersuchen stellt.

11. Schutz der Zahlungsbilanz

Im Falle bestehender oder drohender schwerwiegender Zahlungsbilanzstörungen kann ein GATS-Mitglied gemäß Art. XII Abs. 1 GATS Beschränkungen für den Handel mit Dienstleistungen einführen oder beibehalten, für die es spezifische Verpflichtungen übernommen hat. Aus Gründen der Vollständigkeit sei erwähnt, daß die Norm systematisch zum III. Teil des Übereinkommens gehört.

Von Zahlungsbilanzschwierigkeiten spricht man dann, wenn die Währungsreserven eines Staates aufgrund einer gegenüber dem Ausland negativen Handelsbilanz gefährdet sind oder auf einem sehr niedrigen Niveau liegen.[390]

Gemäß Art. XII Abs. 2 a) GATS dürfen die Beschränkungen jedoch nicht einzelne Mitglieder diskriminieren, mithin müssen sie für sämtliche ausländischen Konkurrenten gelten. Im übrigen müssen die Maßnahmen im Einklang mit dem IWF-Übereinkommen stehen, lediglich der Behebung der in Absatz 1 beschriebenen Umstände dienen und schließlich zeitlich begrenzt sowie sukzessiv wieder abgebaut werden.[391] Zudem muß sich ein Mitglied, das sich Beschränkungen zum Schutz der Zahlungsbilanz bedient, gemäß Art. XII Abs. 5 GATS multilateralen Konsultationen und Überwachungsverfahren unterwerfen.

---

389 Vgl. *Hoekman* in *Martin/Winters (Hrsg.)*: Assessing the General Agreement on Trade in Services, S. 327, 335.

390 *Senti:* GATT-System der Welthandelsordnung, S. 259; *Carreau/Flory/Juillard:* Droit international économique, S. 119f.

391 Vgl. Art. XII Abs. 2 lit. b) - e) GATS.

12. Öffentliches Beschaffungswesen

Die Art. II (Meistbegünstigung), XVI (Marktzugang) und XVII (Inländerbehandlung) GATS finden gemäß Art. XIII Abs. 1 GATS keine Anwendung für das öffentliche Beschaffungswesen. Dies gilt jedoch nur, sofern Dienstleistungen, die für staatliche Zwecke beschafft werden, nicht weiter veräußert oder in sonstiger Weise für kommerzielle Zwecke verwendet werden. Somit ist der Bereich der Dienstleistungen, die im Interesse des öffentlichen Beschaffungswesens erbracht werden, zunächst weitgehend dem Anwendungsbereich des GATS entzogen.

Jedoch sollten innerhalb von zwei Jahren nach Inkrafttreten des WTO-Übereinkommen gemäß Art. XIII Abs. 2 GATS Verhandlungen über diesen Bereich stattfinden.[392]
Die Verhandlungen dauern an. Jedoch werden sie ohne besondere Dynamik geführt.[393] Dies dürfte insbesondere daran liegen, daß die GATS-Mitglieder kein besonderes Interesse daran haben, die ihnen selbst gewährten Vorteile zu verlieren.

13. Allgemeine Ausnahmen von GATS-Bestimmungen

Gemäß den Art. XIV und Art. XIVbis GATS ist es den GATS-Mitgliedern bei Vorlage bestimmter Umstände gestattet, allgemeine Ausnahmen bzw. Ausnahmen zur Wahrung der Sicherheit von GATS-Vorschriften zu machen.

a) Ausnahmegründe gemäß Art. XIV GATS

Die Mitglieder des GATS dürfen Maßnahmen ergreifen, die erforderlich sind, um die öffentliche Moral oder die öffentliche Ordnung aufrechtzuerhalten (Art. XIV Abs. 1 lit. a) GATS). Dabei ist zu bedenken, daß es bereits im Rahmen des GATT-Streitbeilegungsverfahrens zahlreiche Entscheidungen gegeben hat, die die Auslegung bestimmter Begriffe konkretisieren. Diese Entscheidungen des GATTs finden sich auch im Vertragstext des GATS wieder.[394] So wird durch eine Fußnote näher erläutert, daß eine wirkliche, ausreichend schwerwiegende Bedrohung der Grundwerte der Gesellschaft vorliegen muß, um sich auf den Ausnahmetatbestand der öffentlichen Ordnung berufen zu können.[395]

Es können auch Maßnahmen ergriffen werden, die erforderlich sind, um Leben oder Gesundheit von Menschen, Tieren und Pflanzen zu schützen (Art. XIV Abs. 1 b). In diesem Zusammenhang, ist auf den Ministerbeschluß zum Handel mit Dienstleistungen und zur Umwelt zu verweisen.[396] Nach diesem Beschluß obliegt es dem Ausschuß für Handel und Umwelt festzustellen, ob eine Abänderung des Art. XIV GATS erfolgen muß, etwa weil es zu kollisionsrechtlichen Problemen mit zwischenstaatlichen Übereinkünften kommt.

---

392 Dies wäre der 31.12.1996 gewesen.

393 So die aktuellen Auskünfte von *Mitarbeitern des GATS-Sekretariats* und den *Verhandlungsführern der GATS-Mitglieder* in einem Gespräch mit dem *Verfasser* in der Zeit vom 05. bis 08.06.2000.

394 Vgl. *McGovern:* International Trade Regulation, § 31. 153.

395 Fn. 5 zu Art. XIV GATS des rechtsverbindlichen Originaltexts bei *WTO-Legal Text:* S. 339; BGBl.: 1994 II, S. 1437, 1484 vgl. auch die deutschsprachige Übersetzung in BGBl.: 1994 II, S. 1437, 1650; *Benedek:* Die WTO, S. 399.

396 Vgl. den Wortlaut des Beschlusses im rechtsverbindlichen Originaltext bei *WTO-Legal Text:* S. 457; vgl. auch die deutschsprachige Übersetzung bei *Benedek:* Die WTO, S. 549.

Das Prüfungsergebnis hat der Ausschuß der ersten Ministerkonferenz in Singapur vorgelegt.[397]

Weiter wird den Mitgliedern des GATS gestattet Maßnahmen anzuwenden, die notwendig sind, um für die Einhaltung nationaler Gesetze oder sonstiger Vorschriften zu sorgen. Allerdings dürfen diese Gesetze und Vorschriften nicht im Widerspruch zu den GATS-Bestimmungen stehen.[398]

Bemerkenswert ist, daß die GATS-Mitglieder gemäß Art. XIV lit. d) GATS auch Maßnahmen ergreifen dürfen, die nicht mit Art. XVII GATS[399] vereinbar sind - vorausgesetzt, sie tun dies, um eine gerechte oder wirksame Steuer festzusetzen oder zu erheben. Erneut wird mit Hilfe einer Fußnote im Vertragstext erläutert, welche Maßnahmen hiermit gemeint sind.[400]

Abschließend ist noch auf die schon, bei der Erörterung des Meistbegünstigungsprinzips kurz beschriebene Möglichkeit hinzuweisen, daß auch mit Hilfe der s.g. Ausnahmelisten von Bestimmungen der GATS abgewichen werden kann. Die Europäische Union konnte sich z.B. mit ihrer Forderung auch den Tatbestand des „Schutzes der Kultur" in den Katalog des Art. XIV GATS aufzunehmen nicht durchsetzen.[401] Die EU hat daher für den Bereich der audiovisuellen Dienstleistungen weitreichenden Ausnahme vom Meistbegünstigungsprinzip mittels der Ausnahmeliste erklärt.[402]

b) Ausnahmen zur Wahrung der Sicherheit gemäß Art. XIVbis GATS

Gemäß Art. XIV Abs. 1 lit. a) GATS werden die Mitglieder des GATS davon entbunden, den Grundsatz der Transparenz zu beachten, sofern sie der Auffassung sind, daß ein derartiges Vorgehen ihren wesentlichen Sicherheitsinteressen zuwider laufen würde. Durch diese Vorschrift wird dem Umstand Rechnung getragen, daß insbesondere bei Dienstleistungen im militärischen Bereich häufig Sicherheitsinteressen von Mitgliedern betroffen sind.[403]

Sofern Dienstleistungen der direkten oder indirekten Versorgung einer militärischen Einrichtung dienen, sind sie gemäß Art. XIV Abs. 1 lit. b) i) GATS gänzlich vom Geltungsbereich des GATS ausgenommen.

14. Subventionen

Art. XV Abs. 1 GATS stellt fest, daß Subventionen den Handel mit Dienstleistungen beeinträchtigen können. Gleichzeitig wird jedoch auch anerkannt, daß insbesondere Entwicklungsländer während des Prozesses der wirtschaftlichen Entwick-

---

397 So die Auskunft von *Herrn R. Adlung* in einem Gespräch mit dem *Verfasser* am 09.06.2000.

398 Vgl. Art. XIV lit c) lit. i) - iii) GATS.

399 Diese Norm regelt die Inländerbehandlung bei spezifischen Verpflichtungen siehe hierzu Zweiter Teil, 1. Kapitel, B., V., 3. lit. b).

400 Fn. 6 zu Art. XIV GATS rechtsverbindlichen Originaltexts bei *WTO-Legal Text:* S. 339; BGBl.: 1994 II, S. 1437, 1485 vgl. auch die deutschsprachige Übersetzung in BGBl.: 1994 II, S. 1437, 1651; *Benedek:* Die WTO, S. 400.

401 *Senti:* Die neue Welthandelsordnung ORDO 1994, S. 301, 308.

402 Siehe hierzu BGBl.: 1994 II, S. 1723f; vgl. auch allgemein zum Problem des Schutzes von audiovisuellen Dienstleistungen *Baumann:* Dienstleistungsfreiheit, S. 174.

403 Vgl. *Hoekman:* The World Economy 1993, S. 38.

lung Flexibilität hinsichtlich der Anwendung von Subventionen benötigen. In weiteren multilateralen Verhandlungen sollen „Disziplinen" (Richtlinien) für die Gewährung von Subventionen ausgearbeitet werden. Fühlt sich ein GATS-Mitglied durch eine Subvention eines anderen Mitglieds beeinträchtigt, so kann es dieses Land zu Konsultationen auffordern. Ein derartiges Verlangen wird gemäß Art. XV Abs. 2 GATS wohlwollend geprüft.

Festzustellen ist, daß die eingesetzte Verhandlungsgruppe sich bisher nicht auf „Disziplinen" verständigen konnte. Ähnlich wie bei Art. X GATS gestalten sich die Verhandlungen schwierig. Bis März 2001 ist die Verhandlungsgruppe aufgefordert, sich auf „Disziplinen" zu verständigen.[404]

Ein Kompromiß scheiterte bisher daran, daß die unterbreiteten Vorschläge nach der Mehrheitsmeinung zu kompliziert gefaßt wurden.[405]

15. Zusammenfassung und Beurteilung

Bei der Beurteilung der allgemeinen Pflichten und Disziplinen des GATS ist zu bedenken, daß es mit dem Abschluß des GATS erstmalig gelungen ist, den Bereich des internationalen Handels mit Dienstleistungen einer völkerrechtlichen Regelung zu unterziehen. Dieser Gesichtspunkt ist bei der Kritik zu berücksichtigen. Gleichwohl befriedigt die jetzige Fassung der allgemeinen Pflichten und Disziplinen nicht vollkommen. Die systematische Stellung der Art. IV, VI, X, XI und XII GATS ist unlogisch. Diese Bestimmungen hätten aufgrund der Tatsache, daß sie lediglich im Fall eingegangener spezifischer Verpflichtungen gelten, in Teil III des Übereinkommens ihren Niederschlag finden müssen.

Das GATT stand bei der Entstehung des GATS „Pate". Positiv ist zu bewerten, daß inzwischen etablierte Definitionen des GATTs auch Geltung innerhalb des GATS besitzen. So gefällt die Fassung der Art. XIV und Art. XIVbis GATS. Die Form der Erläuterung von Definitionen mit Hilfe von Fußnoten ist für einen deutschen Juristen zwar ungewöhnlich, jedoch andererseits auch nicht gänzlich unbekannt. Die Praktikabilität und Übersicht leidet hierunter jedenfalls nicht.
Enttäuschend ist, daß die Formulierung des Meistbegünstigungsprinzips des Art. II GATS durch viele Ausnahmen gekennzeichnet ist und somit hinter der Wirkung ähnlicher GATT-Bestimmungen bleibt. Festzuhalten ist weiter, daß vielen allgemeinen Pflichten und Disziplinen des GATS, etwa der Verpflichtung zur Transparenz, der Anerkennung ausländischer Qualifikationen oder der Durchführung weiterer Verhandlungen, lediglich eine Appellfunktion zukommt. Es verwundert daher nicht, daß den Verpflichtungen zur Liberalisierung des Dienstleistungsverkehrs daher nur eine geringe Wirkung zugebilligt wird.[406]
Gleichwohl ist es mit Hilfe des GATS gelungen, zumindest einen Katalog von Maßnahmen, Absichten und Regelungen aufzustellen, der bei Beachtung zu einer Liberalisierung des Dienstleistungshandels führen könnte.

---

404 So die Auskunft von *Herrn R. Adlung* in einem Gespräch mit dem *Verfasser* am 09.06.2000.

405 So die aktuellen Auskünfte von *Mitarbeitern des GATS-Sekretariats* und den *Verhandlungsführern der GATS-Mitglieder* in einem Gespräch mit dem *Verfasser* in der Zeit vom 05. bis 08.06.2000.

406 *Koehler*: GATS, S. 115.

Aufgabe weiterer Verhandlungen innerhalb des GATS wird sein, die noch existenten Ausnahmen abzubauen. Ein Weg zur Erreichung dieses Ziels könnte auch darin bestehen, die Möglichkeiten, im Falle einer Verletzung von GATS-Prinzipien den Streitbeilegungsausschuß anzurufen, unmittelbar in den jeweiligen Regelungen zu notifizieren.

Insgesamt ist zu hoffen, daß in künftigen Verhandlungen über Teil II des GATS-Übereinkommens die Ausnahmeregelungen stetig abgebaut werden, um so den Verpflichtungen zur Liberalisierung einer breiteren Geltung zu verhelfen. Zu beachten ist jedoch, daß bei einem völkerrechtlichen Vertrag der Erfolg der Vereinbarungen weniger vom Wortlaut des Textes, als mehr von der tatsächlichen Akzeptanz abhängig ist. Insoweit ist das jetzige GATS ein Resultat des z.Z. international akzeptierten Standards.

V. Die spezifischen Verpflichtungen

Die spezifischen Verpflichtungen des GATS bilden den dritten Teil des Übereinkommens. Im einzelnen handelt es sich lediglich um drei Vorschriften, namentlich Art. XVI GATS (Marktzugang), Art. XVII GATS (Inländerbehandlung) und Art. XVIII GATS (zusätzliche Verpflichtungen). Zu bedenken ist jedoch, daß einige Normen des zweiten Teils des GATS lediglich hinsichtlich der eingegangenen spezifischen Verpflichtungen Anwendung finden.

Wie oben gezeigt, sind daher die Art. IV, VI, X, XI und XII GATS systematisch Teil III des Übereinkommens zuzurechnen.

Die oben genannten Artikel des GATS finden nur Anwendung, wenn ein Mitglied entsprechende spezifische Verpflichtungen übernommen hat. Ob dies geschehen ist, läßt sich den sogenannten Listen der spezifischen Verpflichtungen[407] entnehmen.

1. Die Konzeption spezifischer Verpflichtungen

Bei der Konzeption des GATS boten sich hinsichtlich der Liberalisierungsbemühungen für den Bereich der Dienstleistungen zwei verschiedene Ansatzpunkte.[408] Ein Vorschlag sah vor, die Beseitigung von Protektionen horizontal, also sektorübergreifend für sämtliche Dienstleistungsbereiche, zu erreichen. Eine andere Konzeption sah einen vertikalen sektorspezifischen Abbau von Handelsschranken vor. Die Formulierungen der Artikel des Teils III und IV des GATS lassen deutlich erkennen, daß ein sektorspezifischer Ansatz verfolgt wird.[409]

Auf Grund der Tatsache, daß bei der Entstehung des GATS bereits einzelne internationale Abkommen über die Liberalisierung bestimmter Dienstleistungsbereiche existierten, bestand bei einer horizontalen Konzeption die Gefahr kollisions-

---

[407] Die Listen spezifischer Verpflichtungen sind gemäß Art. XX Abs. 3 GATS wesentlicher Bestandteil des Übereinkommens, vgl. den rechtsverbindlichen Originaltexts bei *WTO-Legal Text*, S. 344; BGBl.: II 1994, 1437, 1489 vgl. auch die deutschsprachige Übersetzung in BGBl.: II 1994, 1437, 1653; *Benedek:* Die WTO, S. 404.

[408] Siehe hierzu *Ascher:* Georgia Journal of International and Comparative Law 1989, S 392f.; *Cornfeld:* UNCTAD Review 1989, Nr. 1, S. 17f.

[409] So auch *Koehler:* GATS, S. 116.

rechtlicher Problemen. Eine sektorspezifische Marktöffnung konnte demgegenüber individuelle Problemlösungen gewährleisten.

Zudem wollte die Mehrheit der GATS-Gründungsmitglieder nicht eine sektorübergreifende Marktöffnung für den gesamten internationalen Dienstleistungshandel.[410] Die Angst vor der eigenen Courage bzw. einem nationalen Kompetenzverlust war mutmaßlich der Grund für diese Haltung.

2. Die Listen mit den spezifischen Verpflichtungen

Um die Wirkungsweise der spezifischen Verpflichtungen des Teils III des GATS zu erklären, muß auf den Teil IV des Übereinkommens bezug genommen werden. Gemäß Art. XX Abs. 1 GATS legt jedes Mitglied in einer Liste fest, welche spezifischen Verpflichtungen es übernehmen will, für die dann die Vorschriften des Teils III des Übereinkommens gelten. Hinsichtlich der Ausgestaltung dieser Listen schreibt Art. XX Abs. 1 lit. a) bis e) GATS explizit bestimmte Angaben vor. Ausdrücklich wird auch auf die Vorschriften hinsichtlich des Marktzugangs und der Inländerbehandlung des Teils III bezug genommen. Schließlich schreibt Art. XX Abs. 3 GATS vor, daß die Listen dem Übereinkommen als Anlagen beigefügt werden und einen wesentlichen Bestandteil des Übereinkommens bilden.
Systematisch hätte Art. XX GATS daher auch als erste Norm des Teils III im Übereinkommen seinen Platz finden können. Eine derartige Stellung hätte für einen einfacheren Zugang zum Normentext und mithin zu einer größeren Transparenz geführt.

Andererseits ist auch die getroffene Einordnung des Art. XX GATS im Teil IV unter der Überschrift der fortschreitenden Liberalisierung erklärbar. Durch eine stetige Erweiterung der Zugeständnisse mittels der Listen soll nämlich für eine fortschreitende Liberalisierung Sorge getragen werden.

Bei der Konzeption der Listen mußte zwischen zwei verschiedenen Ansätzen gewählt werden: Die Listen konnten als sogenannte Positivlisten formuliert werden. Dies bedeutet, daß die Mitglieder in einer Liste festlegen, für welche Dienstleistungsbereiche spezifische Verpflichtungen gelten sollen.[411] All diejenigen Bereiche, die nicht aufgeführt sind, unterliegen mithin nicht dem Anwendungsbereich.
Demgegenüber gilt etwas anderes beim sogenannten System der Negativlisten. Hier listet jedes Mitglied all jene Sektoren auf, für die spezifische Verpflichtungen nicht gelten sollen.[412] Dies bedeutet, daß grundsätzlich jeder Bereich betroffen ist, es sei denn, er ist durch die Liste explizit ausgeschlossen.

Im Bereich der Listen mit den spezifischen Verpflichtungen hat man sich für das erstgenannte System der Positivlisten entschieden.[413] Dies bedeutet, daß im Grundsatz keine spezifischen Verpflichtungen übernommen werden, nur für ausdrücklich benannte Bereiche. Erwähnenswert ist, daß Art. XX GATS auch keine Mindestanforderungen hinsichtlich des Eingehens spezifischer Verpflichtungen vorsieht.

---

410 *Hoekman/Sauvé:* Liberalizing Trade in Services, S. 42f.
411 *Broadman:* The World Economy 1994, S. 281, 286.
412 *Broadman:* The World Economy 1994, S. 281, 286.
413 *Messerlin:* La novelle organisation mondiale du commerce, S. 247.

Ein Beispiel für eine Negativliste ist hingegen die oben bei Art. II Abs. 2 GATS (Meistbegünstigungsprinzip) erläuterte Ausnahmemöglichkeit. Grundsätzlich gilt das Meistbegünstigungsprinzip für sämtliche Bereiche, es sei denn, spezielle Sektoren sind ausdrücklich ausgenommen.

Bei der Bewertung des Listensystems fällt auf, daß neu entstehende Dienstleistungsbereiche zunächst nicht automatisch unter den Liberalisierungsprozeß des GATS fallen. Hierzu bedarf es - aufgrund des Positivlistensystems - immer erst einer ausdrücklichen Aufnahme in die jeweilige Liste. Der in der Literatur geäußerten Kritik, daß durch das Positivlistensystem des GATS der allgemeine Liberalisierungsfortschritt wenig Dynamik erfährt[414], ist daher grundsätzlich beizupflichten. Erneut muß bei der Kritik jedoch berücksichtigt werden, daß das GATS ein Spiegelbild des zur Zeit machbaren Liberalisierungsprozesses ist. Fortentwicklungen sind wünschenswert, können jedoch nur durch konsensbildende Verhandlungen zwischen den GATS-Mitgliedern erzielt werden.

Das System der Listen trägt ebenfalls nicht zur Förderung des Transparenzprinzips bei. Anderseits sind die Listen klar und übersichtlich, mithin lassen sich die eingegangen sektorspezifischen Verpflichtungen durchaus für den verständigen Leser erschließen. Wünschenswert ist, daß der Umfang der erklärten Ausnahmen in den Listen in so weit durch Verhandlungen über die Fortentwicklung der Liberalisierung abnimmt, als daß die Sektoren, in denen spezifische Verpflichtungen übernommen werden, stetig expandieren. So würde man auch durch ein System von Positivlisten schließlich zu einer Situation gelangen, die der von Negativlisten sehr ähnlich kommen würde.
Die Terminologie der Verpflichtungslisten weist wesentliche Parallelen zum - oben dargestellten - Rahmenübereinkommen des GATS auf. In der ersten Zeile der Verpflichtungsliste werden in Anlehnung an Art. I Abs. 2 lit. a) bis lit. b) GATS die vier verschiedenen Arten der Dienstleistungserbringung benannt.[415] Im einzelnen sind dies: 1) die grenzüberschreitende Erbringung, 2) die Nutzung im Ausland, 3) die kommerzielle Präsenz und 4) die Präsenz natürlicher Personen.

In der zweiten Zeile sind die Sektoren bzw. Teilsektoren aufgeführt, für die spezifische Verpflichtungen übernommen werden. Zudem wird in Anlehnung an Art. XVI GATS (Marktzugang), Art. XVII GATS (Inländerbehandlung) und Art. XVIII GATS (zusätzliche Verpflichtungen) unterschieden, welche Beschränkungen gelten sollen.

Zudem sind die Begriffe „Keine“ (engl. „None“) und „Ungebunden“ (engl. „Unbound“) für die Listen von entscheidender Bedeutung. Will ein GATS-Mitglied in einem bestimmten Dienstleistungssektor weder den Marktzugang noch die Inländerbehandlung beschränken, so verwendet es den Begriff „Keine“. Soll hingegen ein bestimmter Dienstleistungsbereich Einschränkungen unterliegen, so verwendet das GATS-Mitglied den Begriff „Ungebunden“ und/oder führt explizit die Einschränkungen in der Liste auf.

---

414 *Broadman:* The World Economy 1994, S. 281, 286; *Messerlin:* La novelle organisation mondiale du commerce, S. 247.

415 Vgl. z.B. die Liste mit den spezifischen Verpflichtungen für den Telekommunikationssektor von der Europäischen Union und ihrer Mitgliedstaaten im Anhang II.

Schließlich müssen die Begriffe „Keine" bzw. „Ungebunden" nicht nur den Marktzugangs- bzw. Inländerbeschränkungen zugeordnet werden, sondern auch den einzelnen Erbringungsformen. Soll etwa hinsichtlich eines bestimmten Sektors die grenzüberschreitende Erbringung keiner Marktzugangsbeschränkung unterliegen, so erscheint in der zweiten Spalte folgende Bezeichnung: „1) Keine".
Will hingegen ein GATS-Mitglied in demselben Dienstleistungssektor die Erbringung mittels Errichtung einer kommerziellen Präsenz durch einen ausländischer Dienstleistungserbringer nicht gestatten, so verwendet es folgende Bezeichnung in der zweiten Spalte: „3) Ungebunden".

Die abstrakte Erklärung soll durch ein praktisches Beispiel verdeutlicht werden. Für den Bereich der Rechtsberatung im Recht des Heimatstaats und des Völkerrechts (ohne EG-Recht) gilt für die Europäische Union folgendes:[416]
In Frankreich und Portugal finden die Art. XVI und Art. XVII GATS für die Errichtung rechtlicher Urkunden in Form der grenzüberschreitenden Erbringung keine Anwendung. Hingegen unterliegen die Art. XVI und Art. XVII GATS im Falle der zweiten Erbringungsform (Nutzung im Ausland, i.S.d. Art. I Abs. 2 lit. b) GATS) keiner Einschränkung. Grundsätzlich gestatten die Mitgliedstaaten der EU auch die Errichtung einer kommerziellen Präsenz im Bereich der Rechtsberatung. In Deutschland steht eine Errichtung jedoch unter dem Vorbehalt der Aufnahme in eine Rechtsanwaltskammer. In Frankreich kann die Erbringung nur durch SEL[417] oder SCP[418] erfolgen.

3. Die Bestimmungen im einzelnen

Bei den einzelnen spezifischen Verpflichtungen des GATS lassen sich drei verschiedene Normen unterscheiden. Art. XVI GATS trifft Regelungen hinsichtlich des Marktzugangs, Art. XVII GATS enthält Bestimmungen für die Inländerbehandlung, und schließlich eröffnet Art. XVIII GATS den GATS-Mitgliedern die Möglichkeit, weitere zusätzliche Verpflichtungen einzugehen.

a) Der Marktzugang gemäß Art. XVI GATS

Art. XVI GATS enthält keine Definition über den Begriff des Marktzugangs. Art. XVI Abs. 1 GATS nimmt Bezug auf die in Art. I GATS definierten vier Erbringungsformen.[419] Zudem verpflichten sich die GATS-Mitglieder durch Art. XVI Abs. I GATS dazu, den Marktzugang im Rahmen der jeweils eingereichten Liste zu gewährleisten.
Ergänzt wird diese Verpflichtung durch Art. XVI Abs. 2 GATS. Diese Norm nennt explizit Maßnahmen, die ein Marktzugangshindernis darstellen. Die Anwendung der aufgeführten Maßnahmen ist den GATS-Mitgliedern grundsätzlich untersagt, sofern sie sich durch die oben beschriebenen Listen für eine Marktöffnung in einem speziellen Dienstleistungsbereich entschlossen haben. Von den in Art. XVI Abs. 2 GATS genannten Maßnahmen kann ein GATS-Mitglied somit nur dann Gebrauch machen, wenn es entweder den fraglichen Dienstleistungsbereich in der Liste nicht benannt, oder entsprechende Vorbehalte in der Liste aufgeführt

---

416 Vgl. BGBl.: 1994 II, S. 1678, 1684.
417 SEL = Société d´Exercie Libéral.
418 SCP = Société Civile Professionnelle.
419 Vgl. oben unter Punkt II. 3 lit. d) aa) bis ee).

hat. Zusammenfassend läßt sich festhalten, daß der Marktzugang nur unter Vorbehalt der in den jeweiligen Listen genannten Beschränkungen gewährt wird.[420]

Die Behandlung der Dienstleistungen bzw. Dienstleistungserbringer eines anderen Mitglieds dürfen nicht weniger günstig sein als die, die nach den in der Liste festgelegten Bedingungen. Durch diese Formulierung des Art. XVI Abs. 1 GATS wird ein Mindeststandard festgelegt, dessen Niveau nicht unterschritten werden darf. Der zur Zeit der Erstellung des GATS bzw. der spezifischen Listen zu erzielende Status quo wurde festgeschrieben. Diese Tatsache wird auch allgemein als „standstill" bezeichnet.[421]
Eine weitere Liberalisierung hinsichtlich des Marktzugangs wird somit nur durch Handelsrunden stattfinden. Mit der Abfassung des GATS haben jedoch die Mitglieder einen völkerrechtlichen Vertrag geschaffen, dessen Mindestanforderungen nicht mehr unterschritten werden können.

Art. XVI Abs. 2 GATS bestimmt im Wege der Enumeration die Maßnahmen, die einen Marktzugang behindern, und daher grundsätzlich nicht angewendet werden dürfen.[422] Während die Bestimmungen des Art. XVI Abs. 2 lit. e) bis f) GATS nur für ausländische Anbieter gelten, erzeugen die Art. XVI Abs. 2 lit. a) bis d) GATS Wirkungen sowohl für aus- als auch inländische Unternehmen.[423] Diese Tatsache ist bemerkenswert, weil durch das GATS nicht nur eine Marktöffnung der Dienstleistungsmärkte für ausländische Anbieter erfolgt, sondern der Liberalisierungsprozeß auch gegenüber inländischen Anbietern wirkt.[424] Gerade deshalb ist die Skepsis einiger Staaten gegenüber dem GATS zu verstehen.[425] Diese Staaten befürchten den Verlust von Souveränität und sehen die Gefahr, daß sie aufgrund des GATS zur Regelung des innerstaatlichen Wirtschaftslebens nicht mehr befugt sind. Die Präambel des GATS gestattet jedoch ausdrücklich den Mitgliedern des GATS die Kompetenz, zur Regelung der Erbringung von Dienstleistungen in ihren jeweiligen Hoheitsgebieten.[426]

Anläßlich der Bewertung des Art. XVI Abs. 2 GATS wird teilweise die enumerative Vorgehensweise kritisiert.[427] Es wird angeführt, daß hierdurch die Gefahr geschaffen wird, das GATS-Mitglieder andere - nicht im GATS genannte - Formen der Beschränkung anwenden würden, um die vereinbarten Marktzugangsbedingungen zu umgehen.
Dazu ist jedoch anzumerken, das GATS-Mitglieder gar nicht erst eine Umgehung suchen müssen. Wollen sich einzelne Mitglieder nicht dem Verbot bestimmter Beschränkungen unterwerfen, so haben sie durch die spezifischen Listen die Möglichkeit, Vorbehalte geltend zu machen. Die praktische Relevanz der geäußerten Sorge einer Umgehung darf daher als gering bezeichnet werden.

---

420 *Etter* in *Cottier (Hrsg.):* GATT-Uruguay Round, S. 91, 99.
421 Vgl. *Hoekman* in *Martin/Winters (Hrsg.):* Assessing the General Agreement on Trade in Services, S. 327, 329; zum GATT vgl. *Benedek:* Die Rechtsordnung des GATT, S. 114.
422 Art. XVI Abs. 2 lit. a) bis lit. f) GATS des rechtsverbindlichen Originaltexts des Übereinkommens bei *WTO-Legal Text:* S. 342; BGBl.: 1994 II, S. 1437, 1487 vgl. auch die deutschsprachige Übersetzung in BGBl.: 1994 II, S. 1437, 1652; *Benedek:* Die WTO, S. 404.
423 Vgl. auch *Koehler:* GATS, S. 126.
424 *Hoekman* in *Martin/Winters (Hrsg.):* Assessing the General Agreement on Trade in Services, S. 327, 334.
425 So auch *Koehler:* GATS, S. 127.
426 Vgl. oben Zweiter Teil, 1. Kapitel, B., II.
427 *Koehler:* GATS, S. 127.

Andererseits ist den Kritikern zuzustimmen, sofern sie fordern, daß Art. XVI Abs. 2 GATS um das Merkmal „Maßnahmen gleicher Wirkung“ ergänzt werden sollte, um so weniger auf die Form der Beschränkungen als vielmehr auf deren Wirkung abstellen zu können.[428]
Gerade die GATS-Mitglieder der Europäischen Union bzw. die EU selbst könnten einen derartigen Änderungsvorschlag einbringen, entspricht er doch der Vorgehensweise des EU-Vertrags.[429]

b) Die Inländerbehandlung gemäß Art. XVII GATS

Gemäß Art. XVII Abs. 1 GATS sind die GATS-Mitglieder dazu verpflichtet, die Dienstleistungen und Dienstleistungserbringer eines anderen Mitgliedsstaates nicht weniger günstig als ihre eigenen Dienstleistungen und Dienstleistungserbringer zu behandeln. Grundsätzlich gilt die Pflicht zur Gleichbehandlung von ausländischen und inländischen Dienstleistungen bzw. Dienstleistungsanbietern immer dann, wenn durch die Listen spezifische Verpflichtungen eingegangen worden sind.[430] Jedoch besteht auch im Rahmen des Art. XVII GATS die Möglichkeit, Vorbehalte in die Liste der spezifischen Verpflichtungen aufzunehmen. So dürfen z.B. in Dänemark ausländische Wirtschaftsprüfer nur mit staatlich bevollmächtigten dänischen Prüfern eine Sozietät eingehen.[431]

Die Pflicht zur Inländerbehandlung innerhalb des GATS ist keine allgemeine Pflicht, sondern besteht für die eingegangenen spezifischen Verpflichtungen.[432] Somit bleibt Art. XVII GATS hinter der vergleichbaren Regelung im GATT (Art. III GATT)[433] zurück.

Zudem weicht die Regelung des GATS hinsichtlich der Art und Weise, wie die Inländerbehandlung gewährleistet werden soll, von der des GATTs ab. Gemäß Art. XVII Abs. 2 GATS kann die Inländerbehandlung entweder durch formal identische oder formal unterschiedliche Behandlungen erzielt werden. Art. XVII Abs. 3 GATS schreibt lediglich vor, daß die Wettbewerbsbedingungen des ausländischen Anbieters *„de facto“* dieselben sein müssen wie die eines inländischen Anbieters. Art. III GATT schreibt hingegen *„de jure“* eine Gleichbehandlung zwischen Aus- und Inländern vor.

Art. XVII GATS betrifft ausschließlich die rechtlichen Wettbewerbsbedingungen eines GATS-Mitglieds, sofern das Mitglied den Zutritt zu den nationalen Märkten gestattet. Demgegenüber findet Art. XVI GATS Anwendung gegenüber allen ausländischen Dienstleistungsanbietern, denen der Zugang zu den nationalen Märkten verwehrt wird.

---

428 Vgl. *Hoekman* in *Martin/Winters (Hrsg.):* Assessing the General Agreement on Trade in Services, S. 327, 328; *Lentz* in *Böckstiegel (Hrsg.):* Perspectives of Air Law, S. 147, 156.

429 Etwa Art. 23 Abs. 1, Art. 24, Art. 25 oder Art. 29 EG-Vertrag.

430 Vgl. allgemein zur Inländerbehandlung *Mestmäcker* in *Friedman/Mestmäcker (Hrsg.):* Rules for Free Trade, S. 9, 20f; *Vigano* in *Dicke/Petersmann (Hrsg.):* Foreign Trade, S. 288f; *Krommenacker:* World-traded Services, S. 168.

431 Vorbehalt von Dänemark in BGBl.: 1994 II, S. 1678, 1685.

432 So auch *Wartenweiler* in *Gemperle/Zeller/Wartenweiler(Hrsg.):* Die Ergebnisse der Uruguay-Runde, S. 27, 30f.

433 Art. III Abs. 1 und 2 GATT des rechtsverbindlichen Originaltexts des Übereinkommens bei *WTO-Legal Text:* S. 490; vgl. auch den deutschen Text in BGBl.: 1951 II, S. 173.

Da sich in der Praxis eine staatliche Maßnahme nicht stets eindeutig und ausschließlich dem Regelungsbereich einer der genannten Normen zuordnen läßt, wurde Art. XX Abs. 2 GATS[434] geschaffen.

Danach werden Maßnahmen, die sowohl unter die Norm des Art. XVI GATS als auch unter die Norm des Art. XVII GATS subsumiert werden können, in der jeweiligen Liste der spezifischen Verpflichtungen in die für Art. XVI GATS vorgesehene Spalte eingetragen. Die Eintragung gilt dann auch als Bedingung oder Qualifikation zu Art. XVII GATS.

c) Die zusätzlichen Verpflichtungen gemäß Art. XVIII GATS

Art. XVIII GATS[435] fungiert als eine Art „Auffangtatbestand"[436]. Für Maßnahmen, die zwar den Handel mit Dienstleistungen beeinträchtigen, aber weder unter Art. XVI GATS (Marktzugang) noch unter Art. XVII GATS (Inländerbehandlung) in Listen aufgeführt werden, können die GATS-Mitglieder gemäß Art. XVIII GATS weitere Verpflichtungen aushandeln. Hiermit sind insbesondere Qualifikations-, Normen- und Zulassungsfragen gemeint.

Die Liste mit den spezifischen Verpflichtungen der GATS-Mitglieder enthält daher zum Teil neben den Spalten „Marktzugangsbeschränkungen" und „Inländerbehandlung" eine dritte Spalte mit zusätzlichen Verpflichtungen.[437]

Die praktische Bedeutung der zusätzlichen Verpflichtungen ist indes grundsätzlich gering. Denn bei einer auswertenden Betrachtung der Listen der spezifischen Verpflichtungen ist feststellbar, daß die Mehrzahl der GATS-Mitglieder die Spalte mit den zusätzlichen Verpflichtungen frei läßt, einige sogar diese Kategorie in der eingereichten Liste gar nicht führen.[438]

Eine gewichtige Ausnahme von dieser Feststellung muß hingegen für den Telekommunikationssektor gemacht werden.[439] Hier haben eine Vielzahl der Mitglieder zusätzliche Verpflichtungen übernommen. Dadurch wurde eine weitreichende Liberalisierung dieses Dienstleistungsbereichs erzielt. Es bleibt zu hoffen, daß künftig auch für andere Sektoren von der Möglichkeit des Art. XVIII GATS Gebrauch gemacht wird.

---

434 Vgl. den rechtsverbindlichen Originaltexts des Übereinkommens bei *WTO-Legal Text:* S. 344; BGBl.: 1994 II, S. 1437, 1489 vgl. auch den deutschen Text in BGBl.: 1994 II, S. 1643, 1653.

435 Vgl. den rechtsverbindlichen Originaltexts des Übereinkommens bei *WTO-Legal Text:* S. 343; BGBl.: 1994 II, S. 1437, 1488 vgl. auch den deutschen Text in BGBl.: 1994 II, S. 1643, 1652.

436 So auch *Koehler:* GATS, S. 131.

437 Vgl. z.B. die Liste der spezifischen Verpflichtungen der Europäischen Gemeinschaft und ihrer Mitgliedstaaten, BGBl.: 1994 II, S. 1520, 1521f (englisch) und BGBl.: 1994 II, S. 1678, 1679f (deutsch).

438 Siehe hierzu *UNCTAD:* The Outcome of the Uruguay Round, S. 169.

439 Vgl. die Listen mit den zusätzlichen Verpflichtungen für den Telekommunikationsbereich in Anhang II und die Ausführungen im Zweiten Teil, 2. Kapitel, B., II., 2.

4. Zusammenfassung

Teil III. des GATS dient dazu, konkrete Regelungen zwischen den GATS-Mitgliedern zu erzielen, um zu einer effektiven Liberalisierung zu gelangen. Das durch das GATS vorgegebene System der Listen mit den spezifischen Verpflichtungen wirkt dabei in zweierlei Richtung. Zum einen soll hinsichtlich einzelner Dienstleistungssektoren überhaupt erst ein Wettbewerb zwischen aus- und inländischen Anbietern ermöglicht werden (Marktzugang). Zum anderen sollen mittels der Listen, wenn grundsätzlich ein Marktzugang möglich ist, die vier vom GATS-Übereinkommen erfaßten Formen des internationalen Dienstleistungshandels weiter liberalisiert werden.

Der Zugang zum III. Teil des GATS, den spezifischen Verpflichtungen, wird insbesondere aufgrund systematischer Besonderheiten erschwert. So ist beim Verständnis des GATS stets zu beachten, daß einige Normen des II. Teils des GATS, entgegen der verwendeten Überschrift, keine allgemeingültigen Pflichten und Disziplinen darstellen, sondern nur dann Anwendung finden, sofern ein GATS-Mitglied in seiner Liste eine spezifische Pflicht übernommen hat. Insoweit unterscheidet sich das GATS erheblich vom GATT. Die allgemeinen Pflichten und Disziplinen des GATS sind daher nur scheinbar „vor die Klammer gezogen". Will man den Liberalisierungsstand eines GATS-Mitglieds ermitteln, so muß bei der Analyse vorrangig die Liste mit den spezifischen Verpflichtungen des zu beurteilenden GATS-Mitglieds beachtet werden. Ebenso ist zu verfahren, wenn festgestellt werden soll, ob ein GATS-Mitglied gegen GATS-Vorschriften verstoßen hat. Da die Listen zwar als Anlagen wesentliche Bestandteile des GATS-Übereinkommens darstellen, in den meisten Textveröffentlichungen auf den Abdruck jedoch wegen des Umfangs verzichtet wurde, ist der Zugang zum Übereinkommen schwierig.

Bei der Abfassung der Listen mit den spezifischen Verpflichtungen hat man sich gegen das Prinzip horizontaler, also sektorübergreifender Negativlisten entschieden. Stattdessen folgt man dem Prinzip vertikaler also sektorspezifischer Positivlisten. Dieses Prinzip engt den Liberalisierungsprozeß vordergründig ein und wird daher berechtigterweise kritisiert. Allerdings stellt die gewählte Methode einen brauchbaren Ansatz für die Einleitung eines Liberalisierungsprozesses im Bereich des internationalen Dienstleistungshandels dar.

Ein stetiger Liberalisierungsfortgang wird nur bedingt durch das GATS-Übereinkommen selbst, vielmehr durch weitere Verhandlungsrunden zwischen den GATS-Mitgliedern erzielt werden können. Den GATS-Mitgliedern ist hierbei wenigstens ein ähnlicher Erfolg zu wünschen wie der, der in den siebziger und achtziger Jahren den GATT-Partnern vergönnt war.

Schließlich ist bei der Begutachtung des III. Teils des GATS-Übereinkommens nicht nur der II. Teil bedeutsam, sondern es gilt auch, Vorschriften aus dem IV. Teil zu beachten. Art. XX und Art. XXI des GATS enthalten spezielle Regelungen für die Abfassung bzw. Änderung von Listen mit spezifischen Verpflichtungen.

Erneut ist zu kritisieren, daß die systematische Stellung dieser Normen nicht überzeugt. Auch wäre es wünschenswert, wenn Art. XX GATS Mindestanforderungen an den Inhalt der Listen mit den spezifischen Verpflichtungen formulieren würde.

Es bleibt zu hoffen, daß eine derartige konkretere Neufassung des Art. XX GATS durch weiter internationale Verhandlungen erzielt werden kann.

VI. Die fortschreitende Liberalisierung

Eine fortschreitende Liberalisierung des internationalen Dienstleistungshandels soll zwischen den GATS-Mitgliedern gemäß den Art. XIX, XX und XXI GATS erreicht werden.

Art. XIX GATS trifft Regelungen bezüglich weiterer Verhandlungsrunden, während die Art. XX und XXI GATS eine fortschreitende Liberalisierung durch die Weiterentwicklung der Listen mit den spezifischen Verpflichtungen vorsehen. Mithin soll der Liberalisierungsprozeß zweigleisig gestaltet werden.

1. Fortschreitende Liberalisierung durch Verhandlungsrunden

Gemäß Art. XIX GATS soll durch Aushandeln weiterer spezifischer Verpflichtungen in Handelsrunden der Liberalisierungsprozeß vorangetrieben werden. Dem Rat für den Handel mit Dienstleistungen obliegt gemäß Art. XIX Abs. 3 GATS hierbei die Aufgabe, für jede Verhandlungsrunde Richtlinien auszuarbeiten. Einige inhaltliche Vorgaben für die Verhandlungen werden indes durch den GATS-Text selbst vorgegeben.

a) Zeitpunkt der Verhandlungsrunden

Art. XIX Abs. 1 GATS[440] schreibt vor, daß die GATS-Mitglieder in Verhandlungsrunden eintreten. Hinsichtlich der ersten Verhandlungsrunde ist die Abfassung der Norm sehr konkret, indem sie festlegt, daß spätestens fünf Jahre nach Inkrafttreten des WTO-Übereinkommens mit den Konsultationen begonnen werden muß. Da das WTO-Übereinkommen am 01.01.1995 in Kraft getreten ist, mußte die erste GATS-Liberalisierungsrunde spätestens am 01.01.2000 beginnen. Diese Pflicht wurde von den GATS-Mitgliedern erfüllt. Seit dem 01.01.2000 befinden sich die GATS-Mitglieder in Gesprächen über die weitere Liberalisierung des Dienstleistungshandels.[441]

Hierzu ist zu bemerken, daß formell die Bedingungen des GATS zwar erfüllt worden sind, fraglich ist aber, ob auch in materieller Hinsicht Fortschritte gemacht werden können.
In diesem Zusammenhang muß auch auf die Geschehnisse der letzten Ministerkonferenz in Seattle eingegangen werden.[442] Denn die Minister der WTO-Mitglieder konnten sich nicht auf einen Themenkatalog für eine an sich geplante neue Liberalisierungsrunde einigen. Direkt betrifft dies zwar nicht die nach Art. XIX GATS vorgeschriebene GATS-Verhandlungsrunde, aber es ist festzustellen, daß

---

440 Siehe den rechtsverbindlichen Originaltexts des Übereinkommens bei *WTO-Legal Text:* S. 343; BGBl.: 1994 II, S. 1473, 1488; siehe auch den deutschen Text in BGBl.: 1994 II, S. 1643, 1652.

441 So die aktuellen Auskünfte von Mitarbeitern des *GATS-Sekretariats* und den *Verhandlungsführern* der GATS-Mitglieder in einem Gespräch mit dem *Verfasser* in der Zeit vom 05. bis 08.06.2000.

442 Diese fand bekanntlich vom 30.11. - 03.12.1999 statt.

die Gespräche zögernd und wenig konkret begonnen haben.[443] Das scheitern der Konferenz von Seattle lag insbesondere darin begründet, daß die amerikanische Seite über einen kleinen und detaillierten Themenkatalog verhandeln wollte, während insbesondere die Europäer eine große Liberalisierungsrunde wünschten. Diese Differenz war unüberbrückbar.[444]

Es ist zu vermuten, daß die GATS-Verhandlungen erst dann an Dynamik gewinnen werden, wenn eine Einigung über eine zukünftige Liberalisierungsrunde erzielt werden kann. Möglicherweise wird im Jahre 2001 eine Ministerkonferenz stattfinden, die dann offiziell den Beginn einer neuen Liberalisierungsrunde bekannt geben wird.
Bis dahin bleibt dem GATS-Sekretariat Zeit, die unerledigten Themen der Uruguay-Runde, etwa die Frage der Subventionen und der Notstandsmaßnahmen, zu lösen. Insofern ist das scheitern der Ministerkonferenz von Seattle, für den weiteren Prozeß des GATS-Übereinkommen - nicht nur wegen Art. XIX GATS - nicht gerade als dramatisch zu bezeichnen.

Über den Zeitraum weiterer Verhandlungsrunden trifft Art. XIX Abs. 1 GATS keine konkrete Aussage. Die GATS-Mitglieder werden lediglich dazu verpflichtet, regelmäßig in Gespräche einzutreten. Aufgrund der Tatsache, daß die erste Verhandlungsrunde spätestens nach fünf Jahren stattfinden mußte, könnte man im Wege der Auslegung schließen, daß regelmäßig spätestens fünf Jahre nach Abschluß einer Verhandlungsrunde in neue Gespräche über eine fortschreitende Liberalisierung eingetreten werden muß.

Ob diese Auslegung von der Mehrheit der GATS-Mitglieder geteilt wird, bleibt anhand der künftigen Zeitabschnitte zwischen den einzelnen Verhandlungsrunden abzuwarten.

Die Formulierung des Art. XIV Abs. 1 GATS unterscheidet sich von der des GATTs. Denn Art. XXVIIIbis Abs. 1 Satz 2 GATT[445] sieht lediglich vor, daß Verhandlungen über den Abbau von Zöllen für den Bereich des Warenhandels „von Zeit zu Zeit“ stattfinden können. Mithin bleibt die Norm des GATTs hinsichtlich der Formulierung eines konkreten Zeitrahmens hinter der des GATS zurück.

b) Verhandlungsergebnisse

Besonders positiv ist zu bewerten, daß hinsichtlich des zu erzielenden Verhandlungsergebnisses, Art. XIX Abs. 1 GATS eine klare Aussage trifft. Ziel der Gespräche ist es, schrittweise einen höheren Stand der Liberalisierung zu erreichen. Insoweit unterscheidet sich die Formulierung des Art. XIX Abs. 1 GATS erheblich von der des Art. X Abs. 1 GATS[446] (Notstandsmaßnahmen). Durch Art. X Abs. 1

---

[443] So die Einschätzung von Mitarbeitern des *GATS-Sekretariats* und den *Verhandlungsführern* der GATS-Mitglieder in einem Gespräch mit dem *Verfasser* in der Zeit vom 05. bis 08.06.2000.

[444] Vgl. die Zeitungsartikel im *Handelsblatt* vom 02.12.1999, S. 3, 14; *Welt am Sonntag* vom 05.12.1999, S. 8.

[445] Vgl. den rechtsverbindlichen Originaltexts des Übereinkommens bei *WTO-Legal Text:* S. 529; siehe auch den deutschen Text in BGBl.: 1951 II, S. 173f.

[446] Vgl. den rechtsverbindlichen Originaltexts des Übereinkommens bei *WTO-Legal Text:* S. 336; BGBl.: 1994 II, S. 1473, 1482; siehe auch den deutschen Text in BGBl.: 1994 II, S. 1643, 1649.

werden die GATS-Mitglieder zwar ebenfalls dazu aufgefordert, in Konsultationen über die Frage der Anwendbarkeit von Notstandsmaßnahmen einzutreten. Zudem geht aus Art. X Abs. 1 Satz 2 GATS auch hervor, daß derartige Gespräche auch konkrete Ergebnisse hervorbringen sollen. Eine Zielsetzung hinsichtlich des Ergebnisses wird jedoch - anders als bei Art. XIX Abs. 1 Satz 1 GATS - nicht formuliert.

Art. XIX Abs. 4 GATS schreibt vor, daß die Verhandlungen mit dem Ziel geführt werden, den allgemeinen Umfang der spezifischen Verpflichtungen zu vergrößern. Hierdurch erfahren die Verhandlungen eine weitere sich unmittelbar aus dem GATS-Text ergebende Zielvorgabe.

c) Grundprinzipien für die Verhandlungen

Art. XIX GATS legt einige grundlegende Prinzipien für die Verhandlungsrunden fest. Zu diesen zählt der Grundsatz des Art. XIX Abs. 1 Satz 3 GATS, daß die Interessen aller Beteiligten zu fördern und ein insgesamt ausgeglichenes Verhältnis von Rechten und Pflichten zu gewährleisten ist. Mit dieser Formulierung knüpft das GATS an das aus dem GATT bekannte Prinzip der Reziprozität[447] an. Dieses Prinzip besagt, daß Zugeständnisse der GATS-Mitglieder in einem Gegen- und Wechselseitigkeitsverhältnis zu stehen haben, mithin als ausgewogen bezeichnet werden können. Eine Ausnahme vom Prinzip der Reziprozität wird gemäß Art. XIX Abs. 2 GATS für die Entwicklungsländer gewährt. Den Entwicklungsländern wird hinsichtlich der Geschwindigkeit des Liberalisierungsprozesses eine größere Flexibilität zugestanden. Zudem können sie den Zugang zu ihren Märkten von der Erfüllung von Bedingungen i. S. d. Art. IV GATS abhängig machen, also etwa von der Bedingung, nur bei einer Verbesserung ihrer Infrastruktur einen entsprechenden Dienstleistungsmarkt für ausländische Konkurrenz zu öffnen.

2. Die Bedeutung der Listen für den weiteren Liberalisierungsprozeß

Art. XX und XXI GATS stehen systematisch zwar im IV. Teil unter der Überschrift „Fortschreitende Liberalisierung“, ihre Bedeutung für den Liberalisierungsprozeß erschließt sich erst auf den zweiten Blick. Aus den Normen selbst ergibt sich nicht, daß sie der fortschreitenden Liberalisierung dienen. Allerdings verweist Art. XIX Abs. 4 GATS darauf, daß der Liberalisierungsprozeß u.a. dadurch erzielt werden soll, indem der Umfang der spezifischen Verpflichtungen, welche die GATS-Mitglieder eingehen, schrittweise vergrößert wird.
Die Listen mit den spezifischen Verpflichtungen finden einen gewissen Regelungsgehalt in den Art. XX und XXI GATS. Somit dienen diese Normen zumindest indirekt auch dem Liberalisierungsprozeß.

Während Art. XX GATS allgemeine Regelungen bezüglich der notwendigen Angaben in den Listen mit den spezifischen Verpflichtungen trifft, ist Art. XXI GATS für den Fall einschlägig, daß ein GATS-Mitglied die von ihm eingereichte Liste ändern oder zurücknehmen will.

---

447 Allgemein zum Prinzip der Reziprozität *Senti:* GATT- System der Welthandelsordnung, S. 63f; *Herdegen:* Wirtschaftsrecht, § 7, Rn. 14; vgl. auch die Ausführungen weiter oben im Erster Teil, 2. Kapitel, B., I.

Grundsätzlich ist es gemäß Art. XXI Abs. 1 lit. a) GATS jedem GATS-Mitglied gestattet, nach Ablauf von drei Jahren nach Inkrafttreten der übernommenen Verpflichtungen diese zu ändern oder zurückzunehmen.
Das sich hieraus ergebene Procedere, wie etwa auch die Klärung der Frage, ob andere GATS-Mitglieder im Falle einer Zurücknahme von Verpflichtungen durch ein anderes Mitglied Ausgleichsmaßnahmen treffen kann, bestimmt sich nach Art. XXI Abs. 2 bis 5 GATS.

Die eigentlich entscheidende Norm für die fortschreitende Liberalisierung ist jedoch der Art. XIX GATS.

VII. Institutionelle Bestimmungen

Die institutionellen Bestimmungen des GATS ergeben sich einerseits unmittelbar aus dem V. Teil des GATS-Übereinkommens, anderseits aus dem Übereinkommen über die Errichtung der WTO[448]. Zudem sind bezüglich der institutionellen Bestimmungen des GATS zwei zusätzliche Vereinbarungen bedeutsam, die als Anlagen integraler Bestandteil des GATS sind. Dies sind die „Vereinbarung über Regeln und Verfahren zur Streitbeilegung“[449] und die „Vereinbarung über den handelspolitischen Prüfungsmechanismus“[450].
Die institutionellen und materiellen Bestimmungen des WTO-Übereinkommens wurden bereits im oberen Teil der Bearbeitung dargestellt[451], so daß nunmehr lediglich noch die sich unmittelbar aus dem GATS-Text ergebenen institutionellen Bestimmungen und genannten zusätzlichen Vereinbarungen vorgestellt werden sollen.

1. Der Rat für den Handel mit Dienstleistungen

Gemäß Art. XXIV Abs. 1 GATS obliegt dem Rat für den Handel mit Dienstleistungen die Aufgabe, die Anwendung des GATS-Übereinkommens zu erleichtern und die Erreichung der Ziele zu fördern. Mit dieser Formulierung wird deutlich, daß die Kompetenz dieses Rates begrenzt ist. Der Ministerkonferenz bzw. dem Allgemeinem Rat obliegen hingegen gemäß Art. IX Abs. 2 WTO-Übereinkommen die wesentlichen Entscheidungsbefugnisse hinsichtlich der Interpretation einzelner GATS-Bestimmungen.[452]
Der Rat für den Handel mit Dienstleistungen kann zur wirksamen Wahrnehmung seiner Aufgaben nachgeordnete Gremien einsetzen. Dies hat er getan. So existiert eine Kommission, die sich mit den spezifischen Verpflichtungen des GATS detailliert beschäftigt *(committee on specific commitments).*

Die These, daß der Ministerkonferenz die eigentliche Entscheidungskompetenz im Rahmen des GATS zusteht, wird auch dadurch belegt, daß dieses WTO-Organ

---

448 Siehe den in englischer Sprache rechtsverbindlichen Originaltext bei *WTO-Legal Text:* S. 6f.; BGBl.: 1994 II, S. 1442, 1443f; siehe auch den deutschen Text in BGBl.: 1994 II, S. 1624, 1625f.

449 Siehe den in englischer Sprache rechtsverbindlichen Originaltext bei *WTO-Legal Text:* S. 404; BGBl.: 1994 II, S. 1598f; siehe auch den deutschen Text in BGBl.: 1994 II, S. 1749f.

450 Siehe den in englischer Sprache rechtsverbindlichen Originaltext bei *WTO-Legal Text:* S. 434.

451 Siehe den Ersten Teil, 2. Kapitel, A.

452 Siehe den Ersten Teil, 2. Kapitel, A., II.

die Arbeitsweise der nachgeordneten Gremien in einem Beschluß[453] verbindlich festgelegt hat. Bei den institutionellen Bestimmungen des GATS ist hinsichtlich der Kompetenz des Rats für den Handel mit Dienstleistungen auch der Beschluß der Minister zur Uruguay-Runde zu den institutionellen Vorkehrungen für das Allgemeine Übereinkommen für den Handel mit Dienstleistungen zu beachten. Über eine Festlegung der Arbeitsweise hinaus wurde sogar gemäß Nr. 3 des Beschlusses ein Gremium für den Handel mit Finanzdienstleistungen durch die Ministerkonferenz eingesetzt.

Der Vorsitzende des Rats für den Handel mit Dienstleistungen wird gemäß Art. XXIV Abs. 3 GATS von den Mitgliedern gewählt.

2. Die Streitbeilegungsbestimmungen des GATS

Die Verfahren zur Beilegung von Streitigkeiten zwischen den GATS-Mitgliedern über die Verletzung der GATS-Rechtsordnung werden durch die Art. XXII und Art. XXIII GATS geregelt. Diese Regelungen sind aber nicht umfassend, vielmehr weisen sie auf die Vereinbarung über Regeln und Verfahren zur Beilegung von Streitigkeiten. Diese Verfahrensordnung zur Streitbeilegung gilt nicht nur für die Schlichtung von Differenzen im Bereich des GATS, sondern für sämtliche vom WTO-Übereinkommen erfaßten Handelsverträge, nebst dem WTO-Übereinkommen selbst.[454]

Das Verfahren über die Streitbeilegung wurde im oberen Teil der Bearbeitung umfassend dargestellt.[455] Daher kann an dieser Stelle auf die gemachten Ausführungen verwiesen werden. Jedoch ergeben sich einige Besonderheiten hinsichtlich der Durchführung eines „GATS-Streitverfahrens".

Das Streitbeilegungsverfahren für das GATS-Übereinkommen wird inhaltlich ergänzt durch den Ministerbeschluß zu bestimmten Streitbeilegungsverfahren für das Allgemeine Übereinkommen über den Handel mit Dienstleistungen.[456]
Gemäß Nr. 1 und 2 des Beschlusses wird ein Verzeichnis mit Namen von Einzelpersonen sowie deren Lebensläufen aufgestellt, um die Auswahl von Mitgliedern für die *Panels* zu erleichtern. Nr. 3 und 4 des Beschlusses treffen Regelungen über die fachliche Kompetenz der *Panel*mitglieder. Im wesentlichen knüpft der Beschluß an die Formulierung des Art. 8 Abs. 1 WTO-Streitbeilegungsordnung an, stellt jedoch ausdrücklich fest, daß die „hochqualifizierten" Mitglieder des *Panels* über Erfahrungen mit Problemen des GATS verfügen müssen.

Weitere Besonderheiten ergeben sich bei einem GATS-Streitbeilegungsverfahren aus dem Bereich der Finanzdienstleistungen.[457] Wie sich aus Nr. 4 der Anlage zu

---

453 Vgl. den in englischer Sprache rechtsverbindlichen Originaltext des Beschlusses der Minister zur Uruguay-Runde zu institutionellen Vorkehrungen für das Allgemeine Überein kommen über den Handel mit Dienstleistungen bei *WTO-Legal Text:* S. 456; eine deutschsprachige Übersetzung findet sich bei *Benedek:* Die WTO, S. 547.

454 Art. I Abs. 1 und 2 der Vereinbarung über die Streitbeilegung siehe den in englischer Sprache rechtsverbindlichen Originaltext bei *WTO-Legal Text:* S. 404; BGBl.: 1994 II, S. 1598; siehe auch den deutschen Text in BGBl.: 1994 II, S. 1749.

455 Siehe den Ersten Teil, 2. Kapitel, A., IV.

456 Vgl. den in englischer Sprache rechtsverbindlichen Originaltext des Beschlusses bei *WTO-Legal Text*, S. 457.

457 Im einzelnen auch *Werner:* WTO-Finanzdienstleistungsabkommen, S. 30.

den Finanzdienstleistungen ergibt, müssen die *Panel*-Mitglieder über eine spezielle Fachkenntnis verfügen. Dies bedeutet, das Branchenexperten, wie z.B. Vertreter von Finanzämtern und Zentralbanken, als *Panel*-Mitglieder fungieren können.[458] Zudem wurde der Finanzdienstleistungsbereich von der Möglichkeit der sektorübergreifenden Rücknahme von Liberalisierungszugeständnissen gemäß Art. 22 Abs. 3 lit. f) iii) Streitbeilegungsordnung ausgenommen.[459]

Bevor es zu einem förmlichen *Panel*verfahren über die GATS-Rechtsordnung kommt, sieht Art. XXII GATS vor, die Einleitung eines derartigen Verfahrens durch Konsultationen zwischen den streitenden Parteien abzuwenden. Insoweit entspricht der Art. XXII GATS dem Art. 4 der Vereinbarung über die Streitbeilegung.

Sofern die Konsultationen zwischen den streitenden Parteien scheitern, eröffnet Art. XXIII GATS den Weg zur Einleitung eines *Panel*verfahrens. Die GATS-Vorschrift verweist auf die Bestimmungen der Vereinbarung über die Streitbeilegung.

Der Vorteil der WTO-Streitbeilegungsordnung für die GATS-Mitglieder besteht insbesondere darin, daß ihnen in institutioneller Form die Möglichkeit gegeben wird, Meinungsverschiedenheiten über die Einhaltung von übernommenen spezifischen Verpflichtungen in einem quasi gerichtlichen Verfahren zu klären. Somit kann ein einzelnes Mitglied selbst dazu beitragen, daß ein anderes Mitglied die übernommenen spezifischen Verpflichtungen auch einhält.
Zudem bietet das *Panel*verfahren den Mitgliedern effektive Methoden für eine Rechtsdurchsetzung. Die WTO bildet daher nicht nur ein Forum für das aushandeln von Liberalisierungsverpflichtungen, sondern dient auch der streitigen Durchsetzung dieser Verpflichtung.

Primär geht es bei den Streitbeilegungsverfahren jedoch nicht um die Rechtseinhaltung, sondern vielmehr um die Sicherung und Wiederherstellung von erlangten Handelsvorteilen. Diese Einschätzung wird auch durch Art. XXIII Abs. 3 GATS belegt. Danach kann ein GATS-Mitglied auch ein *Panel*verfahren einleiten, wenn es nicht zu einer Verletzung von GATS-Rechtsnormen gekommen ist, sondern das Mitglied lediglich der Auffassung ist, daß ihm ein *„vernünftigerweise aufgrund einer spezifischen Verpflichtung“* zu erwartender Handelsvorteil nicht gewährt wird.

Die „Verrechtlichung“ des *Panel*verfahrens wird schließlich dazu führen, daß sich ein Sekundärrecht herausbilden wird. Denn durch die Schiedssprüche werden die Rechtsbegriffe des GATS sowie deren Anwendungsbereiche konkretisiert. Zwar wird jedes *Panel*verfahren vorrangig das Ziel verfolgen, den konkreten Streitfall in tatsächlicher und rechtlicher Hinsicht zu entscheiden, darüber hinaus wird der Entscheidung aber auch stets eine allgemeine Bedeutung für das Verständnis des GATS zukommen. Insbesondere durch die Neuerung, eine Berufungsinstanz zu schaffen, die ausschließlich eine rechtliche Prüfung der vorgelegten Streitigkeit vornimmt, ist zu erwarten, daß es zu einer stärkeren Ausbildung von Sekundärrecht kommen wird.
Die Entstehung sekundärrechtlichen GATS-Rechts wird dazu dienen, weitere Rechtsklarheit zu schaffen. Im Rahmen einer Handelsordnung dient Rechtsklar-

---

458 *Werner:* WTO-Finanzdienstleistungsabkommen, S. 30.
459 Vgl. auch *Werner:* WTO-Finanzdienstleistungsabkommen, S. 30.

heit nicht nur dazu, eine einheitliche Auslegung von Rechtsnormen zu gewährleisten, sondern sie erzeugt eine gesteigerte Rechtssicherheit.[460] Diese ist Voraussetzung für eine verläßliche wirtschaftliche Kalkulation von Investoren.

Zu kritisieren ist jedoch, daß bei der Beurteilung des GATS-Streitbeilegungsverfahrens nicht nur die entsprechenden Bestimmungen des GATS, sondern zusätzlich noch die WTO-Streitbeilegungsordnung, die Anlagen des GATS sowie die Ministerbeschlüsse beachtet werden müssen. Insoweit erschließen sich einem Betrachter die GATS-Streitbeilegungsmodalitäten erst nach einer gründlichen Recherche. Dieser Umstand trägt nicht zu einem besseren und breiteren Verständnis der Vorschriften bei. Schließlich besteht in diesem Bereich die Gefahr einer „Zersplitterung" der GATS-Bestimmungen. Es ist daher zu hoffen, daß jedenfalls die künftigen Ministerkonferenzen nicht in weiteren Sonderbeschlüssen zur GATS-Streitbeilegung enden werden.

Wünschenswert wäre, daß ein *Panel*verfahren auch von natürlichen und juristischen Personen eingeleitet werden könnte. Hierdurch würde das *Panel*verfahren zu einem internationalen Schiedsverfahren. GATS-Mitglieder könnten von benachteiligten Dienstleistungsnutzern bzw. -erbringern wegen der Verletzung von GATS-Bestimmungen verklagt werden. Dies würde einerseits zu einer Verstärkung und Beschleunigung des Liberalisierungsprozesses führen, andererseits zu einer breiteren Akzeptanz des GATS in Kreisen der Bevölkerung beitragen. Zudem hätte das den Vorteil, daß sich in einem Streitverfahren nicht ausschließlich Staaten gegenüber stehen würden. Dies würde zu einer Entschärfung der Konflikte beitragen, weil national staatliche Interessen weitgehend unberücksichtig bleiben.

Eine derartige Erweitung der Antragsbefugnis zur Einleitung eines *Panel*verfahrens ist jedoch wohl auf absehbare Zeit nicht durchsetzbar.[461] Andererseits ist den Staaten der EU, aufgrund ihrer Erfahrungen mit Verfahren vor dem EuGH, ein derartiges Vorgehen nicht fremd. Auch die USA kennen, etwa durch das *North American Free-Trade Agreement (NAFTA),* daß unter besonderen Umständen ein Klagerecht für dritte private Personen vorsieht, derartige Verfahren. Dennoch überwiegt z.Z. die Angst vor weitreichenden Kompetenzverlusten der WTO-Mitglieder bei der Einführung eines allgemeinen Klagerechts.

3. Der handelspolitische Überwachungsmechanismus des GATS

Die Einhaltung der spezifischen Verpflichtungen der GATS-Mitglieder soll u.a. auch durch den Mechanismus zur Überprüfung der Handelspolitik *(Trade Policy Review Mechanism - TPRM)*[462] erzielt werden. Hierbei handelt es sich um ein objektives Überprüfungsverfahren, das in regelmäßigen Abständen durchgeführt wird. Es unterscheidet sich vom Streitbeilegungsverfahren insofern, als daß ein GATS-Mitglied wegen der Einleitung von Überprüfungsmaßnahmen nicht initiativ werden muß, sondern daß nach einem bestimmten Zeitplan automatisch die Handelspolitik der GATS-Mitglieder überprüft wird. Bei diesem Rechtinstrument han-

---

460 *Benedek:* Die Rechtsordnung des GATT, S. 353.

461 So die Einschätzung von *Dr. D. Barth* in einem Gespräch mit dem *Verfasser* vom 06.04.2000 in Form des autorisierten Gesprächsprotokolls vom 17.04.2000.

462 Siehe den in englischer Sprache rechtsverbindlichen Originaltext bei *WTO-Legal Text:* S. 434f.

delt es sich indes nicht um einen neu geschaffenen Überwachungsmechanismus, sondern um ein System, das bereits im Rahmen des GATTs existierte.[463]
Bei der Festlegung der Überprüfungsintervalle ist gemäß C ii) Satz 2 des Mechanismus zur Überprüfung der Handelspolitik der Anteil am Welthandel des einzelnen Mitglieds entscheidend. Dies bedeutet, daß gemäß C ii) Satz 3 die vier bedeutendsten WTO-Mitglieder alle zwei Jahre, die folgenden sechzehn WTO-Mitglieder alle vier Jahre und alle übrigen WTO-Mitglieder alle sechs Jahre überprüft werden.

Der automatische Überprüfungsmechanismus dient insbesondere der Transparenz. Durch die regelmäßig veröffentlichen Berichte über die Handelspolitik wird ein gewisser Druck für das einzelne GATS-Mitglied erzeugt, seine übernommen spezifischen Verpflichtungen auch einzuhalten.

VIII. Schlußbestimmungen

Die im IV. Teil enthaltenen Schlußbestimmungen werden von den Art. XXVII, Art. XXVIII sowie Art. XXIX GATS gebildet. Art. XXVII GATS trifft Regelungen über den Entzug von Handelsvorteilen. Dies ist jedoch nur in bezug auf die Erbringung einer Dienstleistung möglich, wenn das entziehende Mitglied den Nachweis erbringt, daß das WTO-Übereinkommen keine Anwendung findet.
Art. XXVIII GATS enthält eine Vielzahl von Begriffsbestimmungen, die im GATS verwendet werden. Insoweit ist auf die oben gemachten Ausführungen hinsichtlich des Geltungsbereichs und der Begriffsbestimmung des Art. I GATS zu verweisen.[464]
Art. XXIX GATS stellt klar, daß die folgenden Anlagen des GATS wesentlicher Bestandteil des Übereinkommens sind. Die Anlage des GATS sind: Anlage zu Ausnahmen von Art. II; Anlage zum grenzüberschreitenden Verkehr natürlicher Personen, die im Rahmen des Übereinkommens Dienstleistungen erbringen; sowie die Anlagen zu Luftverkehrsdienstleistungen, Finanzdienstleistungen (2 Anlagen), Seeverkehrsdienstleistungen, Tele- und Basistelekommunikation.
Die weitere Entwicklung der Dienstleistungsfreiheit im Bereich der zuletzt genannten Anlagen, also dem Telekommunikationsbereich, soll im folgenden Kapitel näher untersucht werden.

C. Zusammenfassung und Beurteilung des GATS

Mit der Schaffung des GATS ist es erstmals gelungen, einen institutionellen völkerrechtlichen Rahmen für den internationalen Handel mit Dienstleistungen zu schaffen. Das GATS stellt einen Teilbereich des Übereinkommens zur Errichtung der WTO dar. Zusammen mit dem GATT und dem TRIPS existieren seit dem 01.01.1995 völkerrechtliche Verträge, die den internationalen Handel mit Dienstleistungen, Waren und den Schutz des geistigen Eigentums regeln. Dieses Ergebnis ist positiv zu bewerten, denn hierdurch konnte mit Hilfe völkerrechtlicher Verträge eine internationale Marktordnung geschaffen werden. Die Möglichkeit, Handelskonflikte zwischen Staaten friedlich beizulegen, ist damit gestiegen.

---

463 Siehe zum Überprüfungsmechanismus des GATTs *Courage-van-Lier* in *Dijk (Hrsg.):* Supervisionary Mechanisms, S. 47; *Benedek:* Die Rechtsordnung des GATT, S. 294.

464 Siehe den Zweiten Teil, 1. Kapitel, B., III.

Das GATS wird vom Sekretariat der WTO verwaltet. Die WTO stellt - bildlich gesprochen - das „Dach" für das GATS dar.
Das GATS unterscheidet zwischen allgemeinen Verpflichtungen und spezifischen Verpflichtungen. Der Schwerpunkt des Liberalisierungsprozesses liegt eindeutig auf den spezifischen GATS-Verpflichtungen. Denn der konkrete Abbau von Handelshemmnissen erfolgt im Rahmen des GATS durch die in den Listen mit den spezifischen Verpflichtungen niedergelegten Zugeständnisse der GATS-Mitglieder. In zweifacher Hinsicht gestaltet sich hierbei der Liberalisierungsprozeß: Einerseits werden bestehende Handelshemmnisse für einzelne Dienstleistungssektoren abgebaut, zum anderen in dem jeweiligen Sektor bestimmte Erbringungsformen von Dienstleistungen gestattet.
Hinsichtlich dieses Systems unterscheidet sich das GATS am deutlichsten vom GATT. Der Liberalisierungsansatz des GATTs liegt in den Bestimmungen zu den allgemeinen Verpflichtungen. Die Untersuchung der allgemeinen Verpflichtungen des GATS hat ergeben, daß Zuwiderhandlungen von GATS-Mitgliedern gegen allgemeine Verpflichtungen, wie etwa das Meistbegünstigungsgebot oder das Transparenzprinzip, sanktionslos bleiben. Zudem wird den GATS-Mitgliedern bei den allgemeinen Verpflichtungen ein größerer Raum eingeräumt, um Vorbehalte bzw. Ausnahmen zu erklären. Die entsprechenden GATT-Bestimmungen sind hingegen stringenter gefaßt.
Vergleicht man ausschließlich die allgemeinen Verpflichtungen des GATS-Übereinkommens mit denen des GATT-Übereinkommens, so muß die Beurteilung des Liberalisierungsprozesses zu Lasten des GATS ausfallen. Mit einem derartigen Vergleich würde man jedoch dem GATS nicht gerecht werden. Denn bei einem Vergleich müssen der III. Teil (spezifische Verpflichtungen) und der IV. Teil (fortschreitende Liberalisierung) des GATS ebenfalls berücksichtigt werden. Diese Teile bilden das eigentliche „Herzstück" des Liberalisierungsprozesses innerhalb des GATS. Die Konzeption findet keine Entsprechung im GATT-Übereinkommen und stellt daher ein Novum dar.

Sowohl das GATS als auch das GATT verfügen über einen weit angelegten Anwendungsbereich. Hierin liegt eine Gemeinsamkeit der beiden Übereinkommen. Bei dem GATS resultiert dies daraus, daß der Dienstleistungsbegriff keine Legaldefinition erfährt.

Das Verständnis der GATS-Bestimmungen wird dadurch erschwert, daß eine Unterscheidung zwischen allgemeinen und spezifischen Verpflichtungen getroffen wird. Dabei ist zu kritisieren, daß sich die jeweiligen übernommen spezifischen Verpflichtungen nur aus den als Anlagen beigefügten Länderlisten ergeben. Diese sind aufgrund ihres Umfangs nicht in den gebräuchlichen Textsammlungen veröffentlicht.
Die systematisch unlogische Anordnung spezifischer Verpflichtungen im „allgemeinen Teil" und Bestimmungen über die spezifischen Listen im Teil über die fortschreitende Liberalisierung trägt ebenfalls nicht zu einem einfachen Verständnis des GATS bei.

Positiv zu bewerten ist, daß für Streitigkeiten über Verstöße gegen GATS-Bestimmungen, die nunmehr effektivere WTO-Streitbeilegungsordnung Anwendung findet. Durch die „Rechtsprechung" der *Panels* kann sich ein Sekundärrecht entwickeln, das einen Liberalisierungsprozeß fördern kann. Hierbei könnten sich die *Panels* an der Rechtsprechung des EuGHs und dessen Prinzip, die europäi-

sche Integration zu fördern, orientieren. Dabei ist aber zu bedenken, daß die *Panels* vorrangig dazu dienen, eine spezielle Streitigkeit zwischen GATS-Mitgliedern zu schlichten.
Hauptsächlich dient das *Panel*verfahren dazu, die Durchsetzung der materiellen Liberalisierungsverpflichtungen der Staaten zu gewährleisten. Dabei gilt auch im Rahmen des GATS für die Einleitung von Sanktionsmaßnahmen der institutionelle Rahmen der WTO. Hierdurch wird erreicht, daß Sanktionsmaßnahmen den vereinbarten Regeln und dem Prinzip der Angemessenheit entsprechen.

Es gilt festzuhalten, daß der Liberalisierungsstand des internationalen Dienstleistungshandels vom Umfang der übernommenen spezifischen Verpflichtungen abhängig ist. Der weitere Liberalisierungsprozeß des internationalen Dienstleistungsverkehrs wird danach zu beurteilen sein, inwieweit weitere Dienstleistungssektoren und Erbringungsformen von den spezifischen Listen der GATS-Mitglieder erfaßt werden.

2. Kapitel: Die rechtliche Entwicklung der Dienstleistungsfreiheit in den GATS-Mitgliedsstaaten unter besonderer Berücksichtigung des Telekommunikationsbereichs

Der weitere Prozeß der Liberalisierung des internationalen Dienstleistungshandels wird insbesondere davon abhängig sein, inwieweit die GATS-Mitglieder gemäß den Teilen III und IV des GATS-Übereinkommens künftig weitere spezifische Verpflichtungen übernehmen werden. Daher ist es angezeigt, die Listen mit spezifischen Verpflichtungen hinsichtlich eines speziellen Dienstleistungssektors einer näheren Betrachtung und Bewertung zu unterziehen.

A. Allgemeine Ausführungen zum Bereich der Telekommunikation

I. Der Gang der Untersuchung

Im weiteren Gang der Bearbeitung soll der durch das GATS geschaffene Liberalisierungsstand im Bereich der Telekommunikationsdienstleistung beschrieben werden. Es soll der gegenwärtig erreichte Status quo in diesem Dienstleistungssektor aufgezeigt werden. Dabei wird auf die Anlage zur Telekommunikation und auf die Anlage zu Verhandlungen über die Basistelekommunikation näher einzugehen sein.

Des weiteren soll die Liste mit den spezifischen Verpflichtungen im Bereich der Telekommunikation der Europäischen Union mit den von anderen GATS-Mitgliedern daraufhin untersucht werden, ob ein ausgewogenes Maß an Liberalisierungsverpflichtungen unter den bedeutendsten Handelspartnern bestehen.

Schließlich soll der Versuch unternommen werden, eine Prognose über den weiteren Liberalisierungsprozeß im Telekommunikationsbereich abzugeben.

II. Der Begriff „Telekommunikation"

Der Begriff „Telekommunikation" wird mittlerweile im allgemeinen wie im juristischen Sprachgebrauch scheinbar selbstverständlich verwendet.[465] So findet sich der Begriff inzwischen auch in deutschen Gesetzestexten und Verordnungen wieder.[466] Der Terminus „Telekommunikation" setzt sich aus dem griechischen Wort „tele" und dem lateinischen Wort „communicare" zusammen.[467] Das Wort „tele" läßt sich mit der deutschen Bezeichnung „fern" übersetzen[468], während das Wort „communicare" mit dem Begriff „Mitteilung" bzw. „Unterredung" übersetzt wird.[469] Folglich wurde das Gesetz, das sich mit der Regelung der Fernmitteilung und den dazu benötigten Anlagen beschäftigte, auch als Fernmeldeanlagengesetz (FAG)[470] bezeichnet. In der Zwischenzeit verwendet aber auch der deutsche Gesetzgeber den Begriff „Telekommunikation".[471]

Im allgemeinen Sprachgebrauch subsumiert man gewöhnlich alle Formen der Nachrichtenübertragung mit Anlagen der Nachrichtentechnik sowie die organisatorischen Einrichtungen und rechtlichen Regelungen zur Einführung, zum Betrieb und zur Nutzung unter dem Begriff „Telekommunikation".[472] Schon aus der gegebenen Definition ist erkennbar, daß sich der Begriff nicht eindeutig begrenzen läßt. Denn die Nachrichtenübertragung und die Nachrichtentechnik unterliegt großen Innovationen mit der Folge, daß neuartige Erscheinungen teilweise nur schwer unter den Begriff subsumiert werden können.

Eine eindeutige Definition für den Begriff „Telekommunikation" enthält jedoch das GATS. Die Mitglieder des GATS verstehen hierunter die Übertragung und den Empfang von Signalen auf elektromagnetischem Weg.[473]

III. Der Telekommunikationssektor

Die GATS-Regelungen bezüglich des Telekommunikationshandels sollen deshalb einer näheren Betrachtung und Analyse unterzogen werden, weil dieser Bereich in den letzten Jahren „boomte" und sich zu einem der wichtigsten „neuen" Märkte entwickelt hat. Die Telekommunikation gehört zu den größten und am schnellsten wachsenden GATS-Sektoren.[474] Diese These läßt sich anhand von Zahlen belegen. Im Zeitraum zwischen 1990 und 1995 wuchs der Umsatz an Telekommunikationsdienstleistungen real um jährlich 7 Prozent, während im gleichen Zeitraum das Bruttoinlandsprodukt weltweit nur um jährlich 3,5 Prozent zunahm.[475] Auf dem Telekommunikationsmarkt wird der größte Umsatz mit dem Handel von Telekom-

---

465 *Windthorst:* Universaldienst im Bereich der Telekommunikation, S. 43.
466 Als Beispiel sind zu nennen: Art. 87f Abs. 1 GG und § 2 Telekommunikationsordnung (TKO).
467 Vgl. *Windthorst:* Universaldienst im Bereich der Telekommunikation, S. 44 m.w.N.
468 *Brockhaus:* Bd. 14, S. 45.
469 *Brockhaus:* Bd. 7, S. 429.
470 BGBl.: 1977 I, S. 459.
471 vgl. Fn. 464.
472 *Brockhaus:* Bd. 14, S. 47.
473 Vgl. Nr. 3 lit. a der GATS-Anlage zur Telekommunikation bei *WTO-Legal Text:* S. 360; BGBl.: 1994 II, S. 1473, 1503; siehe auch den deutschen Text in BGBl.: 1994 II, S. 1643, 1664.
474 *Amt für amtliche Veröffentlichungen der Europäischen Gemeinschaften (Hrsg.):* GATS 1995, S. 55.
475 *Barth:* Perspektiven, S. 78.

munikationsdienstleistungen erzielt. Der Umsatz betrug im Jahre 1996 etwa 670 Milliarden US-Dollar.[476] Der Gesamtumsatz auf dem Weltkommunikationsmarkt betrug 1995 1.370 Milliarden US-Dollar.[477] Der Handel mit Telekommunikationsdienstleistungen machte 1995 43 Prozent aus und lag damit etwa dreieinhalb mal so hoch wie der Handel mit Waren für die Telekommunikationsausrüstung.[478] Es wird erwartet, daß die weltweiten Erlöse aus der Nutzung von Telekommunikationsnetzen im Jahr 2001 etwa 1.000 Milliarden US-Dollar erreichen dürften.[479]

Neben des technischen Fortschritts und einer Steigerung der Netzkapazitäten ist insbesondere die weltweit fortschreitende Liberalisierung und Privatisierung der bisher überwiegend als Staatsmonopol organisierten Telekommunikationsunternehmen und die damit verbundene Marktöffnung, die wesentliche Determinante für das Umsatzwachstum auf dem internationalen Markt für den Handel mit Telekommunikationsdienstleistungen.[480] Unternehmen der Telekommunikationsbranche wie AT&T, Sprint, British Telecom und Deutsche Telekom AG richteten ihre Geschäftstätigkeit zunehmend international aus.
Die Zahl der *„joint ventures"* und der Unternehmenskäufe ist in diesem Bereich in den zurückliegenden Jahren sprunghaft gestiegen. Als ein deutsches Beispiel aus der jüngeren Geschichte mag an den „Unternehmenskauf" von Mannesmann durch das britische Unternehmen Vodafone erinnert werden.

Nach der Öffnung des deutschen Telekommunikationsmarktes zum 01.01.1998 profitieren die Endverbraucher, insbesondere im Bereich der internationalen und nationalen Ferngespräche, durch die Möglichkeit „call by call" - Netzbetreiber anzuwählen, von deutlich günstigeren Telefontarifen. Im Jahr 1999 erfaßte die Regulierungsbehörde für Telekommunikation und Post (RegTP) 1.700 Anbieter für Telekommunikationsdienstleistungen, 141 Anbieter für Sprachtelefondienst, sowie 166 Betreiber von lokalen, regionalen oder bundesweiten Festnetzbetreibern.[481]

Neben nicht zu leugnenden negativen Beschäftigungseffekten, so ging die Zahl der Beschäftigten im Telekommunikationsbereich in Deutschland von 234.000 im Jahre 1993 auf 227.000 im Jahre 1995 zurück[482], gibt es auch positive Effekte für den Arbeitsmarkt. Die Zahl der Beschäftigten auf dem deutschen Mobilfunkmarkt stieg nach der Liberalisierung von 1600 im Jahre 1990 auf mehr als 30.000 im Jahre 1996.[483] Auch Studien internationaler Organisationen zeigen, das Länder mit liberalisierten Telekommunikationsmärkten einen Beschäftigungszuwachs verzeichnen können.[484]

Ein weiterer Grund für eine detaillierte Befassung mit dem Telekommunikationsbereich ist die spezifische Eigenart dieses Dienstleistungssektors. Der Telekom-

---

476 *Barth:* Perspektiven, S. 78.
477 *ITU 1997:* Development Report 1996/97, S. 3.
478 *ITU 1997:* Development Report 1996/97, S. 3.
479 *Amt für amtliche Veröffentlichungen der Europäischen Gemeinschaften (Hrsg.):* GATS 1998, S. 47.
480 Ähnlich *Barth:* Perspektiven, S. 80.
481 Vgl. http://www.regtp.de/Aktuelles/halbjahresbericht/halbjahresbericht1.PDF, S. 6, 25; *Scherer:* NJW 2000, 772 (773).
482 Vgl. *Barth:* Perspektiven, S. 80.
483 *BMWi/BMA:* Info 2000, S. 25.
484 *OECD:* Communications Outlook, S. 149; *ITU 1997:* Development Report 1996/97, S. 117f.

munikationsbereich hat eine doppelte Funktion[485], einerseits als immer bedeutend werdender eigenständiger Wirtschaftssektor, andererseits als Kommunikationsmedium bzw. Zwischendienstleistung[486] für andere wirtschaftliche Tätigkeiten. Einige der oben dargestellten Erbringungsformen von Dienstleistungen[487] können teilweise nur ausschließlich durch moderne Telekommunikationsmittel[488] erbracht werden. Insbesondere der internationale Handel mit Waren und Dienstleistungen via Internet hat in der letzten Zeit an Bedeutung gewonnen.[489] Daher besitzt der Telekommunikationssektor eine Schlüsselfunktion für die weitere Liberalisierung anderer Dienstleistungsbereiche.

IV. Die internationalen rechtlichen Rahmenbedingungen

Neben nationalen Gesetzen und Verordnungen wird der Telekommunikationsbereich aufgrund einer wachsenden Internationalisierung durch grenzüberschreitende Nachrichtenübermittlung zunehmend von internationalen Rechtsvorschriften überlagert. Bi- und multilaterale Vereinbarungen sowie internationale Organisationen mit eigenständigen Entscheidungsbefugnissen beeinflussen die Rechtsetzung im Bereich der Telekommunikation.

Die neben dem GATS und der WTO bestehenden supranationalen Vorgaben sollen im Überblick kurz vorgestellt werden.

1. Die Internationale Telekommunikations-Union (ITU)

Die ITU wurde bereits im Jahre 1865 gegründet und hat ihren Sitz in Genf.[490] Die Organisation besitzt keine eigene Satzung, als Arbeitsgrundlage dient ausschließlich der Internationale Fernmeldevertrag[491].
Zu den Aufgaben der ITU gehört insbesondere die internationale Frequenzkoordinierung sowie die Standardisierung von Telekommunikationstechniken in den Bereichen Rundfunk, Telefon, Telegrafie und Datenkommunikation.[492] Im Bereich des Internets versucht die ITU, die aufgrund der begrenzten Verfügbarkeit von Internet-Adressen bestehende Namensknappheit zu beheben.[493] Dies soll durch eine Dezentralisierung der Vergabe von Internet-Namensrechten (Domänen)[494], etwa auf mehrere Stellen, erreicht werden.[495] Bisher wurden weltweit die Namensrechte (Domänen) ausschließlich von einer amerikanischen Privatfirma vergeben.

485 *Ehring* in *Hoeren/Queck (Hrsg):* Rechtsfragen der Informationsgesellschaft. S. 33 spricht von einer „wirtschaftlichen Doppelrolle".

486 *Amt für amtliche Veröffentlichungen der Europäischen Gemeinschaften (Hrsg.):* GATS 1998, S. 47.

487 Vgl. den oberen Teil der Bearbeitung: Zweiter Teil, B., III., 2. lit. d) und lit. e).

488 Zu denken ist hier insbesondere an das Internet, aber auch an „ältere" Telekommunikationsmittel, wie etwa das Telefon oder das Telefax.

489 Ausführlich zum Handel über das Internet *Giese* in *Hoeren/Queck (Hrsg.):* Rechtsfragen der Informationsgesellschaft, S. 19f.

490 Siehe zur Entstehungsgeschichte, Aufbau und Arbeitsweise der ITU *Tegge:* Die ITU, 284f.

491 Bekanntmachung über das Inkrafttreten des Internationalen Fernmeldevertrages von 1982, BGBl.: II 1985, S. 425 in der Fassung von 1992, BGBl.: II 1995, S. 507f.

492 *Mayer:* Das Internet, S. 118.

493 Allgemein zur Domänenproblematik *Leibrandt:* MMR 1998, S. XIII; *Nordemann:* NJW 1997, 1891; *Bücking:* NJW 1997, 1886.

494 z.B. Domänen *(engl. Domain)* wie: com., de., org. etc.

495 *Mayer:* Das Internet, S. 119.

Die Kompetenz- und Sachaufgabenverteilung zwischen der WTO und der ITU sind noch nicht abgeschlossen.[496] Die ITU hat jedoch aufgrund der fast ausschließlich technischen Orientierung und der bisherigen mangelnden Flexibilität an Einfluß verloren. Dies hängt auch damit zusammen, daß die Mitglieder der ITU vorwiegend staatliche Fernmeldeverwaltungen sind.[497] Diese haben in der Vergangenheit nicht gerade durch Liberalisierungsmaßnahmen auf sich aufmerksam gemacht. Die Arbeit der ITU war vielmehr durch die festgefügten nationalen Monopolstrukturen der Mitglieder geprägt.[498] Die Mitarbeiter der ITU können sich daher auch nur schwer vorstellen, daß künftig der Telekommunikationshandel unter den Bedingungen des Wettbewerbs stattfinden wird.[499]
Es wird davon auszugehen sein, daß die WTO mit Hilfe des GATS die Aufgabe der politischen und strategischen Planung im Bereich des Telekommunikationsbereichs wahrnehmen wird, während die technische Umsetzung und Verwirklichung der von der WTO/GATS erarbeiteten Vorgaben der ITU obliegen wird.[500]
Bisher besteht kein förmlicher Kooperationsvertrag zwischen der WTO und der ITU. Zwar ist geplant, daß eine derartige Vereinbarung zwischen den Organisationen geschlossen werden soll, ob es jedoch tatsächlich dazu kommen wird, ist ungewiß. Aber selbst dann, wenn ein entsprechender Vertrag geschlossen werden kann, ist zu bezweifeln, ob Doppelarbeit und Konflikte alleine hierdurch künftig vermieden werden können.[501]

2. Die Organisation für Erziehung, Wissenschaft und Kultur (UNESCO)

Die UNESCO beschäftigt sich neuerdings auch mit Fragen des internationalen Telekommunikationsrechts, insbesondere mit dem Internet.[502] Die UNESCO bemüht sich darum, den Zugang zum Internet auch Ländern der „Dritten Welt" zu ermöglichen. Hierzu verfügt sie über finanzielle Mittel und betreut internationale Förderprogramme. Für die Konfliktlösung über internationale Streitigkeiten im Bereich der Telekommunikation bzw. für die Liberalisierung dieses Dienstleistungsbereichs, kommt der Organisation hingegen keine bedeutende Rolle zu.[503]

3. Die Regelungen der Europäischen Union (EU)

Die rechtlichen Vorgaben der Europäischen Union für ihre Mitgliedstaaten im Bereich der Telekommunikation ergeben sich hauptsächlich aus dem Sekundärrecht.[504] In Form von Richtlinien des Europäischen Parlaments, des Rates und der Kommission wurden konkrete Vorgaben für die Mitgliedstaaten der EU erteilt. Auf die Vielzahl der verschiedenen Richtlinien soll an dieser Stelle jedoch nicht näher eingegangen werden.[505]

---

496 *Mayer:* Das Internet, S. 120.
497 Vgl. *Mestmäcker* in *Mestmäcker* (Hrsg.): Kommunikation ohne Monopole II, S. 13, 60.
498 *Tegge:* Die ITU, S. 79f und S. 287f.
499 *Schorlemer:* Globale Telekommunikation, S. 416.
500 Ähnlich *Tegge*: Die ITU, S. 289f und S. 293f.
501 *Schorlemer:* Globale Telekommunikation, S. 422.
502 UNESCO Dokument 28c/Resolution VII.15, 1995; vgl. auch die aktuellen Informationen auf der Internetseite der Organisation unter http://www.unesco.org.
503 Vgl. auch *Kleinwächter:* Verkehrsregeln, S. 91; *Mayer:* Das Internet, S. 124.
504 *Windthorst:* Universaldienst im Bereich der Telekommunikation, S. 69; ausführlich zu den Grundlagen und Entwicklungen der Liberalisierung des europäischen Telekommunikationsmarktes *Ehring* in *Hoeren/Queck (Hrsg.):* Rechtsfragen der Informationsgesellschaft, S. 35f.
505 Vgl. hierzu *Windthorst:* Universaldienst im Bereich der Telekommunikation, S. 138; *Ehring* in *Hoeren/Queck (Hrsg.):* Rechtsfragen der Informationsgesellschaft, S. 36f.

Aber auch aus Regelungen der Europäischen Menschenrechtskonvention (EMRK) und dem Vertrag der Europäischen Gemeinschaft (EGV) ergeben sich Bestimmungen für den europäischen Telekommunikationsmarkt.

a) Die Europäische Menschenrechtskonvention (EMRK)

Art. 10 EMRK garantiert in den Signatarstaaten der EMRK das universelle Recht auf freie Meinungsäußerung. Der Europäische Gerichtshof für Menschenrechte (EGMR) leitet hieraus das Recht auf einen ungehinderten grenzüberschreitenden Informationsfluß innerhalb des Geltungsbereichs der EMRK ab.[506] Die dogmatische Grundlage für die Meinungsfreiheit aber auch das Recht auf freien Meinungsaustausch wird mithin durch die Rechtsprechung des EGMR zu Art. 10 EMRK gelegt. Die Grundsätze sind insbesondere bei einzelstaatlichen Maßnahmen, die einen freien Informations- und Meinungsaustausch im Internet behindern, zu beachten.[507]

b) Der Europäische Vertrag (EGV)

Für den Bereich der Telekommunikation besitzt die EU keine spezielle Zuständigkeit.[508] Regelungen auf diesem Gebiet sind daher nur unter dem Aspekt der Grundfreiheiten - hier insbesondere der durch die Art. 49 bis Art. 55 EGV[509] garantierten Dienstleistungsfreiheit, der Herstellung des Binnenmarkts und der Wettbewerbspolitik gemäß Art. 81 bis Art. 97 EGV möglich. Insbesondere Art. 86 EGV hat für die Liberalisierung des Telekommunikationsmarkts in der Vergangenheit Bedeutung erlangt.[510] Gemäß Art. 86 Abs. 2 EGV gelten die Vorschriften des EG-Vertrags und vor allem die Wettbewerbsregeln für Unternehmen, die mit Dienstleistungen von allgemeinen Interesse betraut sind. Hierunter sind praktisch alle europäischen Telekommunikationsunternehmen zu subsumieren.
Art. 86 Abs. 3 EGV gewährt der Europäischen Kommission die Kompetenz, auf die Anwendung des Art. 86 EGV zu achten und ggf. geeignete Richtlinien oder Entscheidungen an die Mitgliedsstaaten zu richten.

B. Die rechtliche Situation der Dienstleistungsfreiheit im Bereich der Telekommunikation aufgrund der GATS-Bestimmungen

Neben den oben dargestellten internationalen Rahmenbedingungen wird die weitere Liberalisierung des internationalen Handels mit Dienstleistungen im Telekommunikationssektor vor allem durch die GATS-Bestimmungen vorgegeben. Eine neue Verhandlungsrunde über die weitere Liberalisierung hat im Januar 2000 begonnen. Der Telekommunikationssektor erfährt durch zwei Anlagen zum GATS eine spezielle Regelung.

506 EGMR (Groppera/Schweiz) EuGRZ 1990, 255; EGMR (Autronic/Schweiz) EuGRZ 1990, 261; vgl. auch *Holznagel:* Rundfunkrecht in Europa, S. 50f.

507 *Mayer:* Das Internet, S. 125.

508 *Mayer:* Das Internet, S. 127.

509 Es werden die aktuellen Bezeichnungen der Artikel des EG-Vertrags in der Fassung vom 2. Oktober 1997 (Vertrag von Amsterdam) verwendet.

510 Ausführlicher zu Art 86 (ex-Art. 90) EGV *Ehring* in *Hoeren/Queck (Hrsg.):* Rechtsfragen der Informationsgesellschaft, S. 46f.

I. Die GATS-Anlage zur Telekommunikation

Die Initiative dem GATS eine Anlage zur Telekommunikation beizufügen ging von den USA aus.[511] Die Anlage zur Telekommunikation[512] stellt innerhalb des GATS-Übereinkommens eine spezielle und abgeschlossene Rahmenregelung für den Telekommunikationssektor dar. Der Annex untergliedert sich in sieben Abschnitte.

Der erste Abschnitt formuliert die Zielsetzung, es folgt die Festlegung des Geltungsbereichs (zweiter Abschnitt), eine Vielzahl von Begriffsbestimmungen (dritter Abschnitt), Sonderbestimmungen zum Prinzip der Transparenz (vierter Abschnitt).

Der fünfte Abschnitt enthält die wesentlichen Verpflichtungen auf Zugang zu öffentlichen Telekommunikationsnetzen und -diensten und deren Nutzung. Diese Begriffe bedürfen einer Erläuterung. Die Übermittlung von Informationen und Nachrichten mit Hilfe eines Transportmediums, etwa elektrischen Strom, erfolgt durch Telekommunikationsnetze.[513]
Telekommunikationsdienste sind Formen der Kommunikation. Man unterscheidet nunmehr zwischen Grunddiensten, etwa Telefon, Telefax, Telegraphie, Funktelefon und Mietleitungsdienste und Mehrwertdienste, wie z.B. die elektronische Post, elektronische Sprachdienste, Online-Informationsdienste sowie Umschlüsselung und Protokollumsetzung.[514]

Der sechste Abschnitt trifft Regelungen für die technische Zusammenarbeit, und im letzten Abschnitt werden Aussagen zu den Beziehungen zu anderen internationalen Organisationen und Übereinkünften getroffen.

1. Die Zielsetzung

Die Anlage dient dazu, Bestimmungen des GATS-Übereinkommens in bezug auf Maßnahmen zu spezifizieren, die den Zugang zu öffentlichen Telekommunikationsnetzen und -diensten und deren Nutzung beeinträchtigen. In der „Präambel" erkennen die GATS-Mitglieder die oben näher dargelegte doppelte Funktion des Telekommunikationsbereichs an.

2. Der Geltungsbereich

Gemäß Nr. 2 lit. a) gilt die Telekommunikations-Anlage für sämtliche Maßnahmen eines GATS-Mitglieds, die den Zugang zu öffentlichen Telekommunikationsnetzen und -diensten und deren Nutzung betreffen. Die Regelung ist gemäß der Fußnote dahingehend zu interpretieren, daß die GATS-Mitglieder sicher stellen, daß die sich aus der Anlage ergebenden Verpflichtungen bezüglich der Anbieter von öffentlichen Telekommunikationsnetzen und -diensten eingehalten werden.[515] Im

---

511 *Schorlemer:* Globale Telekommunikation, S. 324.

512 Siehe den in englischer Sprache rechtsverbindlichen Originaltext bei *WTO-Legal Text:* S. 359; BGBl.: 1994 II, S. 1473, 1503f; siehe auch den deutschen Text in BGBl.: 1994 II, S. 1643; 1664f.

513 *Schorlemer:* Globale Telekommunikation, S. 24.

514 Ausführlicher hierzu Zweiter Teil, 2. Kapitel, B., II.

515 Siehe den in englischer Sprache rechtsverbindlichen Originaltext bei *WTO-Legal Text:* S. 359, Fn. 14; BGBl.: 1994 II, S. 1473, 1503, Fn. 1; siehe auch den deutschen Text in BGBl.: 1994 II, S. 1643; 1664, Fn. 1.

Umkehrschluß findet die GATS-Anlage jedoch keine Anwendung auf private, etwa unternehmensinterne, Telekommunikationsnetze und -dienste.

Es ist festzuhalten, daß es im Verlauf der Verhandlungen über die Telekommunikationsanlage zu einer Erweiterung des Anwendungsbereichs kam.[516] Denn ursprünglich sollten lediglich Regelungen für die Telekommunikationsdienste und nicht auch für die Netze erfolgen. Im Verlauf der Verhandlungen setzte sich jedoch die Erkenntnis durch, daß die Dienste nicht ohne die dazugehörige Infrastruktur erbracht werden können. Daher beschloß man sowohl über die Telekommunikationsdienste als auch über die Telekommunikationsnetze eine Regelung zu treffen.

Die Anlage entfaltet in dem Zeitpunkt für ein GATS-Mitglied Geltung, in dem es bezüglich der Erbringung von Dienstleistungen spezifische Verpflichtungen übernommen hat.[517] Insoweit sei hier noch einmal an Art. XXIV GATS erinnert, der explizit festlegt, daß die Anlagen Bestandteil des GATS-Übereinkommens sind.[518]

a) Der Bereich der Übertragung von Hörfunk- und Fernsehprogrammen

Eine weitere Negativabgrenzung nimmt Nr. 2 lit. b) vor. Danach ist der Bereich der kabelgebundenen oder drahtlosen Übertragung von Hörfunk- und Fernsehprogrammierung vom Anwendungsbereich der Anlage zur Telekommunikation ausgeschlossen. Auch hier weist die deutsche Übersetzung des Übereinkommens einen gewichtigen Übersetzungsfehler auf. Der rechtsverbindliche englische Originaltext verwendet die Bezeichnung *„... cable or broadcast distribution of radio or television programming.“*[519] Das Wort „programming“ bedeutet jedoch „Programmierung“ und nicht „Programme“.[520] Die deutsche Übersetzung verwendet aber die falsche Übersetzung *„Hörfunk und Fernsehprogramme“.*[521] Für diese findet die GATS-Telekommunikationsanlage aber grundsätzlich - entgegen der amtlichen Übersetzung - Anwendung. Der teilweise vertretenden Auffassung, der Bereich der audiovisuellen Medien sei weitgehend vom Liberalisierungsprozeß ausgeschlossen[522], kann daher nicht gefolgt werden.

aa) Der Begriff der audiovisuellen Dienstleistungen

Als audiovisuelle Medien bezeichnet man Systeme zur Informationsvermittlung, die den Nutzer über optische und akustische Signale erreichen.[523] Neben den bekannten Formen der Audiovision, wie Fernsehen, Video und Kino, erlebt dieser Sektor eine stetige Veränderung aufgrund einer sehr starken technischen Innovation in diesem Bereich. Inzwischen existieren sogenannte „pay-TV Programme“, die nur noch zahlenden Kunden zugänglich sind.[524] Ebenfalls ist heute schon die

---

516 Ausführlich hierzu *Schorlemer:* Globale Telekommunikation, S. 327.
517 *Amt für amtliche Veröffentlichungen der Europäischen Gemeinschaften (Hrsg.):* GATS 1998, S. 48.
518 Ausführlich hierzu oben: Zweiter Teil, 1. Kapitel, B., VIII.
519 Siehe den in englischer Sprache rechtsverbindlichen Originaltext bei *WTO-Legal Text:* S. 359; BGBl.: 1994 II, S. 1473, 1503.
520 *Pons:* Kompaktwörterbuch, S. 407.
521 Siehe die amtliche deutschen Übersetzung in BGBl.: 1994 II, S. 1643; 1664.
522 *Baumann:* Dienstleistungsfreiheit, S. 46.
523 *Baumann:* Dienstleistungsfreiheit, S. 38.
524 Für die Bundesrepublik sei insoweit als Beispiel der Anbieter PREMIERE genannt.

„elektronische Videothek", die sogenannte Video-Demand (VOD)[525] Technik, bei der der zahlende Zuschauer zu der von ihm gewünschten Zeit z.B. einen Spielfilm aus dem Programmkatalog des Anbieters auswählen kann, Realität.

bb) Der Ausschluß der audiovisuellen Dienstleistungen

Gemäß den GATS-Sektorenlisten sind die audiovisuellen Dienstleistungen grundsätzlich auch Regelungsgegenstand des GATS.[526] Jedoch erstreckt sich die spezielle Anlage zur Telekommunikation gemäß Nr. 2 lit. b) nicht auf Maßnahmen, die eine kabelgebundene oder drahtlose Übertragung von Hörfunk- und Fernsehprogrammierung betreffen.
Der Bereich der audiovisuellen Dienstleistungen erfährt zudem eine weitere Einschränkung. Die Europäische Union hat für sich und ihre Mitgliedsstaaten gemäß Art. II Abs. 2 GATS (Ausnahmen zum Meistbegünstigungsprinzip) umfangreiche Vorbehalte geltend gemacht.[527] Dadurch ist es ihr möglich, die Ausländer diskriminierende Vorführquote gemäß der Fernseh-Richtlinie 89/552/EWG weiter anzuwenden.[528] Mithin hat die EU für sich den Bereich der audiovisuellen Dienstleistungen vom Anwendungsbereich des GATS vollkommen ausgeschlossen und auch keine Liberalisierungsverpflichtungen diesbezüglich unternommen.
Die Staaten der EU können somit ihre nationale Filmförderung fortsetzen. Schließlich wird auch garantiert, daß der nationale Rundfunkgesetzgeber seine Kompetenz für die Gestaltung der Rundfunkordnung behält.[529] Dies war insbesondere eine Forderung der Deutschen Bundesländer.[530] Zu kritisieren ist jedoch, daß einer der größten Märkte für audiovisuelle Dienstleistungen vom weiteren Liberalisierungsprozeß zunächst ausgeschlossen ist.

Gleichzeitig kann die Tatsache, daß die EU weitreichende Ausnahmen für den Bereich der audiovisuellen Dienstleistungen erklärt hat, als ein weiterer Beleg für den oben aufgezeigten Übersetzungsfehler angeführt werden. Nach der fälschlichen deutschen Übersetzung würde es nämlich den erklärten Ausnahmen nicht bedürfen.

cc) Ausblick

Die Ausklammerung der audiovisuellen Dienstleistungen durch die EU hat vor allem bei den USA zu Verstimmungen geführt. Die EU und speziell Frankreich befürchten bei einer Liberalisierung dieses Bereichs einen Verlust der kulturellen Identität. Gleichwohl ist die EU zu weiteren Verhandlungen über die Liberalisierung der audiovisuelle Dienstleistungen bereit.[531] Zwar wurde bisher kein spezielles Arbeitspapier vorgelegt, aber wegen der Bedeutung dieses Sektors ist davon auszugehen, daß die Auseinandersetzungen und Verhandlungen sich fortsetzen werden.[532]

---

525 Begriffe nach *Müller-Using/Lücke:* APT 1995, S. 32, 42.
526 *GATT:* NUR, News of Uruguay Round, 1993; S. 25; *GATT:* Focus Newsletter, 104, Dez. 1993, S. 12; *GATT Secretariat:* S. 77, 101.
527 Siehe hierzu BGBl.: 1994 II, S. 1723f.
528 ABlEG Nr. L 298 v. 17.10.1989, S. 23.
529 *Barth*: EuZW 1994, S. 455, 459.
530 *Barth*: EuZW 1994, S. 455, 459.
531 *Amt für amtliche Veröffentlichungen der Europäischen Gemeinschaften (Hrsg.):* Grünbuch 1994, S. 23.
532 So auch die Einschätzung von *Barth*: EuZW 1994, S. 455, 459.

b) Die Auslegung der Telekommunikations-Anlage

Nr. 2 lit. c) der Anlage zur Telekommunikation enthält einige Auslegungsregelungen. So ist die Anlage gemäß Nr. 2 lit. c) i) nicht dahingehend auszulegen, daß sich die GATS-Mitglieder durch die GATS-Anlage selbst dazu verpflichten, einen Dienstleistungsanbieter eines anderen GATS-Mitglieds die Errichtung, den Bau, die Anmietung etc. eines Telekommunikationsnetzes zu gestatten. Will ein GATS-Mitglied derartige Verpflichtungen übernehmen, so hat es sich hierzu in der spezifischen Liste zu erklären. Mit anderen Worten: Alleine durch die Anlage zur Telekommunikation wird keine weitreichende Liberalisierungsverpflichtung übernommen. Durch die Anlage verpflichten sich die GATS-Mitglieder lediglich dazu, vorhandene öffentliche Telekommunikationsnetze auch für ausländische Anbieter zur Nutzung zur Verfügung zu stellen.[533]

Gemäß Nr. 2 lit. c) ii) übernehmen die GATS-Mitglieder durch die Anlage nicht die Verpflichtung nicht öffentliche Telekommunikationsnetze für ausländische Anbieter zu öffnen.

3. Die Begriffsbestimmungen

Nr. 3 lit. a) bis e) enthält Definitionen für Begriffe, die in der GATS-Anlage Verwendung finden. Insoweit ähnelt die Bestimmung der des Art. XXVIII GATS. Die Begriffe „Telekommunikation", „öffentlicher Telekommunikationsdienst", „öffentliche Telekommunikationsnetze" sowie „unternehmensinterner Telekommunikationsverkehr" erhalten explizit durch die Nr. 3 eine Legaldefinition. Insofern dürften Streitigkeiten über diese Punkte und damit auch über den Anwendungsbereich der GATS-Anlage weitgehend auszuschließen sein. Zusammenfassend läßt sich feststellen, daß die Übertragung von Informationen mittels Telegraphie, Telefon und Telex zwischen zwei oder mehr definierten Netzabschlüssen vom Geltungsbereich der Anlage erfaßt wird. Für den internen Telekommunikationsverkehr eines Unternehmens oder mit seinen Tochterunternehmen findet die GATS-Anlage hingegen keine Anwendung.

4. Die Transparenz

Bemerkenswert ist, daß der allgemeine in Art. III GATS vorgeschriebene Grundsatz zur Transparenz durch die Telekommunikationsanlage eine Präzisierung erhält. Gemäß Nr. 4 der Anlage zur Telekommunikation verpflichten sich die GATS-Mitglieder dazu, Tarife für die Nutzung der Dienste, technische Schnittstellen mit Netzen, Informationen über nationale Behörden und Gremien usw. bekannt zu machen. Nur hierdurch besteht für ausländische Anbieter die Möglichkeit, tatsächlich Zugang zu den öffentlichen Telekommunikationsnetzen zu erhalten.

5. Zugang und Nutzung der öffentlichen Telekommunikationsnetze

Das Recht auf Zugang zu öffentlichen Telekommunikationsnetzen zu angemessenen und nichtdiskriminierenden Bedingungen wird den Dienstanbietern durch Nr. 5 lit. a) der Anlage eingeräumt. Diese von den GATS-Mitgliedern übernomme-

---

533 Näher hierzu weiter unten: Zweiter Teil, 2. Kapitel, B., I., 5.

ne Verpflichtung schließt den Anschluß von Geräten, Privatleitungen und die freie Wahl der Betriebskontrolle mit ein.[534]
Zu bedenken ist jedoch, daß sich nur die GATS-Mitglieder untereinander dazu verpflichten, das Recht auf Zugang jedem Dienstanbieter zu gewähren. Mithin ergibt sich nicht ein durchsetzbarer Individualanspruch des Dienstleistungsanbieters gegen ein GATS-Mitglied, sondern lediglich eine Verpflichtung zwischen den Vertragspartnern des GATS. Der Begriff „nichtdiskriminierend" wird i.S. der Meistbegünstigung[535] bzw. der Inländerbehandlung[536] verstanden. D.h., der Zugang ist unter Bedingungen zu gewähren, die nicht weniger günstig sind als diejenigen, die einem anderen Nutzer von gleichen öffentlichen Telekommunikationsnetzen oder -diensten unter gleichen Umständen eingeräumt werden.[537]

Zudem ist zu differenzieren zwischen dem Zugang zu den Telekommunikationsnetzen und dem Recht mit Hilfe der Netze Dienstleistungen zu erbringen. Welche konkreten Telekommunikationsdienste erbracht werden, also z.B. nationale und internationale Telefonate, Telefaxverbindungen usw., ergibt sich wiederum aus der spezifischen Verpflichtungsliste der GATS-Mitglieder.
Die Telekommunikationsanlage selbst enthält nicht die Verpflichtung, vorhandene öffentliche Telekommunikationsnetze und -dienste für die Nutzung durch ausländische Anbieter zu öffnen. Die konkreten Dienstleistungen, die erbracht werden dürfen, ergeben sich aus den jeweiligen Listen mit den spezifischen Verpflichtungen.

Welche Voraussetzungen vorliegen müssen, um von einem „freien" Zugang zu öffentlichen Netzen sprechen zu können, wird durch Nr. 5 lit. b) der Anlage näher erläutert. So muß gewährleistet sein, daß ein ausländischer Anbieter die Genehmigung für den Ankauf oder die Anmietung und den Anschluß von End- oder sonstigen Geräten, die er für die Bereitstellung seiner Dienste benötigt, erhält. Außerdem muß die Möglichkeit bestehen, eine Genehmigung für den Anschluß privater Mietleitungen oder von Privatleitungen an öffentliche Telekommunikationsnetze zu erhalten. Durch die Telekommunikationsanlage verpflichten sich die GATS-Mitglieder sicherzustellen, das Dienstanbieter innerhalb der Grenzen eines Mitglieds, aber auch darüber hinaus, Informationen übertragen und Datenbanken mittels öffentlicher Telekommunikationsnetze und -dienste nutzen können.

Gemäß Nr. 5 lit. c) unterliegt jede neue oder geänderte Maßnahme eines Mitglieds der Notifikations- und Konsultationspflicht[538]. Dieser Grundsatz gilt nicht uneingeschränkt. Gemäß Nr. 5 lit. d) kann ein Mitglied alle diejenigen Maßnahmen ergreifen, die zur Gewährung der Sicherheit und Vertraulichkeit von Informationen erforderlich sind. Derartige Maßnahmen dürfen weder willkürlich noch diskriminierend sein oder eine verdeckte Beschränkung des Handels mit Dienstleistungen darstellen.

---

534 *Amt für amtliche Veröffentlichungen der Europäischen Gemeinschaften (Hrsg.):* GATS 1998, S. 48.
535 Allgemein zu diesem GATS-Prinzip: Zweiter Teil, 1. Kapitel, B., IV., 1.
536 Allgemein zu diesem GATS-Prinzip: Zweiter Teil, 1. Kapitel, B., V., 3. lit. b).
537 Siehe den in englischer Sprache rechtsverbindlichen Originaltext bei *WTO-Legal Text:* S. 361, Fn. 15; BGBl.: 1994 II, S. 1473, 1504, Fn. 2; siehe auch den deutschen Text in BGBl.: 1994 II, S. 1643; 1664, Fn. 2.
538 Allgemein zu diesem Prinzip: Zweiter Teil, B., VII.

Nr. 5 lit. e) Telekommunikationsanlage legt noch einmal explizit fest, daß der Zugang zu öffentlichen Telekommunikationsnetzen und -diensten sowie deren Nutzung, grundsätzlich bedingungslos zu gewähren ist. Von diesem Grundsatz darf nur abgewichen werden aus Gründen des Gemeinwohls - insbesondere um die Fähigkeit zu sichern, die Netze und Dienste der Öffentlichkeit allgemein zur Verfügung zu stellen (Nr. 5 lit. e) i)) und um die technische Unversehrtheit der Dienste und Netze zu schützen (Nr. 5 lit. e) ii)).
Bemerkenswert ist die dritte Ausnahme gemäß Nr. 5 lit. e) iii). Hiernach kann der Zugang Bedingungen unterworfen sein, um sicherzustellen, daß ein ausländischer Anbieter keine Dienste erbringen kann. Dies gilt nicht, sofern das Mitglied durch die Übernahme einer spezifischen Verpflichtung die entsprechende Dienstleistung durch ausländische Anbieter gestattet.
Hierdurch wird erneut deutlich, daß eine „freie" und bedingungslose Nutzung der Netze durch die Anlage nicht gewährt wird. Diesbezüglich ist alleine die Liste mit den spezifischen Bedingungen ausschlaggebend.

Jedoch sind die GATS-Mitglieder in ihrer Wahl von Einschränkungen nicht vollkommen frei. Vielmehr werden durch Nr. 5 lit. f) Formen der Einschränkung vorgegeben. Diese sind z.B. die Beschränkung der gemeinsamen Nutzung der Netze (Nr. 5 lit. f) i)), die Verwendung spezifischer technischer Schnittstellen (Nr. 5 lit. f) ii)), die Vorgabe einer Typzulassung für End- und sonstige Geräte (Nr. 5 lit. f) iv)), Beschränkungen hinsichtlich privater Mietleitungen (Nr. 5 lit. f) v)) sowie die Notifizierung, Registrierung und Lizenzierung (Nr. 5 lit. f) vi)).

Eine Sonderstellung genießen die Entwicklungsländer.[539] Ihnen steht grundsätzlich die Möglichkeit frei, den Zugang und die Nutzung von Telekommunikationsnetzen und -diensten von der Erfüllung von Bedingungen abhängig zu machen. Dabei muß es sich gemäß Nr. 5 lit. g) der Anlage um dem jeweiligen Entwicklungsstand angemessene Bedingungen handeln, die dazu dienen, die inländische Telekommunikationsinfrastruktur und -kapazität zu erhöhen. So soll erreicht werden, daß auch Entwicklungsländer am internationalen Handel mit Telekommunikationsdiensten teilnehmen können.
Diese Regelung ist zu begrüßen, da sie eine aktive und sinnvolle Form der Entwicklungshilfe darstellt. Lobenswert ist, daß hierbei das Prinzip der Hilfe zur Selbsthilfe Anwendung findet.

Andere sehen jedoch gerade die Interessen der Entwicklungsländer durch die Telekommunikationsanlage nicht genügend berücksichtigt und befürchten eine zunehmende Abhängigkeit der Entwicklungsländer von ausländischen Investoren.[540] Dabei ist jedoch sachlich festzustellen, daß die Entwicklungsländer eine enorme qualitative und quantitative Rückständigkeit im Bereich der Telekommunikationsdienste und -netze aufweisen.[541] Die Überwindung dieses Problems ist weder logistisch noch finanziell alleine durch die betroffenen Länder zu lösen. Insofern bedarf es ausländischer Investitionen, die jedoch nur erfolgen werden, sofern sie rentabel sind. Souveränitätsbedenken und Furcht vor einer Dominanz der „Multis" sind verständlich. Aber diese Sorgen dürfen nicht dazu führen, daß eine Abschottung stattfindet. Diese würde zwangsläufig dazu führen, daß die Entwicklungslän-

539 Ausführlich zu den Auswirkungen der GATS-Telekommunikationsanlage auf die Entwicklungsländer *Schorlemer:* Globale Telekommunikation, S. 365f.
540 *Schorlemer:* Globale Telekommunikation, S. 162 m.w.N.
541 *Schorlemer:* Globale Telekommunikation, S. 127f und S. 435.

der gar keine Möglichkeit zur Teilnahme an der „neuen Telekommunikationswelt" künftig haben werden. Die Entwicklungsländer sind vielmehr aufgefordert, aktiv, ideologisch unverkrampft und gestalterisch für Ihre Interessen im Rahmen der weiteren Verhandlungen einzutreten.

6. Technische Zusammenarbeit

Auch Nr. 6 lit. a) der Telekommunikationsanlage greift den Gesichtspunkt der Entwicklungspolitik auf. Die GATS-Mitglieder erkennen an, daß insbesondere für die Entwicklungsländer eine leistungsfähige und fortschrittliche Telekommunikationsinfrastruktur für den internationalen Handel mit Dienstleistungen sehr wichtig ist. Daher verpflichten sie sich dazu, den Aufbau solcher Einrichtungen in den Entwicklungsländern zu unterstützen. Dies soll auch durch die Unterstützung anderer Organisationen wie der ITU, den VN und der IMF geschehen. Zudem verpflichten sich die höher entwickelten Mitglieder, den Entwicklungsländern Informationen über die Weiterentwicklung von Telekommunikations- und Informationstechnologien zu erteilen.
Bezüglich der am wenigsten entwickelten Länder wollen die höher entwickelten GATS-Mitglieder gemäß Nr. 6 lit. d) die Möglichkeit prüfen, eigene Anbieter von Telekommunikationsdiensten zu Technologietransfer und Ausbildungsförderung zu animieren. Zwar ist diese Formulierung vage gefaßt, so daß auf ihrer Grundlage kaum Leistungen eingefordert werden können.[542] Zumindest läßt sie eine gute Absicht erkennen. Wünschenswert und notwendig wäre, eine konkrete Zusage für Hilfen an die am wenigsten entwickelten Länder.

7. Beziehung zu internationalen Organisationen und Übereinkünften

Nr. 7 der GATS-Telekommunikationsanlage dient dazu, das Verhältnis zu anderen internationalen Organisationen zu regeln. Die GATS-Mitglieder erkennen die Wichtigkeit internationaler Normen für einen weltweiten Telekommunikationsverkehr an. Daher unterstützen sie internationale Organisationen, die sich mit dieser Problematik befassen, und wollen mit ihnen zusammenarbeiten.
Unter allen internationalen Telekommunikationsorganisationen ist für die GATS-Mitglieder die ITO am bedeutungsvollsten. Dies geht aus Nr. 7 lit. b) der Anlage hervor. So soll insbesondere mit Vertretern der ITO in Konsultationen getreten werden. Diese Verpflichtung richtet sich an die einzelnen Mitglieder, nicht an die WTO als Institution.

Ein Kooperationsvertrag zwischen ITU und WTO befindet sich allerdings in einem fortgeschrittenen Verhandlungsstadium. Die Initiative hierzu ging von der ITU *Plenipotentiary Conference* aus. Kernpunkte sind: Informationsaustausch, Beobachterstatus in relevanten Gremien und Zusammenarbeit der Sekretariate bei der Bearbeitung handelsrelevanter Themen.

8. Bewertung

Positiv ist zu bewerten, daß mit Hilfe der GATS-Anlage zur Telekommunikation erstmals der Versuch unternommen wurde, multilaterale Vereinbarungen über Zugang und Nutzung von Telekommunikationsnetzen und -diensten zu treffen.

---

542 *Schorlemer:* Globale Telekommunikation, S. 333.

Bisher beruhte der internationale Telekommunikationshandel vorwiegend auf bilateralen Abkommen.[543] Mit dem nun entstanden Übereinkommen besteht die Möglichkeit, den internationalen Handel mit Telekommunikationsdienstleistungen effektiv und breit angelegt zu liberalisieren. Noch heute stehen viele Telekommunikationsnetze und -dienste unter der Verwaltung staatlicher Monopole und Regulierungsbehörden. Die Privatisierung der Telekommunikationsunternehmen steht in einigen Länder erst am Anfang, in anderen ist sie noch nicht vollends abgeschlossen. Bei der Bewertung der Telekommunikationsanlage sind diese Rahmenbedingungen zu beachten. Die GATS-Anlage versucht, ein Gleichgewicht zwischen dem Bedürfnis der Telekommunikationsnutzer und -anbieter auf freien und fairen Zugang und dem Interesse der GATS-Mitglieder an der Aufrechterhaltung eines funktionsfähigen Systems zu sichern.[544]

Dem Bedürfnis der Nutzer und Anbieter wird dadurch entsprochen, daß die GATS-Mitglieder sich grundsätzlich dazu verpflichten, Zugang und Nutzung ihrer öffentlichen Telekommunikationsnetze und -dienste bedingungsfrei zu gestatten. Dem Interesse der GATS-Mitglieder, insbesondere den Entwicklungsländern und den am wenigsten entwickelten Ländern, wird dadurch Rechnung getragen, daß von dem allgemeinen Grundsatz abgewichen werden darf. Dies mag zu kritisieren sein, andererseits ist es wirklichkeitsfremd, bei erstmaligen Abschluß eines multilateralen Übereinkommens sofort eine optimale Lösung zu erhalten. Der konkrete Liberalisierungsstand des Telekommunikationssektors ist an den jeweiligen Listen mit den spezifischen Verpflichtungen zu erkennen. Dies erschwert - wie bereits oben näher dargelegt - Zugang und Bewertung der Anlage.

Der weitere Liberalisierungsprozeß wird in Verhandlungen über den Telekommunikationssektor stattfinden. Wünschenswert wäre, daß hierbei auch die EU spezifische Verpflichtungen für den Bereich der audiovisuellen Medien übernehmen und nicht weiter die erklärten Vorbehalte aufrecht erhalten würde. Dieser sehr innovative Bereich ist nicht zu bremsen, die GATS-Mitglieder sollten rechtzeitig ihren gesetzlichen Gestaltungsspielraum wahrnehmen. Die zur Zeit existenten Regelungen zum Internet und Pay-TV überzeugen nicht, da sie nur rudimentär sind.

Entsprechend der zweiten Anlage zum Telekommunikationsbereich, der Anlage zu Verhandlungen über Basistelekommunikation[545], hat bereits eine mehrjährige Verhandlungsrunde stattgefunden. Der Gang der Verhandlung und die erzielten Ergebnisse sollen nunmehr einer näheren Betrachtung unterzogen werden.

II. Die GATS-Anlage zu Verhandlungen über Basistelekommunikation

Das GATS unterscheidet zwischen Telekommunikation und Basistelekommunikation.[546] Der Unterschied besteht darin, daß die Basistelekommunikation die „eigentliche Telekommunikation", wie Telefon, Telefax, Telegraphie, Funktelefon und

---

543 *Barth*: APT, S. 112.

544 *Barth*: Perspektiven, S. 84.

545 Siehe den in englischer Sprache rechtsverbindlichen Originaltext bei *WTO-Legal Text:* S. 364; BGBl.: 1994 II, S. 1473, 1507; siehe auch den deutschen Text in BGBl.: 1994 II, S. 1643; 1666.

546 Vgl. auch *Amt für amtliche Veröffentlichungen der Europäischen Gemeinschaften (Hrsg.):* GATS 1998, S. 48.

Mietleitungsdienste umfaßt. Diese werden auch als Grunddienste[547] oder Grundfernmeldedienste[548] bezeichnet.
Unter dem Begriff „Telekommunikation" subsumiert das GATS die sogenannten Mehrwertdienste wie z.B. elektronische Post, elektronische Sprachdienste, Online-Informationsdienste sowie Umschlüsselung und Protokollumsetzung.[549]

1. Der Gang der Verhandlungen

Nach Ende der Uruguay-Runde im Jahre 1993 hatten nur acht GATS-Mitglieder spezifische Verpflichtungen für den Bereich der Basistelekommunikation übernommen.[550] Somit bestand die Gefahr, daß die oben näher dargestellte Anlage zur Telekommunikation an internationaler Bedeutung verlieren würde. Denn der wirtschaftlich und politisch wichtige Bereich der Basistelekommunikation war weitgehend von einer Liberalisierung ausgeklammert. Etwa 80% des Gesamtumsatzes im Telekommunikationsbereich entfällt auf die Basistelekommunikation.[551] Einer der wichtigsten und volumenstärksten Telekommunikationsmärkte, die USA, wollten die Basistelekommunikationsdienste von der Meistbegünstigung ausschließen.[552] Die Minister der GATS-Mitglieder konnten sich auf der Abschlußkonferenz der Uruguay-Runde auf eine Fortsetzung der Verhandlungen über den Telekommunikationsbereich einigen.[553] Neben der Anlage zur Telekommunikation, die natürlich sowohl für die Mehrwertdienste als auch für die Basistelekommunikation Geltung hat, entstand die Anlage zu den Verhandlungen über die Basistelekommunikation[554].

Die Bezeichnung der GATS-Anlagen ist etwas verwirrend. Fraglich bleibt, wieso nicht die Formulierung „Anlage zu Verhandlungen über Telekommunikation" gewählt wurde. Vermutlich wollte man deutlich machen, daß insbesondere die Basistelekommunikations-Dienstleistungen weiter liberalisiert werden sollten. Vielleicht sollte auch über einen vermeintlichen Mißerfolg hinweggetäuscht werden. Denn nach Abschluß der Uruguay-Runde erfuhr der Telekommunikationssektor, trotz der GATS-Anlage zu diesem Bereich, keine Liberalisierung. Dies lag daran, daß nur sehr wenige Staaten spezifische Liberalisierungsverpflichtungen für den wichtigen Bereich Basistelekommunikation übernommen hatten. Der eigentliche erste Liberalisierungserfolg trat erst nach Abschluß der weiteren Verhandlungen ein.

---

547 *Schorlemer:* Globale Telekommunikation, S. 26.

548 *Reiterer:* Die erste Mininsterkonferenz, S. 393.

549 Vgl. *Barth:* APT, S. 112, 114; *Amt für amtliche Veröffentlichungen der Europäischen Gemeinschaften (Hrsg.):* GATS 1998, S. 48.

550 *Barth:* Perspektiven, S. 84.

551 *Barth:* APT, S. 112, 114.

552 *Barth:* APT, S. 112, 114.

553 Siehe den in englischer Sprache rechtsverbindlichen Ministerbeschluß bei *WTO-Legal Text:* S. 461; BGBl.: 1994 II, S. 1473, 1515; siehe auch den deutschen Text in BGBl.: 1994 II, S. 1643; 1673.

554 Siehe den in englischer Sprache rechtsverbindlichen Originaltext bei *WTO-Legal Text:* S. 364; BGBl.: 1994 II, S. 1473, 1507; siehe auch den deutschen Text in BGBl.: 1994 II, S. 1643; 1666.

a) Der Ministerbeschluß

Aus Nr. 1 des Beschlusses wird deutlich, daß mit Basistelekommunikation der Handel mit Telekommunikationsnetzen -und diensten gemeint ist. Insofern erfolgt hier eine Klarstellung der Begriffe. Aufgrund des Ministerbeschlusses wurde entsprechend Nr. 3 eine Verhandlungsgruppe eingesetzt, die sogenannte *Negotiating Group on Basic Telecommunications (NGBT)*. An den Verhandlungen in der NGBT haben u.a. die Europäische Union, die USA und Japan teilgenommen.
Somit waren die wichtigsten „Märkte" vertreten, da diese drei GATS-Mitglieder etwa 75% des Weltumsatzes im Telekommunikationssektor bestreiten.[555] Vorgesehen war, die Verhandlungen am 30. April 1996 zu beenden und die erzielten Ergebnisse in einem Abschlußbericht zusammenzufassen. Gleichzeitig sollte die NGBT in dem Abschlußbericht ein Datum für die Umsetzung der Ergebnisse festlegen (Nr. 5 des Ministerbeschlusses). Zudem konnten sich die Minister darauf verständigen, daß die Ausgangsposition der Liberalisierungsverhandlungen nicht durch Maßnahmen einzelner GATS-Mitglieder zum Nachteil der anderen verbessert wurden. Nr. 7 des Beschlusses schrieb den damaligen Status quo als Ausgangsposition fest. Konkretisiert wurde diese durch die Anlage über die Verhandlungen über Basistelekommunikation.

b) Die GATS-Anlage über Basistelekommunikation

Gemäß Nr. 1 lit. a) der Anlage[556] konnten sich die GATS-Mitglieder darauf verständigen, daß für den Bereich der Basistelekommunikation Art. II GATS (Meistbegünstigung) einschließlich der Anlage mit den Ausnahmen zu Art. II GATS erst nach Abschluß der Verhandlungen über die weitere Liberalisierung des Telekommunikationssektors in Kraft treten würde. Dies garantierte einerseits die gleiche Ausgangsposition für die Verhandlungen, anderseits wurde verhindert, daß die USA ihre Absicht verwirklichen und die Basistelekommunikationsdienste von der Meistbegünstigung vor Abschluß der Verhandlungen ausschließen konnten.

2. Die Verhandlungsergebnisse

Der ursprünglich im Ministerbeschluß vorgesehene Termin für das Ende der Verhandlungen, der 30. April 1996, konnte nicht eingehalten werden. Insbesondere den USA reichten die vorgelegten Liberalisierungsangebote nicht aus.[557] Die Verhandlungen wurden bis zum 15. Februar 1997 verlängert. Dieser Termin konnte mit einem erfolgreichen Abschluß der Verhandlungen eingehalten werden.

Die Ergebnisse der Verhandlungen wurden in dem „Vierten Protokoll zum GATS"[558] zusammengefaßt. Am 5. Februar 1998 trat die Vereinbarung für 72 WTO-Mitglieder in Kraft.[559] Der Deutsche Bundestag hat per Gesetz vom 20. No-

---

555 *Moritz:* MMR 1998, S. 393, 394; *Barth*: APT, S. 112, 115.

556 Siehe den in englischer Sprache rechtsverbindlichen Originaltext bei *WTO-Legal Text:* S. 364; BGBl.: 1994 II, S. 1473, 1507; siehe auch den deutschen Text in BGBl.: 1994 II, S. 1643; 1666.

557 *Barth*: APT, S. 112, 114, *Moritz:* MMR 1998, S. 393, 394.

558 Das Vierte Protokoll zum GATS wie auch der aktuelle Status der Akzeptanz der Vereinbarung finden sich auf der Internetseite der WTO unter: http://www.wto.org/wto/services/tel2.htm; vgl. auch BGBl.: 1997 II, S. 1989, 1991.

559 *Moritz:* MMR 1998, S. 393, 394.

vember 1997 dem Vierten Protokoll zugestimmt.[560] Dieses Protokoll besteht im wesentlichen aus Listen mit spezifischen Verpflichtungen und über Ausnahmen von Art. II GATS (Meistbegünstigung) im Hinblick auf die Basistelekommunikation.[561]
Die übernommenen Verpflichtungen betreffen den Marktzugang, die Investitionen und die regularischen Prinzipien zur Sicherung des Wettbewerbs. Dabei sind Intensität und Qualität der übernommen Verpflichtungen zwischen den einzelnen GATS-Mitgliedern sehr unterschiedlich.

Die Marktzugangsverpflichtungen enthalten Bestimmungen über Erbringung und Nutzung von Basistelekommunikationsdiensten. Mithin ist es gelungen, zumindest grundsätzlich zu erreichen, das GATS-Mitglieder Verpflichtungen für die wirtschaftlich wichtigen Bereiche des internationalen und nationalen Telefonverkehrs, des Mobilfunks, der Telegraphie usw. übernehmen. Für die Übertragung von kabelgebundener oder drahtloser Hörfunk- und Fernsehprogrammierung konnte man sich hingegen auch nach Abschluß der Verhandlungen am 15. Februar 1997 nicht auf ein Liberalisierungskonzept verständigen. Hier verbleibt es bei der Bestimmung der Nr. 2 lit. b) Anlage zur Telekommunikation, die besagt, daß die Anlage nicht für die Übertragung von derartiger Hörfunk- und Fernsehprogrammierung Anwendung findet.

Die übernommenen Liberalisierungsverpflichtungen umfassen die Übertragung mittels Festnetzen einschließlich der Seekabel, des terrestrischen, ortsfesten und mobilen Funks wie auch des Satellitenbetriebs. Man kann daher sagen, daß alle zur Zeit technisch möglichen Übertragungsarten grundsätzlich unter die Liberalisierungsverpflichtungen fallen.[562] Durch die übernommenen Verpflichtungen könnten ausländische Unternehmen Zugang zur Nutzung bestehender Telekommunikationsnetze erhalten oder eigene Netze aufbauen. Bemerkenswert ist, daß die GATS-Mitglieder, die etwa 99% des Weltumsatzes mit Basistelekommunikationsdienstleistungen erzielen, Marktzugangsverpflichtungen übernommen haben.[563] Daher kann hinsichtlich der Möglichkeit des Zugangs und der Nutzung von Telekommunikationsnetzen und -diensten tatsächlich von einem erfolgreichen Liberalisierungsfortschritt gesprochen werden.
56 Länder haben nach Abschluß der Verhandlungen die Verpflichtung übernommen, ihren Markt für ausländische Investitionen zu öffnen.[564] Diese GATS-Mitglieder garantieren ausländischen Investoren das Recht, unternehmerische Beteiligungen an den jeweiligen nationalen Telekommunikationsanbietern zu erwerben und zu halten. Aufgrund dieser Rechtssicherheit wird davon auszugehen sein, daß weltweite Kooperationen bzw. Unternehmensübernahmen weiter zunehmen werden. Als Beispiele sind hier die Übernahme des britischen Mobilfunkbetreibers „2one" durch die Deutsche Telekom AG zu nennen und des Mannesmann-Konzerns durch die britische Telefongesellschaft Vodafone. Letztere geschah insbesondere wegen des damit verbundenen Erwerbs der sehr erfolgreichen Mobilfunkfirma „Mannesmann D2".

560 BGBl.: 1997 II, S. 1989, 1990.
561 Siehe auch Anhang II.
562 *Barth*: APT, S. 112, 114.
563 *Barth*: APT, S. 112, 114.
564 *Barth*: APT, S. 112, 115.

65 Länder konnten sich erstmalig auf gemeinsame regulatorische Prinzipien zur Sicherung des Wettbewerbs verständigen.[565] Durch diese Prinzipien werden die beteiligten Regierungen u.a. dazu verpflichtet, unabhängige Regulierungsbehörden einzurichten. Verletzungen der regulatorischen Prinzipien unterliegen ebenso wie Verstöße gegen übernommene spezifische Verpflichtungen der Zuständigkeit des WTO-Streitbeilegungsverfahrens.

Da jedoch die Liberalisierungsverpflichtungen sich weder direkt aus der GATS-Anlage zur Telekommunikation noch aus dem Vierten Protokoll zum GATS, sondern ausschließlich aus den GATS-Listen mit den spezifischen Verpflichtungen ergeben, ist der Grad der Liberalisierungen von GATS-Mitglied zu GATS-Mitglied sehr unterschiedlich. Anhand einer Untersuchung der Verpflichtungslisten der USA, der EU und Japans soll der Liberalisierungsgrad für den Telekommunikationssektor bei diesen drei GATS-Mitgliedern näher untersucht werden. Der Vergleich dieser GATS-Mitglieder ist zweckmäßig, weil es sich hierbei um die drei größten Marktteilnehmer handelt. Anbieter aus diesen „Staaten" stehen sich in direkter Konkurrenzsituation auf den Weltmärkten gegenüber. Fraglich ist, ob sie nach Abschluß der Verhandlungen über die Basistelekommunikation auch annähernd die gleichen Liberalisierungsverpflichtungen übernommen haben.

a) Die übernommenen Verpflichtungen der USA

Durch die US-Verpflichtungsliste wird der amerikanische Telekommunikationsmarkt grundsätzlich für alle Basistelekommunikations-Dienstleistungen geöffnet. Der freie Marktzugang betrifft sowohl den internationalen und nationalen Telefonverkehr per Festnetz und Satellit als auch den Mobilfunk wie auch sonstige mobile Dienste.

Die Übertragung per Satellit erfährt jedoch eine Beschränkung. Die USA haben nämlich für die *„One-way satellite transmissions of Direct to Home, (DTH)"* und die *„Direct Broadcast Satellite television services and of digital audio services, (DBS)* keine Verpflichtungen übernommen. Hierbei handelt es sich um eindirektionale Satellitenübertragungstechniken, die vorwiegend für die Pay-TV-Systeme Anwendung finden.[566] Streitig ist zwischen den USA und der EU, ob es sich bei den ausgenommenen Sektoren um die Übertragung von Rundfunk- und Hörfunkprogrammen handelt. So gestaltet sich jedenfalls die Auffassung der EU-Kommission. Die Brisanz liegt darin, daß die USA - anders als die EU - für den Bereich der Übertragung von Rundfunk- und Hörfunkprogrammen gewisse Liberalisierungsverpflichtungen übernommen haben. Diese Verpflichtungen sieht die EU verletzt und will daher u.U. ein Streitbeilegungsverfahren einleiten.
Die USA vertreten hingegen die Ansicht, daß es sich bei DTH und DBS um Techniken i.S. der GATS-Anlage handeln würde, und sie daher befugt sind, für diese Bereiche Vorbehalte zu erklären.

Zudem behält die amerikanische Firma COMSAT das ausschließliche Recht für Verbindungen zu den Satelliten Intelsat und Immarsat.

Eine weitere Einschränkung haben die USA für den Bereich ausländischer Investitionen gemacht. Direkte Beteiligungen an amerikanischen Telekommunikationsun-

---

565 *Barth:* APT, S. 112, 115
566 Vgl. *Barth:* APT, S. 112, 115; *Moritz:* MMR 1998, S. 393, 395

ternehmen durch ausländische Regierungen, deren Repräsentanten sowie ausländischen natürlichen und juristischen Personen, die nicht nach amerikanischem Recht organisiert sind, sind aber nicht möglich. Ausländische Unternehmen, die nach amerikanischem Recht organisiert sind, dürfen mit maximal 20% direkt an amerikanischen Telekommunikationsdiensten beteiligt sein. Hingegen ist die 100%ige indirekte Beteiligung von Ausländern, etwa durch Bildung einer Holding, möglich.

Bisher hat die Zulassungsbehörde, die *Federal Communications Commission (FCC)*, die Lizenzierung ausländischer Unternehmen von sogenannten Gegenseitigkeitstest abhängig gemacht. Diese Verfahren haben die USA in ihrer Verpflichtungsliste nicht aufgeführt, so daß die Zulassungspraxis nunmehr liberaler gestaltet werden muß. Andernfalls droht den USA ein Streitbeilegungsverfahren.

Schließlich ist noch darauf hinzuweisen, daß die USA eines jener GATS-Mitglieder ist, die das o.g. Referenzpapier zu den regulatorischen Wettbewerbsregeln uneingeschränkt übernommen haben.

b) Die übernommenen Verpflichtungen der EU

Auch die EU hat sich durch ihre Liste zu weitreichenden Liberalisierungen im Telekommunikationssektor verpflichtet.[567] Die EU hat von der Möglichkeit Gebrauch gemacht, den Begriff Telekommunikationsdienstleistungen zu definieren. Die EU begrenzt den Begriff auf den *Transport* elektromagnetischer Signale - Ton, Daten, Bild - und jede Verbindung daraus, ausgenommen ist jedoch der Rundfunk. Die Liste der spezifischen Verpflichtungen für den Telekommunikationsbereich schließt aber nicht die kommerzielle Bereitstellung der *Inhalte* die für ihren Transport auf Zugang und Nutzung von Telekommunikationsnetzen und -diensten angewiesen sind, mit ein. Hinsichtlich der Bereitstellung der Inhalte gelten die jeweils einschlägigen Sektorenlisten der EU.

Einschränkungen hinsichtlich des Zugangs und der Nutzung öffentlicher Telekommunikationsnetze ergeben sich u.a. durch nationale Besonderheiten einzelner EU-Mitgliedstaaten. Der Liberalisierungsprozeß in den Staaten der EU war bei Verabschiedung des Vierten Protokolls unterschiedlich weit fortgeschritten. Eine vollkommende Liberalisierung trat in Spanien erst ab 30.11.1998, in Irland erst ab 01.01.2000 und in Portugal ebenfalls erst am 01.01.2000 ein. In Griechenland wird eine vollkommende Liberalisierung von öffentlichen Sprachtelefon- und Netzdienstleistungen erst am 01.01.2003 eintreten.

Einige EU-Staaten haben Einschränkungen im Bereich ausländischer Investitionen vorgenommen: In Portugal darf sowohl die direkte als auch die indirekte Beteiligung natürlicher und juristischer Personen, die nicht aus EU-Staaten stammen, 25% nicht überschreiten. Frankreich hat hinsichtlich einer indirekten Beteiligung ausländischer Investoren keine Vorbehalte erklärt, beschränkt jedoch eine direkte Beteiligung nicht EU-angehöriger natürlicher und juristischer Personen auf 20%.

---

567 Vgl. BGBl.: 1997 II, S. 1989, 1992 (rechtsverbindlicher englischer Text); BGBl.: 1997 II, S. 1989, 1993 (deutsche Übersetzung).

Die EU und sämtliche Mitgliedstaaten haben als zusätzliche Verpflichtung das Referenzpapier zu den regulatorischen Wettbewerbsregeln angenommen.[568] Diese zusätzlichen Verpflichtungen sind der Liste als Beiblatt angefügt.[569]

c) Die übernommenen Verpflichtungen Japans

Japan gewährt seit 1998 ebenfalls Marktzugang und Inländerbehandlung. Bereits im April 1996 hat Japan seine Kapitalbeteiligungsbeschränkungen weitgehend aufgehoben. Jedoch beschränkt Japan weiterhin die Beteiligung ausländischer Investoren an den japanischen Telekommunikationsunternehmen NTT und KDD auf 20%. Hierbei handelt es sich um zwei der weltgrößten Anbieter von Telekommunikationsdienstleistungen, weshalb insbesondere die USA die von Japan vorgenommene Einschränkung stark kritisieren.[570]

C. Zusammenfassung und Beurteilung des Telekommunikationssektors

Mit Abschluß der Verhandlungen über die Liberalisierung des Handels mit Telekommunikationsdienstleistungen am 15. Februar 1997 ist es gelungen, einen Schlüsselsektor für moderne Volkwirtschaften zu öffnen. Die zweimalige Verlängerung der Verhandlungen hat bewirkt, daß die ursprünglichen Liberalisierungsangebote, die ca. 60% des Weltumsatzes an Basistelekommunikationsdiensten umfaßten, auf heute etwa 96% anstiegen sind.[571] Daher kann festgestellt werden, daß nach Abschluß des GATS in einer ersten Verhandlungsrunde ein Dienstleistungssektor erfolgreich weiter liberalisiert worden ist.
Der Liberalisierungseffekt im Bereich des Handels mit Telekommunikationsdienstleistungen wurde durch den WTO-Ministerbeschluß über den Handel mit Waren der Informationstechnologie vom Dezember 1996[572] ergänzt. Dieser Beschluß sah den schrittweisen Abbau von Zöllen bis zum 01.01.2000 für informationstechnische Produkte wie z.B. Computer, Telekommunikationsausrüstungen, passive Bauelemente und Halbleiter vor.[573]

Die Telekommunikationswirtschaft war in der Vergangenheit weltweit überwiegend durch monopolistische und oligopolistische Strukturen geprägt. Viele Staaten haben in den zurückliegenden Jahren begonnen, ihre staatlichen Monopolunternehmen zu privatisieren und Wettbewerb im Telekommunikationssektor zugelassen.[574] Durch die erfolgreichen Verhandlungen im Rahmen des GATS hat diese „Öffnungspolitik" eine weltweite und multilaterale Dimension erfahren.
Die Auswirkungen der übernommenen Liberalisierungsverpflichtungen auf Handel und Beschäftigung lassen sich nicht exakt vorhersagen. Allerdings läßt sich feststellen, daß ein intensiver Preiswettbewerb auf dem deutschen Telekommunikationsmarkt eingesetzt hat. Die Nutzer profitieren von günstigeren Tarifen. Neben einen Preisvorteil ist auch eine Qualitätsverbesserung zu verzeichnen. Moderne Technologien wie ISDN oder Bildtelefon werden zügig auf dem Markt angeboten

568 Vgl. BGBl.: 1997 II, S. 1989, 1992 (rechtsverbindlicher englischer Text); BGBl.: 1997 II, S. 1989, 1993 (deutsche Übersetzung).
569 BGBl.: 1997 II, S. 1989, 2000f.
570 *Barth*: APT, S. 112, 115.
571 *Barth*: APT, S. 112, 116.
572 Der Beschluß ist in deutscher Sprache agedruckt bei *Benedekt:* Die WTO, S. 585.
573 *Krenzler* in *FIW (Hrsg.):* Die Bedeutung, S. 43.
574 Als Beispiel sei die Privatisierung der Deutschen Telekom in die Deutsche Telekom AG genannt.

und zu Preisen, die den Erwerb durch Privatpersonen erlauben. Im Mobilfunkbereich hat der Wettbewerb zu einer starken Zunahme der Nutzer geführt.

Die Verhandlungen über weitere Liberalisierungen im Bereich des Telekommunikationssektors haben in diesem Jahr begonnen - man darf auf die Ergebnisse gespannt sein.

Wünschenswert wäre, das Einigkeit über die Errichtung einer WTO-Regulierungsbehörde für den Telekommunikationsbereich erzielt werden könnte. Denn während die Überwachung und Durchsetzung von Liberalisierungsverpflichtungen ehemaliger Telekommunikationsmonopole auf nationaler Ebene durch derartige Regulierungsbehörden erfolgt, fehlt es im multilateralen Bereich an einer entsprechenden Einrichtung. Verstöße gegen übernommene Liberalisierungsverpflichtungen können im Rahmen des GATS ausschließlich durch ein Streitbeilegungsverfahren gerügt und geahndet werden. Dies ist grundsätzlich zwar positiv, eine mit entsprechenden Kompetenzen ausgestattete internationale Regulierungsbehörde könnte jedoch schneller und somit effektiver handeln. Zudem wäre sie weniger dem Druck national staatlicher Interessen und deren Lobbyisten ausgesetzt.

Dritter Teil
Kollisionsrechtliche Probleme des WTO-Rechts, die Bedeutung für private Parteien und Schlußbetrachtung

Im letzten Teil dieser Bearbeitung sollen die Beziehungen zwischen dem Recht der EU und dem WTO-Recht genauer betrachtet werden. Dabei wird zu untersuchen sein, ob die EU oder die EU-Mitgliedsstaaten die Handlungskompetenz für den Außenhandel besitzen. Fraglich ist auch, ob die völkerrechtlichen Verpflichtungen der WTO-Übereinkommen in den Mitgliedstaaten unmittelbare oder lediglich mittelbare Geltung entfalten. Zudem wird zu prüfen sein, ob Unterschiede hinsichtlich der unmittelbaren Geltung zwischen WTO-Primärrecht und WTO-Sekundärrecht bestehen.
Die weitere Akzeptanz des WTO-Rechts wird in starkem Maß davon abhängig sein, welche unmittelbaren Vorteile juristische und private Personen durch die WTO-Übereinkommen erlangen. Im zweiten Kapitel wird daher diese Fragestellung näher erörtert.
Schließlich erfolgt eine Schlußbetrachtung, in der die gewonnenen Ergebnisse zusammengefaßt werden. Des weiteren soll der gegenwärtige Stand der Diskussionen anläßlich der Verhandlungsrunde 2000 wiedergegeben werden. Die Bearbeitung endet mit einer Prognose hinsichtlich der weiteren Entwicklung des GATS-Rechts.

1. Kapitel: Kollisionsrechtliche Probleme zwischen dem Recht der EU und dem WTO-Recht

Schon seit der Entstehung der Europäischen Wirtschaftsgemeinschaft, EWG, im Jahre 1957[575] werfen die Rechtsbeziehungen der EWG zum GATT eine Vielzahl dogmatischer und praktischer Fragestellungen auf.[576] Auch nach Entstehung der WTO und EU hat das Thema an Aktualität nicht verloren. Zwei Problemkreise, die Frage nach der Kompetenz der EU im Bereich des Außenhandels und die unmittelbare Anwendung bzw. Geltung des WTO-Rechts in der EU, sollen im folgenden eingehender untersucht werden.

A. Die Handlungskompetenzen der EU für den Bereich des Außenhandels

Bei der Erläuterung der Mitgliedsstruktur der WTO wurde bereits dargestellt, daß die EU originäres Mitglied der WTO ist.[577] Hierzu mußte die EU, vertreten durch die Europäische Kommission, die Kompetenz besitzen, das völkerrechtliche WTO-Übereinkommen zumindest neben den einzelnen EU-Mitgliedstaaten zu unterzeichnen. Die Reichweite der Außenkompetenz der EU stellt nach wie vor eine zentrale dogmatische Problematik dar.[578] Eine nähere Betrachtung dieser Streitfrage ist lohnenswert, da nur so eine Aussage darüber getroffen werden

---

575 Es wird auf die Unterzeichnung der Römischen Verträge am 25.03.1957 abgestellt, die am 01.01.1958 für die unterzeichnenden Staaten in Kraft traten.
576 *Hilpold:* Die EU im GATT/WTO-System, S. 11.
577 Vgl. hierzu den Ersten Teil, 2. Kapitel, A., III.
578 *Hilpold:* Die EU im GATT/WTO-System, S. 72.

kann, inwieweit die EU den Liberalisierungsprozeß im Rahmen des GATS kompetenzrechtlich mit beeinflussen kann.
Die EU hat aufgrund ihrer Größe einen erheblichen Einfluß auf Entscheidungsprozesse innerhalb der WTO.[579] Sie kann Entwicklungen positiv beeinflussen, aber auch blockieren. Daher ist es auch zur Abgabe einer Prognose über die künftige Entwicklung der WTO interessant, die Kompetenzfrage der EU näher zu betrachten.

I. Die Außenkompetenzen der EU

Es gilt, zwischen den allgemeinen Außenkompetenzen und den Außenhandelskompetenzen der EU zu unterscheiden. Die allgemeine Außenkompetenz zum Abschluß von völkerrechtlichen Abkommen erhält die EU durch Art. 300 Abs. 1 EGV[580]. Danach ist der EU lediglich eine Außenkompetenz verliehen wurden, sofern der EG-Vertrag dies explizit vorsieht. Dieses Prinzip der enumerativen bzw. begrenzten Einzelermächtigung hat jedoch durch die Rechtsprechung des Europäischen Gerichtshofs (EuGH) eine Korrektur erfahren.
Der EuGH hat festgestellt, daß die EU nicht nur dann zum Abschluß internationaler Abkommen zuständig ist, wenn der EG-Vertrag dies ausdrücklich vorsieht[581], sondern zudem auf die Fortschreitung der Gemeinschaftsrechtsetzung abzustellen ist.[582] Die Außenkompetenz der EU hat ausschließlich ihre Grundlage im Primärrecht.[583] Macht die EU aber von der ihr eingeräumten Innenkompetenz Gebrauch und erkennt hierbei, daß eines der Ziele der Europäischen Gemeinschaft nur durch den Abschluß einer völkerrechtlichen Vereinbarung erreicht werden kann, so ist die EU-Kommission für den Abschluß eines derartigen Abkommens auch ohne explizite Regelung zuständig.[584]

Steht fest, daß der EU eine grundsätzliche Außenkompetenz eingeräumt wurde, so ist weiter zu überprüfen, ob ihr eine ausschließliche oder konkurrierende Kompetenz zusteht.[585] Für die Frage der Kompetenz der EU in WTO-rechtlichen Angelegenheiten ist aber nicht auf die allgemeine Außenkompetenz, sondern vielmehr auf die speziellere Außenhandelskompetenz abzustellen.

II. Die Außenhandelskompetenz der EU

Der EU steht gemäß Art. 133 Abs. 1 EGV grundsätzlich die Kompetenz zu, die gemeinsame Handelspolitik nach einheitlichen Grundsätzen zu gestalten. Weitgehend unstrittig ist, daß die EU gemäß Art. 133 Abs. 1 und 3 i.V.m. Art. 300 Abs. 1 EGV auch für den Abschluß internationaler Abkommen im Bereich der gemeinsamen Handelspolitik zuständig ist.[586] Hierin ist auch der Grund zu sehen, wes-

---

579 *Adlung* in *Müller-Graff (Hrsg.):* Die EG in der WTO, S. 131.

580 Die Artikel werden nach der neunummerierten Form des EG-Vertrages von Amsterdam bezeichnet.

581 So etwa Art. 111 Abs. 3; Art. 133, 134; Art. 170 Abs. 2; Art. 174 Abs. 4, Art. 181 und Art. 310 EGV.

582 *EuGH:* Rs. 22/70, Kommission gegen Rat, AETR-Fall, Slg. 1971, S. 263f.

583 *Hilpold:* Die EU im GATT/WTO-System, S. 79.

584 *Gutachten 1/76 des EuGHs*: zum Stillegungsfonds für die Rheinschiffahrt, Slg. 1977, S. 741f., Rn. 4.

585 Vgl. zu dieser Problematik *Hilpold:* Die EU im GATT/WTO-System, S. 81f. m.w.N.

586 *Vedder* in *Grabitz/Hilf (Hrsg.):* Kommentar zur EU, Art. 113, S. 54, Rz 1.; *Bourgeois* in *Groeben/Thiesing/Ehlermann (Hrsg.):* Kommentar zum EU/EG-Vertrag, Art. 113, Rz. 1.

halb die EU an den Verhandlungen im Rahmen der Uruguay-Runde teilgenommen hat und die WTO-Übereinkommen unterzeichnete. Ein Streitfall ist hingegen auch heute noch, ob der EU durch den EG-Vertrag eine ausschließliche Außenhandelskompetenz eingeräumt worden ist.

Dies hängt u.a. auch damit zusammen, daß für den Begriff der gemeinsamen Handelspolitik weder im EG-Vertrag selbst noch durch das Sekundärrecht bisher eine Definition geliefert worden ist.[587] Insoweit bestehen unterschiedliche Auffassungen darüber, welche Kompetenzen im Bereich des Außenhandels, der lediglich einen Teilbereich des Handels darstellt, auf die EU übertragen worden sind.

Während der Verhandlungen im Rahmen der Uruguay-Runde gab es zwischen der Europäischen Kommission und den Mitgliedsstaaten erneut Meinungsverschiedenheiten über die Außenhandelskompetenz der EU.[588] Der Interessenkonflikt führte schließlich dazu, daß die Europäische Kommission[589] den EuGH anrief und diesen um Erstellung eines Gutachtens[590] ersuchte, welches Auskunft darüber geben sollte, ob die EU für den Abschluß der im Rahmen der Uruguay-Runde ausgehandelten Abkommen ausschließlich zuständig sei. Der EuGH stand bei Erstellung des Gutachtens unter großem Zeitdruck: Die Kommission rief den EuGH am 06. April 1994 an, am 06. Oktober 1994 wurden neue Richter am EuGH ernannt, die Anhörung der Parteien erfolgte am 11. Oktober 1994.[591] Dennoch konnte der EuGH das Gutachten bis zum 15. November 1994 erstellen. Am 01. Januar 1995 sollten bekanntlich die WTO-Übereinkommen inkrafttreten, um so wichtiger war eine vorherige abschließende Klärung des Streits.

1. Das EuGH-Gutachten 1/94 und seine Bedeutung für die Außenhandelskompetenz der EU im Rahmen des GATS

Das Ergebnis des Gutachtens läßt sich stichwortartig wie folgt festhalten:

1. Gemäß Art. 133 EGV ist die EU für den Abschluß multilateraler Handelsübereinkünfte allein zuständig.
2. Für den Abschluß des GATS ist die Zuständigkeit zwischen der EU und ihren Mitgliedstaaten geteilt.
3. Dies gilt auch für den Abschluß des TRIPS.

Unter den Anwendungsbereich des GATS fallen verschiedene Erbringungsformen einer Dienstleistung.[592] Lediglich die grenzüberschreitende Dienstleistungserbringung, bei der es nicht zu einem Grenzübertritt von Personen kommt, subsumierte der EuGH unter den Begriff der gemeinsamen Handelspolitik.[593] Alle anderen vom GATS-Regelungsbereich erfaßten Erbringungsformen fallen nach Ansicht des

---

587 Vgl. *Hilpold:* Die EU im GATT/WTO-System, S. 67 m.w.N.

588 Näher hierzu und zu den unterschiedlichen Motiven der Europäischen Kommission und den EU-Mitgliedstaaten *Hilpold:* Die EU im GATT/WTO-System, S. 103.

589 Gemäß Art. 300 Abs. 6 EGV kann u.a. die Kommission den EuGH mit der Erstellung eines Gutachtens beauftragen.

590 *Gutachten 1/94 des EuGHs*: zur ausschließlichen Außenhandelskompetenz der EU für die WTO-Übereinkommen, Slg. I-1994, S. 5267f vom 15. November 1994.

591 Vgl. *Hilpold:* Die EU im GATT/WTO-System, S. 106.

592 Ausführlich hierzu Zweiter Teil, 1. Kapitel, B., III., 2. lit. d) und e).

593 *Gutachten 1/94 des EuGHs*: zur ausschließlichen Außenhandelskompetenz der EU für die WTO-Übereinkommen, Slg. I-1994, S. 5290, Rn. 46.

EuGHs nicht unter den Anwendungsbereich des Art. 133 EGV. Begründet wird dies u.a. mit Art. 3 EGV. Dieser differenziert zwischen einer gemeinsamen Handelspolitik (Art. 3 lit. b) EGV) und Maßnahmen hinsichtlich der Einreise und des Personenverkehrs (Art. 3 lit. d) EGV). Da das GATS jedoch auch für Erbringungsformen, bei denen es zu Dienstleistungshandel durch einen Grenzübertritt von Personen kommt, Anwendung findet, und dieser Bereich nicht gemäß Art. 3 lit. d) EGV unter den Begriff der gemeinsamen Handelspolitik fällt, besitzt die EU hier nicht die ausschließliche Außenhandelskompetenz.
Das Gutachten des EuGHs wurde in der Literatur zum Teil heftig kritisiert.[594] Zu hinterfragen ist hinsichtlich der Entscheidungen zum GATS-Übereinkommen sicherlich der Ansatzpunkt des EuGHs. Wie der Gerichtshof in seinem Gutachten selbst einräumt, handelt es sich bei den Erbringungsformen der Dienstleistung im Rahmen des GATS ausschließlich um *„Modalitäten der Dienstleistungserbringung“*, mithin nicht um die eigentliche Hauptmaßnahme, den internationalen Dienstleistungshandel. Die akzessorische Maßnahme unterliegt jedoch dem Regime der Hauptmaßnahme.[595] Der EuGH hätte daher entscheiden müssen, ob der EU die ausschließliche Außenhandelskompetenz für den Dienstleistungshandel obliegt.

Hierzu hätte es entscheiden müssen, ob der Dienstleistungshandel unter den Begriff der gemeinsamen Handelspolitik subsumiert werden kann. Dieser Ansatz wurde jedoch nicht gewählt. Die entscheidende Frage wurde durch das Gutachten (leider) nicht entschieden. Dabei ist zu bedenken, daß die Regierungen der EU-Mitgliedstaaten Vorbehalte gegenüber einer Ausweitung der gemeinsamen Handelspolitik zeigten.[596] Es ist daher zu vermuten, daß der EuGH einer Entscheidung auf Regierungsebene nicht zuvorkommen wollte und die Formulierung einer Definition des Begriffs der gemeinsamen Handelspolitik diesem Gremium überläßt.

Als Zwischenergebnis ist festzuhalten, daß die EU im Bereich der WTO-Übereinkommen nicht die ausschließliche Zuständigkeit besitzt. Die Interessen der EU sind mithin durch Kooperation zwischen den Regierungen der EU-Staaten und der Europäischen Kommission auf WTO-Ebene durchzusetzen.

Praktisch geschieht dies durch eine sogenannte „Adhoc-Konferenz“. Grundlage für die Einsetzung eines derartigen Ausschusses ist Art. 133 Abs. 3 Satz 2 EGV. Regelmäßig vor wichtigen WTO-Verhandlungsrunden treffen sich die zuständigen Mitarbeiter der EU-Kommission mit den Unterhändlern der EU-Staaten und stimmen eine gemeinsame Position ab. Hierbei gilt das Konsensprinzip, d.h., nur einvernehmlich kann eine EU-Verhandlungsposition festgelegt werden.

2. Die Änderung des Art. 133 Abs. 5 EGV und seine Bedeutung für die Außenhandelskompetenz der EU im Rahmen des GATS

Auf den Regierungskonferenzen zur Reform der europäischen Verträge von Maastricht (1992) und Amsterdam (1997) wurde auch über eine Reform der Bestimmungen der gemeinsamen Handelspolitik diskutiert. Auf der Regierungskonfe-

---

594 *Bourgeois:* The EC in the WTO, S. 763f. bezeichnete das Gutachten als „Echternach-Prozession“, diese zeichnet sich bekanntlich dadurch aus, daß die Teilnehmer nach drei Schritten vorwärts wieder zwei Schritte zurück gehen.

595 *Hilpold:* Die EU im GATT/WTO-System, S. 123 m.w.N. in Fn. 294.

596 *Hilpold:* Die EU im GATT/WTO-System, S. 125.

renz von Amsterdam unternahm die italienische Regierung den Versuch, die ausschließliche Zuständigkeit der EU auf den Bereich des Dienstleistungshandels auszudehnen.[597] Diese Initiative fand jedoch keine Mehrheit. Im Wege einer Kompromißlösung konnte man sich auf eine beschränkte und potentielle Ausweitungsmöglichkeit der EU für den Dienstleistungsbereich einigen. Die Neuerung findet ihren Niederschlag in Art. 133 Abs. 5 EGV. Danach ist es dem Europäischen Rat nunmehr möglich, auf Vorschlag der Europäischen Kommission und nach Anhörung des Europäischen Parlaments durch einen einstimmigen Beschluß die Zuständigkeit auf die EU auszudehnen. Ein derartiger einstimmiger Beschluß ist jedoch mittelfristig nicht zu erwarten, denn noch immer existieren Meinungsdifferenzen auf Regierungsebene.[598]

III. Zusammenfassung und Beurteilung

Auf dem Gebiet des Außenhandels besitzt die EU die ausschließliche Kompetenz, sofern der Regelungsgegenstand vom Begriff der gemeinsamen Handelspolitik i.S.d. Art. 133 EGV umfaßt ist. Für den Außenhandel mit Dienstleistungen besitzt die EU hingegen bisher nicht die ausschließliche Zuständigkeit. Hier besteht ein Kooperationsverhältnis zwischen der Europäischen Kommission und den Regierungen der EU-Mitgliedstaaten. Diesem wird durch einen gemeinsamen Ausschuß gemäß Art. 133 Abs. 3 Satz 2 EGV Rechnung getragen.

Es besteht die Gefahr, daß die besonderen Abstimmungs- und Beteiligungsnotwendigkeiten innerhalb der EU, deren Position in künftigen GATS-Verhandlungen schwächen wird. Die EU könnte ausschließlich damit beschäftigt sein, zu erklären wer wozu Stellungnahmen abgeben, Verhandlungen führen und Verpflichtungen eingehen kann.[599]

Diese Befürchtung kann hingegen nicht geteilt werden, weil es nach dem Recht der Europäischen Union nur eine Verhandlungsposition geben kann. So existieren innerhalb des GATS auch nicht Listen mit spezifischen Verpflichtungen der einzelnen EU-Staaten, sondern ausschließlich eine Liste der Europäischen Union und ihrer Mitgliedsstaaten.[600]

Das Problem dürfte vielmehr in einer möglicherweise mangelnden Flexibilität und Entscheidungsgeschwindigkeit der EU liegen. Denn die Kommission ist nicht nur zur Kooperation mit den EU-Staaten verpflichtet, sondern sie muß eine gemeinsame Verhandlungsposition im Konsens finden. Dies kann zu zeitaufwendigen Vorverhandlungen führen. Zudem kann die EU auf WTO-ebene keine Liberalisierungsverpflichtungen übernehmen, wenn nicht zuvor im Ausschuß nach Art. 133 Abs. 3 Satz 2 EGV hierüber ein Konsens erzielt worden ist. Am Beispiel der audiovisuellen Dienstleistungen wird dies besonders deutlich. Insbesondere Frankreich wünscht in diesem Bereich, wegen kultureller Bedenken, keine weiteren Liberalisierungen. Da also in diesem Sektor auf EU-ebene kein Konsens hergestellt werden konnte, wird die EU - selbst wenn sie mehrheitlich dafür wäre - keine Liberalisierungsverpflichtungen übernehmen können. Daher besteht u.U. die Gefahr, daß der „langsamste" EU-Staat den Kurs der gesamten EU bestimmt.

---

597 *Hilpold:* Die EU im GATT/WTO-System, S. 98.
598 Vgl. *Hilpold:* Die EU im GATT/WTO-System, S. 100.
599 *Bourgeois:* The EC in the WTO, S. 770f.
600 Vgl. z.B. die Liste mit den spezifischen Verpflichtungen für den Telekommunikationssektor von der Europäischen Union und ihrer Mitgliedstaaten im Anhang II.

Andererseits ermöglicht das Verfahren innerhalb der EU, daß einem zuständigen WTO-Gremium ein Verhandlungsvorschlag unterbreitet wird, der schon auf einem Kompromiß von 15 EU-Staaten basiert, mithin besonders mehrheitsfähig sein kann.[601] Hierin kann also auch ein Vorteil des EU-Verfahrens liegen.
Feststellbar ist aber, daß in der Vergangenheit der Impuls für weitere Liberalisierungsverhandlungen nicht von der EU gegeben, sondern eine abwartende Rolle von ihr eingenommen wurde.[602] Dies ist aber weniger auf das EU-Verfahren selbst, als wohl eher auf die politische oder verhandlungstaktische Position zurückzuführen.

Schließlich kann der Europäische Rat gemäß Art. 133 Abs. 5 EGV die Grundsätze der gemeinsamen Handelspolitik gemäß Art. 133 Abs. 1 bis 4 EGV durch einstimmigen Beschluß auf internationale Verhandlungen und Übereinkünfte über Dienstleistungen ausdehnen. Von dieser Möglichkeit hat er bisher aber keinen Gebrauch gemacht.

B. Die unmittelbare Anwendung bzw. Geltung des WTO-Rechts in der EU

Schon seit den 70er Jahren wurde die Frage, ob die völkerrechtlichen Regelungen des GATTs in den Mitgliedstaaten unmittelbar anwendbar sind, lebhaft diskutiert. Es geht hierbei um eine sachgerechte Problemlösung, die daraus resultiert, daß drei Rechtsordnungen, namentlich die nationale, gemeinschaftsrechtliche und die völkerrechtliche, ineinander greifen. Im einzelnen geht es darum, zu untersuchen, ob die Regelungen der WTO-Übereinkommen in Europa unmittelbar anwendbar sind. Hierbei ist zu unterscheiden zwischen dem Zeitpunkt vor Inkrafttreten des WTO-Übereinkommens und einer möglichen Veränderung nach dem Inkrafttreten. Zudem ist zu differenzieren zwischen dem Primärrecht, also den Bestimmungen der WTO-Übereinkommen und dem Sekundärrecht, das sich aus der Spruchpraxis der Streitbeilegungsorgane ergibt. Zunächst soll jedoch nur auf unmittelbare Anwendungsmöglichkeiten des Primärrechts eingegangen werden.

I. Die Situation vor dem Inkrafttreten der WTO-Übereinkommen

Erstmals und zugleich grundlegend wurde die unmittelbare Anwendbarkeit von GATT-Bestimmungen für den Bereich der EU im Jahre 1972 durch den EuGH entschieden.[603] Ein niederländisches Unternehmen klagte vor dem EuGH mit der Behauptung, daß die europäischen Einfuhrbestimmungen für Tafelobst gegen Art. XI GATT, der eine mengenmäßige Beschränkung verbietet, verstießen. Der EuGH entschied, daß die GATT-Bestimmungen für die Gemeinschaftsangehörigen kein Recht begründen würden, auf die sie sich vor dem europäischen Gericht berufen könnten. Mithin lehnte das Gericht nicht nur eine unmittelbare Anwendung der streitgegenständlichen GATT-Norm, sondern sämtlicher GATT-Normen für den Raum der Europäischen Gemeinschaft ab. Begründet wurde diese Entscheidung insbesondere mit der *„großen Geschmeidigkeit"* des GATT-Rechts. Gerade durch die Bestimmungen über das Konsultations- und Streitbeilegungsverfahren würden die Vertragsstaaten nicht völkerrechtlich gebunden. Der flexible Charakter

---

601 Auf diesen Vorteil haben die *Vertreter der EU-Kommission* und die *Vertreter einiger EU-Staaten* in einem Gespräch mit dem Verfasser in der Zeit vom 05. bis 08.06.2000 hingewiesen.

602 *Adlung* in *Müller-Graff (Hrsg.):* Die EG in der WTO, S. 132.

603 *EuGH:* Rs. C 21-24/1972, „International Fruit Company", Slg. 1972, S. 1219f.

vieler GATT-Bestimmungen würde eine unmittelbare Anwendung verbieten. Letztlich argumentierte der EuGH mit den Kriterien, die schließlich auch zum Ende des GATTs und zur Gründung der WTO führten.[604]

In den folgenden Jahren behielt der EuGH im wesentlichen seine Rechtsprechung bei. Lediglich durch zwei Entscheidungen wurde die stringente Linie des Gerichts aufgeweicht. Bei der ersten dieser beiden Entscheidungen legte der EuGH[605] bei seiner Argumentation unmittelbar GATT-Recht zugrunde. Dies resultierte daraus, daß die im Streit befindliche europarechtliche Bestimmung hinsichtlich der Auslegung explizit auf eine GATT-Bestimmung verwies.
Außerdem findet nach Ansicht des EuGHs eine unmittelbare Anwendung von GATT-Recht dann Anwendung, wenn eine gemeinschaftsrechtliche Regelung dazu bestimmt ist, eine GATT-rechtliche Verpflichtung umzusetzen.[606] Bestehen blieben die grundsätzlichen Überlegungen des EuGHs, daß das GATT keine Bestimmungen über eine unmittelbare Anwendbarkeit aufweist und die gesamte Struktur auch dagegen zu sprechen schien.[607]

Im Jahre 1993, also etwa zwei Jahre vor Inkrafttreten der WTO-Übereinkommen, mußte sich der EuGH erneut mit der Frage der unmittelbaren Anwendbarkeit von WTO-Recht beschäftigen. Anlaß war der in der öffentlichen Diskussion vielbeachtete „Bananenstreit".[608] Durch die Verordnung Nr. 404/93 vom 13.02.1993[609] sollte der gemeinsame „Bananenmarkt" in den Mitgliedstaaten der EU neu geregelt werden. Für die Bundesrepublik Deutschland bedeutete dies den zwangsweisen Rückfall in den Protektionismus.[610] Denn bis zur Einführung der „EU-Bananenmarktverordnung" wurde in Deutschland kein Zoll für den Import von Bananen erhoben. Die Verordnung sorgte dafür, daß die Einfuhr von Bananen aus dem US-Dollar Raum kontingentiert wurde und zudem erhebliche Zölle erhoben wurden.[611] Der Import von Bananen aus dem Raum der EU und den ehemaligen Kolonien wurde hingegen „subventioniert".
Die Auswirkungen waren insbesondere in der Bundesrepublik Deutschland deutlich zu spüren: Die Preise für Bananen stiegen sprunghaft, die Qualität nahm ab, und deutsche Importeure gerieten in existentielle Schwierigkeiten.[612]

Der EuGH mußte sich mehrfach mit der „EU-Bananenmarktverordnung" beschäftigten. Zunächst klagte die Bundesrepublik Deutschland gegen die Verordnung. Sie rügte einen Verstoß gegen Bestimmungen des GATT-Abkommens. Trotz der Tatsache, daß nun erstmals ein Mitglied der EU, das zugleich Mitglied des GATTs war, die unmittelbare Anwendung eines völkerrechtlichen Abkommens einforderte, blieb der EuGH[613] bei seiner bisherigen Rechtsprechung, nach der die Bestim-

---

604 Vgl. Erster Teil, 1. Kapitel, B., IV.
605 *EuGH:* Rs. 70/87, „Fediol III", Slg. 1989, S. 1781f.
606 *EuGH:* „Nakajima-Entscheidung", Slg. I-1991, S. 2069f.
607 *Hilpold:* Das Transparenzprinzip, S. 597, 612.
608 Vgl. etwa ***Handelsblatt*** vom 15.12.1998/Nr. 242, S. 3.
609 Siehe hierzu *Kuschel:* Die Bananenmarktordnung der EU, S. 218f.
610 *Hilpold:* Die EU im GATT/WTO-System, S. 194.
611 Ausführlich zu den Auswirkungen *Kuschel:* Die Bananemarktordnung der EU, S. 218f; *Hilpold:* Die EU im GATT/WTO-System, S. 194.
612 *Hilpold:* Die EU im GATT/WTO-System, S. 199 und S. 289.
613 *EuGH:* Rs. C-280/93 Bundesrepublik Deutschland ./. Rat, Slg. I-1994, S. 4973f.

mungen des GATT-Abkommens grundsätzlich nicht direkt anwendbar sind.[614] Dieser Grundsatz gelte auch im Hinblick auf die Verordnung.
Zur Begründung wurde erneut auf die *„Geschmeidigkeit“* und Flexibilität des GATT-Rechts verwiesen. Spätestens zum damaligen Zeitpunkt überzeugte diese Argumentation nicht mehr. Denn im Zuge der Uruguay-Verhandlungen wurde das GATT-Recht in wesentlichen Punkten, insbesondere auch im Bereich des Streitbeilegungsverfahrens, erheblich stringenter.[615] Diese Entwicklungen wurden von dem EuGH nicht entsprechend berücksichtigt, leider noch nicht einmal diskutiert.

Auch in den weiteren Entscheidungen des EuGHs[616], die aufgrund von Vorlagen deutscher Gerichte stattfanden, blieb der EuGH bei seiner Haltung. Diese Haltung mag im Ergebnis zu kritisieren sein.[617] In der Literatur wird teilweise denn auch eine unmittelbare Anwendung der WTO-Bestimmungen gefordert.[618] Es ist jedoch hervorzuheben, daß die Rechtsprechung des EuGHs die gegenwärtige mehrheitliche politische Meinung der Regierungen der EU-Staaten widerspiegelt. Denn der EU-Ministerrat hat in einem Beschluß ausdrücklich festgelegt, daß die WTO-Bestimmungen ihrer Natur nach nicht unmittelbar von Gerichten der Gemeinschaft oder Mitgliedstaaten angewendet werden können.[619]

Zwar sind einzelne WTO-Bestimmungen geeignet, unmittelbar angewendet zu werden,[620] insgesamt spricht aber die Struktur der WTO-Übereinkommen gegen eine unmittelbare Anwendbarkeit. Viele Bestimmungen stehen unter einem Vorbehalt der nationalen Umsetzung, der Liberalisierungsprozeß wird durch regelmäßige Verhandlungsrunden, nicht durch die WTO-Übereinkommen selbst, gewährleistet. Zudem ist die Mehrheit der EU-Regierungen und der WTO-Mitglieder gegen eine unmittelbare Anwendbarkeit der Bestimmungen. Aufgrund des Prinzips der Gewaltenteilung kann diese Tatsache nicht einfach durch die Judikative ignoriert werden.
Dem EuGH ist daher grundsätzlich im Ergebnis zu folgen. Wenig überzeugend ist hingegen die nach wie vor verwendete Argumentation. Das Gericht geht trotz der zahlreichen durch die WTO-Übereinkommen hervorgerufenen Veränderungen weiterhin von einer flexiblen und *„geschmeidigen“* völkerrechtlichen Rechtsordnung aus. Dabei übersieht es die Modifikationen im Bereich des Streitbeilegungsverfahrens. Sofern der EuGH künftig seine Rechtssprechung beibehalten will - und hiervon ist auszugehen[621] - ist er aufgefordert, zumindest seine Argumentation den veränderten Bedingungen anzupassen.

II. Die Situation nach dem 01.01.1995

Nach Gründung der WTO erhielt die Diskussion um die unmittelbare Anwendung des GATT/WTO-Rechts eine neue Dynamik. Nach der Reform der Streitbeile-

614 Vgl. auch *Cascante:* Der Streit um die EG-Bananenmarktordnung, S. 63.
615 Vgl. die Ausführungen im Ersten Teil, 2. Kapitel, A., IV. und B.
616 *EuGH:* „Atlanta-Entscheidung“, Slg. I-1995, S. 3761f = EuZW 24/1995, S. 836f., *EuGH:* „Port-Entscheidung“, Slg. I-1996, S. 6065f = EuZW 2/1997, S. 61f.
617 *Petersmann* in *Groeben/Thiesing/Ehlermann (Hrsg.):* Kommentar zum EU/EG-Vertrag, Art. 234, Rz. 23 m.w.N; *Albors-Llorens*: Law Review 1998, S. 242; *Weber/Moos*: Rechtswirkungen von WTO-Streibeilegungsentscheidungen, EuZW 1999, S. 229, 230.
618 *Drexl:* GRUR Int. 1994, S. 777, 784f.
619 EU-Ratsentscheidung 94/800, O.J. 1994, L. 336/1.
620 *Drexl:* GRUR Int. 1994, S. 777, 784f; *Hilpold:* Die EU im GATT/WTO-System, S. 326.
621 *Moritz:* MMR 1998, S. 393, 399; *Hilpold:* Die EU im GATT/WTO-System, S. 321.

gungsordnung ging es nicht nur um die Frage, ob das WTO-Primärrecht unmittelbar anwendbar ist, sondern auch um Klärung, wie mit dem Sekundärrecht - der Spruchpraxis der Streitbeilegungsorgane - zu verfahren ist.

1. Die unmittelbare Anwendung des WTO-Primärrechts in der EU

Da dieser Punkt nicht nur in Europa strittig war, sondern in den anderen WTO-Mitgliedsstaaten ebenfalls kontrovers diskutiert wurde, unternahm die Schweiz anläßlich der Uruguay-Runde den Versuch, die unmittelbare Anwendung des WTO-Rechts explizit im Übereinkommen selbst zu regeln.[622] Dieser Vorschlag fand jedoch keine Mehrheit, auch die EU-Kommission votierte gegen den schweizerischen Vorschlag.[623] Mithin ist festzuhalten, daß die unmittelbare Anwendung von WTO-Primärrecht nicht durchgesetzt werden konnte.

2. Die unmittelbare Anwendung des WTO-Sekundärrechts

Bisher wurde die Frage der unmittelbaren Anwendbarkeit von WTO-Primärrecht erörtert. Gerade nachdem die WTO-Streitbeilegungsorgane die EU-Bananenmarktverordnung für WTO-widrig erklärt haben, gewinnt die Frage, ob auch das Sekundärrecht der WTO, also die Rechtsprechung der *Panels* bzw. des *Appellate Body,* keine unmittelbare Anwendung erfahren soll an Aktualität.[624]

Die EU-Bananenmarktverordnung wurde bereits 1993 und 1994 für GATT-widrig erklärt.[625] Der „Bananenstreit" war auch nach Gründung der WTO keineswegs beigelegt. Der WTO-Streitbeilegungsausschuß verurteilte die EU-Bananenmarktverordnung als mit dem WTO-Recht nicht vereinbar.[626] Dieses „Urteil" wurde durch die neu geschaffene Berufungsinstanz bestätigt.[627] Die EU veränderte hieraufhin ihre Verordnung.[628] Aber auch die korrigierte Ausfertigung wurde von dem Streitbeilegungsgremium als nicht konform mit den GATT-Bestimmungen beurteilt.[629]

Die USA machten aufgrund der GATT-widrigen EU-Bananenmarktverordnung Außenhandelsausfälle i.H.v. ca. 520 Millionen US-Dollar geltend und verlangten Entschädigungsleistungen.[630] Der Schiedsrichter bezifferte die Ausfälle auf 191,4 Millionen US-Dollar. Auf Antrag der USA genehmigte der Streitbeilegungsausschuß daher gemäß Art. 22 Abs. 7 Streitbeilegungsordnung den USA, daß sie Zugeständnisse oder sonstige Pflichten gegenüber der EU in einer Höhe von

---

622 *GATT:* Doc.MTN.GNG/NG8/W/67, 24.01.1990, S. 2.

623 *Hilpold:* Die EU im GATT/WTO-System, S. 253.

624 Vgl. *Weber/Moos:* Rechtswirkungen von WTO-Streitbeilegungsentscheidungen, EuZW 1999, S. 229, 231.

625 Ausführlich hierzu *Cascante:* Der Streit um die EG-Bananenmarktordnung, S. 62f.

626 Vgl. Panelbericht WT/DS27/ vom 08. May 1996, dieser ist auf der Internetseite *http://www.wto.org/wto/dispute/distab/htm.* abrufbar; Auszüge der Entscheidung finden sich auch im *WTO:* Annual Report 1997, S. 130 und *WTO*: Annual Report 1998, S. 106.

627 Vgl. Appellate Body WT/DS 27/AB/R vom 09.09.1997 = EuZW 18/1997, S. 566f; *WTO:* Annual Report 1998, S. 106.

628 Verordnung Nr. 1637 des Rates vom 20.07.1998 zur Änderung der Verordnung Nr. 404/93 über die Gemeinsame Marktorganisation für Bananen, Abl. Nr. L 210 v. 28.07.1998, S. 28f.

629 *WTO:* Annual Report 1999, S. 82.

630 „Für Washington ist der Bananenstreit nur ein Auftakt" so die Überschrift eines Artikels im *Handelsblatt* vom 15.12.1998/Nr. 242, S. 3.

191,4 Millionen US-Dollar aussetzen dürfen.[631] Die EU bleibt gemäß Art. 22 Abs. 8 Streitbeilegungsordnung weiterhin gehalten, ihre Bananenmarktverordnung gänzlich aufzugeben oder WTO-konform zu gestalten.

Es geht darum, ob sich ein WTO-Mitglied unmittelbar auf die Entscheidungen der WTO-Streitbeilegungsorgane berufen kann. Im „Bananenstreit" könnte dies dazu führen, daß die Bundesrepublik sich aufgrund der Spruchpraxis der WTO-Organe nicht mehr an die EU-Bananenmarktverordnung halten muß. Das EU-Recht würde von einer „höheren Instanz" überprüft werden. Dieses Gedankenspiel zeigt die Brisanz der Fragestellung. Die Diskussion über die unmittelbare Anwendbarkeit von Sekundärrecht bleibt daher interessant.

Anders als zum Primärrecht existiert bisher noch keine Judikatur des EuGHs zum GATT/WTO-Sekundärrecht.[632] Zu bedenken ist, daß die EU nunmehr selbst Mitglied der WTO ist, mit der Folge, daß das WTO-Übereinkommen ein „echtes" Gemeinschaftsabkommen darstellt.[633] Mithin ist dieses Übereinkommen gemäß Art. 300 Abs. 7 EGV auch für die Gemeinschaftsorgane verbindlich. Für Gemeinschaftsabkommen gilt ferner die Vermutungswirkung, daß gewöhnlich von einer unmittelbaren Anwendbarkeit der Bestimmungen ausgegangen werden kann.[634] Zudem erkennt der EuGH die Verbindlichkeit von Entscheidungen eines im Rahmen eines internationalen Abkommens geschaffenen Gerichtshofs an, der für die Regelung von Streitigkeiten zwischen den Vertragsparteien des jeweiligen Abkommens und mithin auch für die Auslegung der Bestimmungen zuständig ist.[635] Hiermit trifft der EuGH zwar eine formelle Zuständigkeitsfeststellung, nennt aber keine materiellen Kriterien, die einen Gerichtscharakter begründen.

Im Hinblick auf die WTO-Streitbeilegungsverfahren wird teilweise behauptet, daß die Entscheidungsträger der WTO-Streitbeilegungsorgane unabhängig und objektiv seien, das Verfahren rechtstaatlich sei und die Entscheidungen sowohl Rechtsqualität als auch Konsistenz besitzen würden. Aus diesen Gründen sei der Gerichtscharakter gewahrt, und es würden daher gute Gründe für eine Bindung des EuGHs an die Entscheidungen der Streitbeilegungsorgane sowie für eine unmittelbare Anwendbarkeit des WTO-Sekundärrechts sprechen.[636]

Gegen eine unmittelbare Anwendung des Sekundärrechts bestehen weiterhin aber erhebliche Bedenken. Die Entscheidungen der Streitbeilegungsorgane weisen keine gerichtliche Rechtsqualität und Konsistenz auf. In der Streitbeilegungsordnung fehlt etwa eine Bestimmung zur Vollstreckbarkeit einer Entscheidung. Zwar enthält Art. 21 WTO-Streitbeilegungsordnung Bestimmungen zur Überwachung und Umsetzung von Entscheidung, eine etwa dem Art. 244 EGV entsprechende Vollstreckungsbestimmung enthält die sie hingegen nicht. Grundsätzlich sind zwar die WTO-Mitglieder zur Umsetzung der Entscheidung verpflichtet, aber gegen Zahlung von Entschädigungen oder sofern sie kompensatorische Sanktionen des

---

631 *WTO:* Annual Report 1999, S. 83.

632 *Weber/Moos:* Rechtswirkungen von WTO-Streitbeilegungsentscheidungen, EuZW 1999, S. 229, 231.

633 *Weber/Moos*: Rechtswirkungen von WTO-Streitbeilegungsentscheidungen, EuZW 1999, S. 229, 230.

634 *Schroeder/Selmayr:* Die EG, das GATT und die Vollzugslehre, JZ 1998, S. 344, 348.

635 *Gutachten 1/94 des EuGHs*, Slg. I-1991, S. 6079, Rn. 39.

636 *Weber/Moos*: Rechtswirkungen von WTO-Streitbeilegungsentscheidungen, EuZW 1999, S. 229, 232.

Streitbeilegungsgegners ertragen wollen, können sie die Entscheidung auch ignorieren. Hieran hindert sie weder Art. 21 noch Art. 22 Streitbeilegungsordnung.[637] Eine Einschränkung könnte sich allenfalls aus dem völkergewohnheitsrechtlichen Grundsatz des *pacta sunt servanda* ergeben.[638] Dieser besagt, das völkerrechtliche Verträge eingehalten bzw. erfüllt werden müssen.[639] Allerdings ergibt sich aus den WTO-Übereinkommen gerade nicht, daß das Sekundärrecht unmittelbare Geltung in den Mitgliedstaaten entfalten soll. Die WTO-Streitbeilegungsordnung nimmt die Nichtbeachtung der Entscheidung hin und trifft Regelungen für Vergeltungsmaßnahmen.

Das gewichtigste Argument gegen die unmittelbare Anwendbarkeit des Sekundärrechts ist jedoch der entgegenstehende politische Wille der WTO-Mitglieder. Insofern ist auf das oben Gesagte zu verweisen. Die Vertragsparteien der WTO-Übereinkommen wollten weder eine unmittelbare Anwendbarkeit des Primär- noch des Sekundärrechts. Neben den strukturellen Defiziten der Streitbeilegungsordnung spricht der Gesichtspunkt der Gewaltenteilung gegen die unmittelbare Anwendbarkeit des Sekundärrechts. Ob die Streitbeilegungsorgane Gerichtscharakter besitzen und zudem die Entscheidungen unmittelbare Anwendung erfahren sollen, ist in weiteren Verhandlungen von den Regierungen der WTO-Mitglieder selbst zu entscheiden. Dieser Weg wäre wünschenswert, ist aber weder durch deutsche noch durch europäische Gerichte zu entscheiden.

Eine gewisse Entschärfung des Konflikts erfolgt zudem durch den Grundsatz der völkerrechtskonformen Auslegung. Danach ist von mehreren möglichen Auslegungsvarianten diejenige zu wählen, welche dem Völkerrecht am ehesten entspricht.[640] Dieser Grundsatz gilt nach der Rechtssprechung des EuGHs auch bei der Auslegung des WTO-Rechts.[641] Immer dann, wenn es um die Auslegung von Primär- oder Sekundärrecht der WTO geht, besitzen europäische und deutsche Gerichte einen begrenzten Gestaltungsspielraum.
Festzuhalten bleibt, daß eine unmittelbare Anwendung des WTO-Sekundärrechts durch die Mitglieder nicht erfolgt.

III. Zusammenfassung und Beurteilung

Festzuhalten ist, daß grundsätzlich weder die Bestimmungen aus den WTO-Übereinkommen noch die Entscheidungen der Streitbeilegungsorgane eine unmittelbare Anwendung in den Staaten der EU erfahren. Nur sofern das EU-Recht explizit auf das WTO-Recht verweist, kann es zu einer unmittelbaren Anwendung kommen. Die Rechtsprechung des EuGHs hat sich im Ergebnis und in der Begründung trotz der erheblichen Veränderungen durch die WTO-Übereinkommen nicht verändert. Auch in den Rechtsordnungen wichtiger Handelspartner der EU, wie z.B. den USA, gelangt das WTO-Recht nicht zu einer unmittelbaren Anwendung.[642]

---

637 Dieses Problem wir denn auch von Befürwortern einer unmittelbaren Anwendbarkeit von WTO-Sekundärrecht erkannt, vgl. etwa *Weber/Moos*: Rechtswirkungen von WTO-Streitbeilegungsentscheidungen, EuZW 1999, S. 229, 230.

638 *Cottier* in *FIW (Hrsg.)*: Die Bedeutung, S. 134.

639 *Creifelds:* Rechtswörterbuch, S. 908.

640 *EuGH:* Marleasing-Entscheidung, Slg. I-1990, S. 4135; vgl. auch grundsätzlich zum Gebot der völkerrechtskonformen Auslegung *Moritz:* MMR 1998, S. 393, 398.

641 *EuGH:* Slg. I-1996, S. 398f.

642 *Moritz:* MMR 1998, S. 393, 399.

Es scheint so, als ob der Grundsatz der Reziprozität auch für den Bereich der unmittelbaren Anwendung der WTO-Bestimmungen bzw. des Sekundärrechts gelten soll. Die Mehrzahl der WTO-Mitglieder will sich aus verfassungsrechtlichen oder politischen Gründen einen Spielraum für die Umsetzung erhalten. Allenfalls im Wege weiterer Liberalisierungsverhandlungen kann erreicht werden, daß zunehmend dem WTO-Recht eine unmittelbare Anwendung in den Mitgliedstaaten zuerkannt wird. Für die Akzeptanz des WTO-Rechts in der Bevölkerung der WTO-Mitglieder und aus Gründen eines liberalen Welthandels wäre eine derartige Entwicklung wünschenswert. Angesichts der sehr unterschiedlichen Verfassungsstruktur bei den z.Z. 134 WTO-Mitgliedern ist von der mittelfristigen Erreichung eines derartigen Ziels eher nicht auszugehen. Die aktuelle Position des EU-Ministerrats lehnt eine unmittelbare Anwendung ab, doch versucht die Kommission regelmäßig, den Rat umzustimmen.[643] Der EuGH hat zwar teilweise dem WTO-Recht auf EU-Ebene zum Durchbruch verholfen, aufgrund der klaren Haltung der europäischen Regierungen scheut er sich aber berechtigter Weise vor einer weiteren „öffnenden" Rechtsprechung.

2. Kapitel: Die Bedeutung des GATS-Rechts für private Parteien

Nachdem gezeigt worden ist, daß das WTO-Recht durch die WTO-Mitglieder nicht unmittelbar angewendet wird, fragt sich, ob es überhaupt eine Bedeutung für private Parteien erlangt. Es wird zu untersuchen sein, ob das WTO-Recht und hier insbesondere die GATS-Bestimmungen die Handlungsweise von Privaten in irgendeiner Form tangiert. Zudem wird zu klären sein, ob und welche Rolle private Parteien bei der Fortentwicklung des GATS/WTO-Rechts einnehmen können.

A. Die Bedeutung europäischer privater Parteien hinsichtlich des GATS-Primärrechts

Der Einfluß privater Personen auf das GATS-Primärrecht ist sehr gering, denn es ist zu bedenken, daß es sich bei dem GATS-Übereinkommen um einen völkerrechtlichen Vertrag handelt, der nur Rechtswirkung zwischen den Vertragsparteien, mithin den handelnden Regierungen, erzeugt.
Bei den Verhandlungen zum GATS-Übereinkommen waren und werden auch künftig private Parteien nicht anwesend sein. An der Entstehung neuer GATS-Bestimmungen werden daher Privatpersonen direkt keinen Einfluß haben.
Allerdings verfügen insbesondere europäische Interessenvertreter der Industrie über einen nicht zu unterschätzenden indirekten Einfluß. Durch gezielte „Lobbyarbeit" können sie den Kontakt zu den jeweiligen nationalen und internationalen Regierungen suchen. Sie können auf Wettbewerbsnachteile und spezifische praktische Probleme aufmerksam machen. Unterstützt durch eine aktive „Medienarbeit" bietet sich daher die Möglichkeit einen politischen Druck auf Regierungen im Vor-

---

643 Nach Aussage von *Dr. D. Barth* in einem Gespräch mit dem *Verfasser* vom 06.04.2000 in Form des autorisierten Gesprächsprotokolls vom 17.04.2000 hat die Kommission auf der letzten Regierungskonferenz vom 28.01.2000 erneut eine Änderung des Art. 133 EGV verlangt. Die Ergebnisse der Regierungskonferenz stehen noch aus.

feld von GATS-Verhandlungen auszuüben. Mittelbar können sie somit Einfluß zumindest auf die Verhandlungsthemen nehmen.

Die „Lobbyarbeit" ist von nationalen Verbänden geprägt. Teilweise existieren aber auch auf europäischer Ebene Interessenverbände, die für eine Vielzahl europäischer Unternehmen agieren. Bei diesen Interessenverbänden ist ein Umdenken erforderlich. Sie sind aufgefordert, ihren Blick von nationalen bzw. europäischen Interessen hin zu einem globalen Denken zu verändern. Denn durch die Liberalisierung erhalten Unternehmen einerseits - vielleicht befürchtete - Konkurrenz, andererseits werden durch sie neue Märkte und damit neue Chancen eröffnet. Konzertierte Aktionen von Interessenverbänden auf internationaler Ebene führen dazu, daß den Äußerungen mehr Gewicht beigemessen wird. Hierdurch entsteht nicht nur politischer Druck auf die Verhandlungsführer einzelner GATS-Mitglieder sondern auf die gesamte Verhandlungsgruppe. Selbst dann, wenn nationale Regierungen protektionistische Ziele verfolgen, können nationale Lobbyisten über den „Umweg" international konzertierter Aktionen politischen Druck ausüben und Verhandlungsergebnisse beeinflußen.
Nicht selten sind es jedoch die nationalen Interessenverbände, die für ihren Sektor Protektionen von ihren nationalen Regierungen einfordern. Insoweit hat häufig sowohl bei Politikern als auch bei Wirtschaftsvertretern noch kein Umdenken stattgefunden. Es gilt, sich den durch die WTO-Übereinkommen veränderten Rahmenbindungen anzupassen und sich den Herausforderungen der Globalisierung aktiv zu stellen.

B. Die Bedeutung europäischer privater Parteien hinsichtlich des GATS-Sekundärrechts

Das WTO-Sekundärrecht, also die Rechtsprechung des Streitbeilegungsausschusses, wirkt sich auf europäische Privatpersonen in zweierlei Hinsicht aus. Zum einen ist zu klären, welche Rolle die Privatwirtschaft im Streitbeilegungsausschuß einnimmt, zum zweiten ist die Auswirkung des WTO-Rechts bzw. der *Panel*entscheidung auf Verfahren der Privatwirtschaft vor nationalen und europäischen Gerichten näher zu untersuchen.

I. Die Rolle der Privatwirtschaft im Streitbeilegungsverfahren

Bei dem Streitbeilegungsverfahren der WTO handelt es sich (bisher) zwar um ein rein zwischenstaatliches Verfahren[644], hinsichtlich der Einleitung und Vorbereitung eines derartigen Verfahrens besitzt die Privatwirtschaft jedoch einen Gestaltungsspielraum.[645] Ihr obliegt die Aufgabe, bei formellen und materiellen Verstößen gegen GATS-Bestimmungen ein Streitbeilegungsverfahren durch die jeweilige Regierung zu initiieren. Sofern es sich um Verstöße der gemeinsamen Handelspolitik handelt, ist aufgrund der europäischen Verordnung Nr. 3268/94[646] die Europäische Kommission ausschließlich klagebefugt für ein Verfahren vor dem WTO-Streitbeilegungsverfahren. Die Verordnung wird auch als *Trade Barriers Regulation* bezeichnet.[647]

---

644 Ausführlich zum Streitbeilegungsverfahren: Erster Teil, 2. Kapitel, A., IV.

645 *Cottier* in *FIW (Hrsg.):* Die Bedeutung, S. 127.

646 Abl. Nr. 349/71 v. 31.12.1994, Verordnung Nr. 3268/94 des europäischen Rates vom 22.12.1994.

647 *Cottier* in *FIW (Hrsg.):* Die Bedeutung, S. 128, *Moritz:* MMR 1998, S. 393, 397.

Sie begründet für private Parteien das Recht, unrechtmäßige Handelspraktiken von Drittstaaten anzuklagen und EG-Behörden zur schnellen und effektiven Intervention aufzufordern.[648] In diesem Verfahren müssen von der klagenden Partei quantitative Nachweise einer Benachteiligung auf dem betreffenden Exportmarkt nachgewiesen werden. *Die Trade Barriers Regulation* sind quasi ein notwendiges Vorfahren um zu klären, ob ein WTO-Streitbeilegungsverfahren der EU-Kommission notwendig ist.

Anders ist jedoch das Verfahren in weiten Bereichen des GATS- und des TRIPS-Übereinkommens. Für die Einleitung eines derartigen Streitbeilegungsverfahrens sind die einzelnen EU-Mitgliedstaaten zuständig, sofern es nicht um Gegenstände der gemeinsamen Handelspolitik geht.[649]

Zu bedenken ist aber, daß nur eine Liste mit spezifischen Verpflichtungen der EU und ihrer Mitgliedsstaaten existiert. Geht es also um einen Streit über derartige eingegangene Verpflichtungen, dürfte ausschließlich die EU-Kommission als Partei in Frage kommen. Hier bestehen noch formelle Rechtsunsicherheiten, denn die Thematik ist praktisch noch nicht entschieden, da es bisher kein ausschließliches Streitbeilegungsverfahren über GATS-Bestimmungen gab.

Andererseits können sich betroffene Unternehmen wohl ein *Trade Barriers - Verfahren* ersparen, sofern es um Streitfragen geht, die weder der gemeinsamen Handelspolitik noch den spezifischen Verpflichtungen unterliegen. Sie müssen dann ihre nationale Regierung von der Notwendigkeit der Einleitung eines Verfahrens überzeugen. Ein den *Trade Barries Regulations* entsprechendes Vorverfahren existiert in der Bundesrepublik nicht.

Da nach Rechtsprechung des EuGHs Dienstleistungen, die grenzüberschreitend, jedoch ohne einen Grenzübertritt von Personen erbracht werden, unter den Begriff der gemeinsamen Handelspolitik fallen, ist für die Einleitung von Streitbeilegungsverfahren über diesen Problemkreis unstreitig die EU-Kommission allein zuständig.

Im Bereich der Telekommunikation erfolgt überwiegend die Erbringung der Dienstleistung auf elektronischem Weg. Dies hat zu Folge, daß ein Grenzübertritt von Personen gewöhnlich nicht notwendig ist. Damit muß ein deutsches Unternehmen, das etwa einen Verstoß gegen spezifische Verpflichtungen der Telekommunikationsanlage durch einen Drittstaat als gegeben ansieht, nicht lediglich die deutsche Regierung von der Einleitung eines Streitbeilegungsverfahrens überzeugen, sondern vielmehr mit einem derartigen Anliegen an die EU-Kommission herantreten.[650] Es obliegt den Unternehmen und deren Rechtsvertretern, die WTO-rechtlichen Probleme zu erkennen und eine rechtliche Argumentation zu entwickeln. Die gleiche Aufgabe ist zu erfüllen, wo auf die Klage eines anderen WTO-Mitglieds zu reagieren ist. Mithin ist eine Kooperation zwischen der Privatwirtschaft und der nationalen Regierung bzw. der Europäischen Kommission geboten.[651]

---

648 Art. 3 der Verordnung Nr. 3268/94, Abl. Nr. 349/71 v. 31.12.1994.

649 Vgl. Art. 4 Abs. 2 und Art. 10 der Verordnung Nr. 3268/94, Abl. Nr. 349/71 v. 31.12.1994.

650 Vgl. *Hilf:* EG-Außenkompetenzen in Grenzen, EuZW 1995, S. 7.

651 *Cottier* in *FIW (Hrsg.):* Die Bedeutung, S. 129.

Sofern die EU oder die nationale Regierung ein Streitbeilegungsverfahren betreiben, ist aufgrund der Komplexität der Bestimmungen der einzelnen WTO-Übereinkommen eine Zusammenarbeit unumgänglich. Dies gilt auch, sofern die EU bzw. eine nationale Regierung Beklagte in einem Verfahren ist. Die Privatwirtschaft besitzt häufig die größere Sachnähe, weil sie mit den Auswirkungen von Verletzungen der WTO-Bestimmungen unmittelbar konfrontiert ist. Sie kann daher einfacher und kompetenter notwendige Beweismittel beibringen und bei der Argumentation der Klage- bzw. Beklagtenschrift mitwirken.

Bisher wurden die DSB-Verfahren jedoch ausschließlich von einem Rechtsvertreter der EU-Kommission bzw. der nationalen Regierung geführt. Ein Antrag der USA, sich in einem Verfahren durch einen privaten Anwalt vertreten zu lassen, wurde durch das *Panel* abgelehnt.[652]

Durch die Zulassung von Anwälten würde jedoch das Streitbeilegungsverfahren einen weiteren Schritt hin zu einem gerichtlichen Verfahren gehen und wäre praktisch von einem derartigem nicht mehr zu unterscheiden. Ein solcher Schritt würde zudem die Gefahr eines „politischen“ Verfahrens minimieren und die Auseinandersetzung mit der eigentlichen Rechtsanwendung des WTO-Rechts stärken.

Dies erkannte auch der *Appellate Body* und hat nunmehr den Streitparteien gestattet, sich in den mündlichen Verhandlungen durch private, nicht der Regierung des Mitgliedstaates als Angestellter oder Beamter angehörender juristischer Berater, etwa von Anwälten, vertreten zu lassen.[653]

Hoffnungsvoll ist in sofern auch die jüngste Entwicklung der Spruchpraxis des *Appellate Body.* In einem Verfahren zwischen den USA und einigen asiatischen Staaten hatten private Organisationen Stellungnahmen unaufgefordert beim Streitbeilegungsausschuß eingereicht. Die „erste Instanz“, der *Panel*[654] entschied, daß lediglich die Parteien diese Stellungnahmen in ihren Schriftsätzen ins Verfahren einführen könnten, andernfalls seien sie nicht zu berücksichtigen. Die USA verfuhren entsprechend.

Der Streit ging in die „nächste Instanz“. Der *Appellate Body*[655] bestätigte zwar die Entscheidung des *Panels,* stellte zudem aber fest, daß ein *Panel* Stellungnahmen der Parteien berücksichtigen *muß*, hingegen gemäß Art. 13 Abs. 2 Streitbeilegungsordnung selbständige unaufgeforderte Stellungnahmen privater Parteien ebenfalls berücksichtigen *kann*. Somit *müssen* die unaufgeforderten Stellungnahmen privater Parteien *nicht* durch die Parteien eingeführt werden. Die Eingaben *können* auch direkt vom Streitbeilegungsorgan berücksichtigt werden.

---

652 European Communities - Regime for Importation, Sale and Distribution of Bananas (WT/DS27/USA vom 22.05.1997 paras 7.10, 7.12, S. 290f).

653 European Communities - Regime for Importation, Sale and Distribution of Bananas (WT/DS27/AB/R, Tz. 5 bis 12 vom 29.09.1997); vgl. auch *Ohlhoff:* Beteiligung von Verbänden in EuZW 1999, S. 139, 143.

654 *„Shrimps-Turtle-Verfahren“*, Entscheidung des erstinstanzlichen Panels vom 15.05.1998 WT/DS58/R kann unter der Internetadresse *http://www.wto.org./wto/dispute/dispute/htm* abgerufen werden, vgl. auch Auszüge der Entscheidung in EuZW 1999, 150.

655 *„Shrimps-Turtle-Verfahren“*, Entscheidung des Standing Appellate Body vom 12.10.1998 WT/DS58/AB/R kann unter der Internetadresse *http://www.wto.org./wto/dispute/dispute/htm* abgerufen werden.

Diese Entscheidung stellt einen großen Fortschritt bei der Öffnung des WTO-Streitbeilegungsverfahrens für private Organisationen, Unternehmen und Personen dar.[656]

Zur Zeit steht privaten Parteien ein selbständiges Klagerecht (noch) nicht zu. Fraglich ist, ob es künftig zu einer Öffnung des WTO-Streitbeilegungsverfahrens kommen wird. Dies könnte möglicherweise schrittweise geschehen, so daß sich private Klagerechte nur auf punktuelle Bereiche der WTO-Übereinkommen erstrecken würden.[657] Denkbar wäre, daß lediglich materielle Verstöße, die sich aus einer Verletzung der übernommenen spezifischen Verpflichtungen ergeben, vor einem DSB-*Panel* durch private Parteien gerügt werden könnten. Ein derartiges Vorgehen würde zu einer Aufwertung des WTO-Rechts und mithin zu einer größeren Akzeptanz dieser Rechtsmaterie führen.[658]

Daher gibt es Stimmen in der Literatur,[659] die die neuere Spruchpraxis der Streitbeilegungsorgane unterstützen und ein Klagerecht für private Parteien fordern. Ein derartiger Schritt würde das bisherige Verfahren allerdings erheblich reformieren.
Auf WTO-ebene wurde über eine Öffnung der Klagebefugnis bisher noch nicht diskutiert. Die Angst vor einem Kompetenzverlust der WTO-Mitglieder ist nicht zu unterschätzen. Auf absehbare Zeit ist daher nicht damit zu rechnen, daß auch privaten Parteien ein Klagerecht im Rahmen des WTO-Streitbeilegungsverfahrens zugestanden wird.

Aber schon jetzt können Dritte, die ein wesentliches Interesse an einer streitigen Angelegenheit besitzen, gemäß Art. 10 Abs. 2 (*Panel*verfahren) bzw. Art. 17 Abs. 4 (Appellate Body Verfahren) Streitbeilegungsordnung Stellungnahmen abgeben.

II. Die Auswirkungen des GATS-Rechts auf nationale und europäische Gerichte

Die bisherige Untersuchung ergab, daß die europäischen und deutschen Gerichte grundsätzlich nicht befugt sind, weder das primäre noch das sekundäre WTO-Recht unmittelbar anzuwenden. Nur in wenigen Ausnahmefällen, insbesondere, wenn das europäische Recht direkt auf WTO-Recht verweist, kann eine unmittelbare Anwendbarkeit angenommen werden.

Eine Ausnahme gilt für das TRIPS-Übereinkommen. Dieser Sektor gehört in weiten Teilen nicht zu dem Kompetenzbereich der Europäischen Union. Die Bundesregierung war daher nicht daran gehindert, diesem Abkommen eine unmittelbare Wirkung explizit zukommen zu lassen. TRIPS-Regelungen, die ihrem Wortlaut nach hierfür in Betracht kommen, sind in der Bundesrepublik unmittelbar anwendbar.[660] Das bedeutet, daß sich die Privatwirtschaft vor deutschen Gerichten unmittelbar auf derartige Bestimmungen des TRIPS berufen kann.

---

656 *Ohlhoff:* Beteiligung von Verbänden in EuZW 1999, S. 139, 142.

657 So etwa *Cottier* in *FIW (Hrsg.):* Die Bedeutung, S. 131.

658 So auch *Ohlhoff:* Beteiligung von Verbänden in EuZW 1999, S. 139, 143.

659 Vgl. *Ohlhoff:* Beteiligung von Verbänden in EuZW 1999, S. 139, 143; *Cottier* in *FIW (Hrsg.):* Die Bedeutung, S. 137; *Petersmann:* The GATT/WTO Dispute Settelment System 1997, S. 21f.

660 Deutscher Bundestag - 12. Wahlperiode, Drucksache 12/7655 (neu), S. 345.

Privatparteien können sich jedoch aufgrund des Gebots der völkerrechtskonformen Auslegung auch auf die WTO-Bestimmungen vor nationalen und europäischen Gerichten berufen. Hierdurch kann häufig die brisante Frage der unmittelbaren Anwendung des WTO-Rechts umgangen werden. In diesem Bereich besteht ein erhebliches Entwicklungspotential. Denn in der Praxis sind weder Anwälte noch Verwaltungsbehörden und Gerichte völkerrechtlich, insbesondere WTO-rechtlich, genügend sensibilisiert und ausgebildet.[661] Es geht daher darum, die Relevanz einer relativ neuen völkerrechtlichen Regelung für einen Rechtsstreit zu erkennen.

661 *Cottier* in *FIW (Hrsg.):* Die Bedeutung, S. 133.

Zusammenfassung der Ergebnisse und Schlußbetrachtung

Es hat sich gezeigt, daß ein protektionsfreier und liberaler Außenhandel zu einer Steigerung von Wohlfahrtseffekten weltweit führen kann. Mit Hilfe eines effektiven völkerrechtlichen Vertrags, können nicht gewünschte soziale und politische Fehlentwicklungen verhindert werden. Diese Aufgabe wurde bis zum 01.01.1995 vom GATT wahrgenommen. Dieses Regelungswerks hat in seiner 50-jährigen Geschichte gezeigt, das konkrete Verbesserungen für den Welthandel durch das Übereinkommen erzielt werden konnten. Zölle sind kontinuierlich gesunken, hierdurch konnten Waren zu günstigeren Bedingungen exportiert werden.

Allerdings handelte es sich bei dem GATT nicht um einen echten völkerrechtlichen Vertrag, sondern um eine Art internationales Verwaltungsabkommen. Das GATT stellte nach dem mißglückten Gründungsversuch der ITO jahrelang ein Provisorium dar.

Der Vorteil der neu geschaffenen WTO besteht vor allem darin, daß es die provisorischen und unverbindlichen GATT-Regelungen durch einen effektiven völkerrechtlichen Vertrag ersetzte. Somit ist die erforderliche Rechtsgrundlage nach 50 Jahren endlich geschaffen worden. Nunmehr existiert mit der WTO eine tatsächliche internationale Organisation. Zur Glaubwürdigkeit dieser trägt bei, daß eine Kündigung oder ein „Ausstieg" eines Mitglieds nur unter erschwerten Bedingungen möglich ist.

Eine Vielzahl von internationalen Handelsübereinkommen werden von der WTO verwaltet und unterliegen einem nunmehr sehr effektiven Streitbeilegungsverfahren. Dieses ähnelt mit der Einrichtung von *Panels* als Ausgangsinstanz und dem *Appellate Body* als Berufungsinstanz sehr stark einem gerichtlichen Verfahren. Für die Effektivität des neuen Streitbeilegungsverfahren spricht auch, daß die WTO-Mitglieder hiervon starken Gebrauch machen. Allerdings gab es bisher noch kein Verfahren, daß sich ausschließlich mit Vorschriften des GATS befassen mußte. Private Organisationen und Verbände können, sofern sie ein Interesse am Ausgang eines Streitverfahren besitzen, ebenfalls Stellungnahmen und Eingaben bei dem zuständigen *Panel* einreichen. Ein privates Klagerecht existiert nicht und wird nur sehr schwer zu verwirklichen sein. Insgesamt stellt das reformierte Streitbeilegungsverfahren aber eine der wichtigsten Neuerungen und Erfolge der WTO dar.

Besonderes Verdienst der WTO ist zudem, daß es jetzt neben dem GATT auch erstmals international verbindliche Übereinkommen über den Dienstleistungshandel (GATS) und dem Schutz geistigen Eigentums (TRIPS) gibt.

Bei dem GATS handelt es sich um ein Übereinkommen, daß einerseits den erreichten Liberalisierungsstand im Dienstleistungssektor festschreibt. Andererseits aber dem Beispiel des GATT folgt und in einer pragmatisch realistischen Arbeitsweise durch stetige Liberalisierungsverhandlungen die Weltmärkte im Dienstleistungssektor weiter öffnet. Hierbei ist der Art. XIX GATS bemerkenswert, der einen konkreten Zeitpunkt für weitere Liberalisierungsrunden benennt. Hierdurch wird wenigsten formal garantiert, daß unabhängig von Ministerkonferenzen, Gespräche unter dem Regime des GATS stattfinden werden.

Die erste GATS-Verhandlungsrunde hat im Januar 2000 begonnen. Aufgrund des Scheiterns der Ministerkonferenz von Seattle im Dezember 1999 sind kurzfristig materiell keine Fortschritte zu erwarten. Die Gespräche stehen erst am Anfang. Es ist zu vermuten, daß insbesondere die Entwicklungsländer und die am wenigsten entwickelten Länder weitere Zugeständnisse für Liberalisierungen von einer Öffnung der Arbeitsmärkte der Industriestaaten abhängig machen werden. Insbesondere die vierte Form der Dienstleistungserbringung gemäß Art. I Abs. 2 lit. d) GATS wird daher im Mittelpunkt der Verhandlungen stehen.
Zudem müssen noch ungelöste Themen der Uruguay-Runde beantwortet werden. Weitere tiefgreifende Liberalisierungen werden ohne einen Kompromiß über innerstaatliche Regelungen (Art. IV GATS), Notstandmaßnahmen (Art. X), Subventionen (Art. XV GATS) und öffentliche Beschaffung (Art. XIII GATS) nicht zu erzielen sein. Da diese Themenkomplexe nach wie vor auf eine Lösung warten, ist es auch verständlich, daß in der 2000-er Runde noch keine Fortschritte erzielt werden konnten.

Der Zugang zum GATS wird durch systematische Besonderheiten und dem Prinzip der Listen mit den spezifischen Verpflichtungen sowie den Anlagen erschwert. Andererseits haben gerade die Verhandlungen zum Telekommunikationsbereich und Finanzdienstleistungssektor gezeigt, daß hierdurch ein effektiver Weg für Liberalisierungen beschritten werden kann. Durch den erfolgreichen Abschluß im Telekommunikationsbereich haben sich die Anlage zu Verhandlungen über die Basistelekommunikation nebst Ministerbeschluß nunmehr erübrigt. Insofern ist eher mit einer Abnahme von Anlagen und Beschlüssen zu rechnen.
Außerdem ist nicht zu befürchten, daß künftig weitere Anlagen zum GATS entstehen werden, vielmehr ist davon auszugehen, daß neu entstehende Dienstleistungsbereiche unter die im GATS bereits bestehenden subsumiert werden.

Festzuhalten bleibt, daß das GATS auf eine erste erfolgreiche Liberalisierungsrunde im Bereich der Telekommunikation verweisen kann. Die ursprünglichen Verhandlungstermine konnten zwar nicht eingehalten werden, schließlich gelang mit der Verabschiedung des Vierten Protokolls aber ein erfolgreicher Verhandlungsabschluß. Dieser hat dazu beigetragen, daß ein volumenstarker Dienstleistungssektor neue internationale Rahmenbedingungen erhalten hat. Das europäische und nationalstaatliche Recht wurde gerade im Telekommunikationsbereich stark vom GATS-Recht beeinflußt.

Internationale Unternehmen erhalten mit Hilfe des GATS neue Absatzchancen für ihre Produkte. Das GATS ist aber nicht nur für die „Multis“ vorteilhaft, sondern gerade auch für den privaten Endverbraucher. Denn wie die Öffnung des internationalen Telekommunikationsmarktes gezeigt hat, konnten Privatpersonen von günstigeren Telefontarifen und zunehmender Konkurrenz profitieren. Teilweise konnten auch neue und moderne Arbeitsplätze geschaffen werden. Dies gilt insbesondere für den Mobilfunkbereich.
Welche Stellung die EU künftig in der WTO einnehmen wird, bleibt eine aktuelle und spannende Frage. Um eine effektivere Arbeit zu gewährleisten, ist eine Änderung des Art. 133 EGV und die Einigung auf eine Definition der gemeinsamen Handelspolitik ratsam. Die Außenhandelskompetenz der EU ist zwar praktisch mehr oder weniger gelöst, dogmatisch hingegen nicht.

Zwar besitzt das WTO-Recht z.Z. grundsätzlich keine unmittelbare Geltung in den WTO-Mitgliedstaaten. Allerdings wird dieser Grundsatz in Europa teilweise durchbrochen. Es ist zu vermuten, daß künftig der Einfluß des WTO-Rechts auf das europäische und nationale Recht zunehmen wird.

ANHANG I: Organigramm der WTO

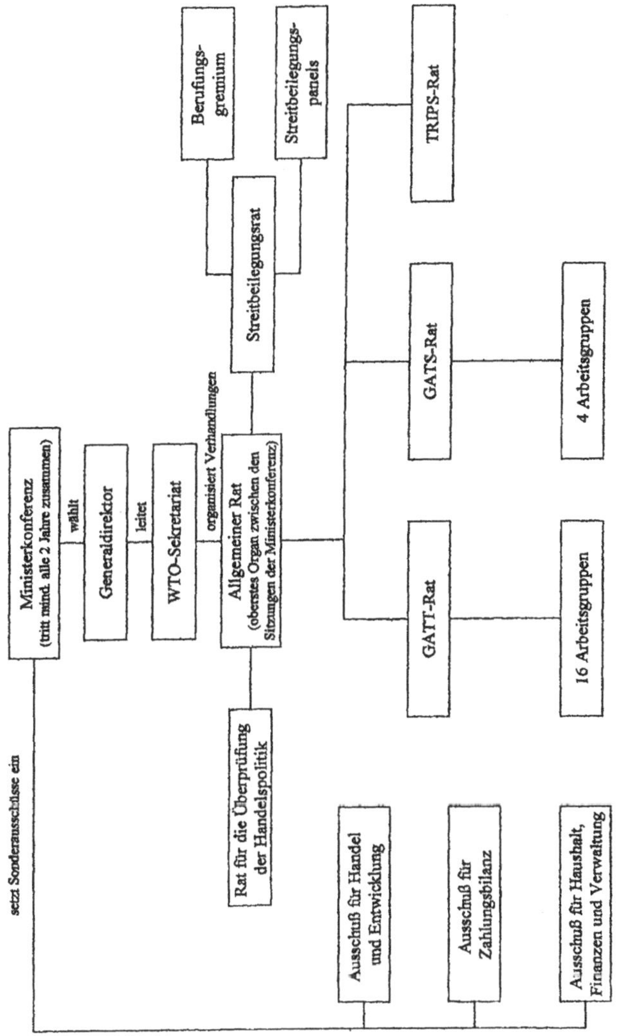

ANHANG II: Listen der spezifischen Verpflichtungen, zusätzlichen Verpflichtungen und Ausnahmen der Europäischen Union und ihrer Mitgliedsstaaten für den Telekommunikationssektor

ANHANG II: Listen der spezifischen Verpflichtungen, zusätzliche Verpflichtungen und Ausnahmen der Europäischen Union und ihrer Mitgliedsstaaten für den Telekommunikationssektor

WORLD TRADE ORGANIZATION

GATS/SC/31/Suppl.3
11 April 1997

(97-1526)

Trade in Services

EUROPEAN COMMUNITIES AND THEIR MEMBER STATES

Schedule of Specific Commitments

Supplement 3

(This is authentic in English, French and Spanish)

This text supplements the entries relating to the Telecommunications services section contained in documents GATS/SC/31, GATS/SC/7, GATS/SC/33 and GATS/SC/82.

THE EUROPEAN COMMUNITIES AND THEIR MEMBER STATES - SCHEDULE OF SPECIFIC COMMITMENTS

Modes of supply: 1) Cross-border supply 2) Consumption abroad 3) Commercial presence 4) Presence of natural persons

Sector or subsector	Limitations on market access	Limitations on national treatment	Additional commitments
2.C Telecommunications services Telecommunications services are the transport of electro-magnetic signals - sound, data image and any combinations thereof, excluding broadcasting[1]. Therefore, commitments in this schedule do not cover the economic activity consisting of content provision which require telecommunications services for its transport. The provision of that content, transported via a telecommunications service, is subject to the specific commitments undertaken by the European Communities and their Member States in other relevant sectors.			
All sub-sectors			The European Communities and their Member States undertake additional commitments as contained in the attachment, all parts of which are equally binding.

[1]Broadcasting is defined as the uninterrupted chain of transmission required for the distribution of tv and radio programme signals to the general public, but does not cover contribution links between operators.

Modes of supply: 1) Cross-border supply 2) Consumption abroad 3) Commercial presence 4) Presence of natural persons

Sector or sub-sector	Limitations on market access	Limitations on national treatment	Additional commitments
Domestic and international Domestic and international services provided using any network technology, on a facilities based or resale basis, for public and non-public use, in the following market segments (these correspond to the following CPC numbers: 7521, 7522, 7523, 7524**, 7525, 7526 and 7529**, broadcasting is excluded):			
a. Voice telephone services b. Packet switched data transmission services c. Circuit-switched data transmissions services d. Telex services e. Telegraph services f. Facsimile services	1) None except for:[2] E: none, except that the liberalisation calendar will be as follows: one additional nation-wide licence in January 1998; full liberalisation as from 30.11.1998[3]. IRL.: None except for public voice telephony and facilities-based services where none as of 1 January 2000. P: None, except for public voice telephony, telex and telegraph where none as from 1 January 2000, and facilities-based services where none as from 1 July 1999. GR: None except for public voice telephony and facilities-based services where none as of	1) None	

[2] Luxembourg has requested a delayed date for the liberalisation of telecommunications until 1.1.2000. The EC decision on this request is still pending.

[3] Applications for further licences to be received as from 1 August 98.

Modes of supply: 1) Cross-border supply 2) Consumption abroad 3) Commercial presence 4) Presence of natural persons

Sector or sub-sector	Limitations on market access	Limitations on national treatment	Additional commitments
	1 January 2003.		
g. Leased circuit services	2) None 3) None except for:[4] E: none, except that the liberalisation calendar will be as follows: one additional nation wide licence in January 1998; full liberalisation as from 30.11.1998[5]. IRL: None except for public voice telephony and facilities-based services where none as of 1 January 2000. P: None, except for public voice telephony, telex and telegraph where none as from 1 January 2000 and facilities-based services where none as from 1 July 1999. GR: None except for public voice telephony and facilities-based services where none as of 1 January 2003. 4) Unbound except as indicated in the horizontal section.	2) None 3) None 4) Unbound except as indicated in the horizontal section.	

[4] Luxembourg has requested a delayed date for the liberalisation of telecommunications until 1.1.2000. The EC decision on this request is still pending.

[5] Applications for further licences to be received as from 1 August 98.

	FIN : The general horizontal requirements for legal entities in GATS/SC/33 shall not apply to the telecommunications sector except as : - half of the founders, half of the members of the board of directors and the managing director must have permanent residence in the European Economic Area. If the founder is a legal person, it must have residence in the EEA. 1) None except for: P: basic services can be supplied only by companies established in Portugal. GR: access through S.A. and the company must be exclusively engaged in the supply of telecommunication services. 2) None	FIN : The general horizontal requirements for legal entities in GATS/SC/33 shall not apply to the telecommunications sector. Requirements concerning the Åland islands shall continue to apply. 1) None 2) None	B: Licensing conditions may address the need to guarantee universal service, including through financing, in a transparent, non-discriminatory and competitively neutral manner and will not be more burdensome than necessary.

Modes of supply: 1) Cross-border supply 2) Consumption abroad 3) Commercial presence 4) Presence of natural persons

Sector or subsector	Limitations on market access	Limitations on national treatment	Additional commitments
	3) None except for(*) : GR: access through S.A. and the company must be exclusively engaged in the supply of telecommunication services. P : The direct or indirect participation of natural persons, who are non-nationals of EC Member States or non-EC companies or firms in the capital of companies supplying basic telecommunications services cannot exceed 25%. F : Indirect: none. Non-EC natural or juridical persons may not hold directly more than 20% of the shares or voting rights of companies authorised to establish and operate radio-based infrastructure for the provision of telecommunications services to the general public. For the application of this provision, companies or firms legally established according to the laws of a Member State of the EC are considered EC juridical persons.	3) None	P: The Government of Portugal has the intention of presenting to the Parliament draft legislation aiming at removing partially the present limitations on foreign equity participation in the capital of companies supplying basic telecommunication services no later than in 1998. In case of approval, the new legislation will be bound no later than in 1999.
	4) Unbound except as indicated in the horizontal section.	4) Unbound except as indicated in the horizontal section.	

(*)Footnote for clarification purposes: Some EC Member States maintain public participation in certain telecommunication operators. EC Member States reserve their rights to maintain such public participation in the future. This is not a market access limitation. In Belgium, government participation and voting rights in Belgacom are freely determined under legislative powers as is presently the case under the law of 21 March 1991 on the reform of government-owned economic enterprises.

o. Other services: Mobile and personal communications services and systems	1) None except for: IRL, P: international interconnection of mobile networks with other mobile or fixed networks where none as of 1.1.1999. 2) None 3) None except for: IRL, P: international interconnection of mobile networks with other mobile or fixed networks where none as of 1.1.1999. 4) Unbound except as indicated in the horizontal section.	1) None 2) None 3) None 4) Unbound except as indicated in the horizontal section.	

ADDITIONAL COMMITMENT BY THE EUROPEAN COMMUNITIES AND THEIR MEMBER STATES

SCOPE:

The following are definitions and principles on the regulatory framework for the basic telecommunications services underpinning the market access commitments by the European Communities and their Member States.

DEFINITIONS:

User mean service consumer and service suppliers.

Essential facilities mean facilities of a public telecommunications transport network and service that

a) are exclusively or predominantly provided by a single or limited number of suppliers; and

b) cannot feasibly be economically or technically substituted in order to provide a service.

A major supplier is a supplier which has the ability to materially affect the terms of participation (having regard to price and supply) in the relevant market for basic telecommunications services as a result of:

a) control over essential facilities; or

b) use of its position in the market.

1. COMPETITIVE SAFEGUARDS:

1.1. Prevention of anti-competitive practices in telecommunications:

Appropriate measures shall be maintained for the purpose of preventing suppliers who, alone or together, are a major supplier from engaging in or continuing anti-competitive practices.

1.2. Safeguards:

The anti-competitive practices referred to above shall include in particular:

a) engaging in anti-competitive cross-subsidization;

b) using information obtained from competitors with anti-competitive results; and

c) not making available to other services suppliers on a timely basis technical information about essential facilities and commercially relevant information which are necessary for them to provide services.

2. INTERCONNECTION:

2.1. This section applies to linking with suppliers providing public telecommunications transport networks or services in order to allow the users of one supplier to communicate with users of another supplier and to access services provided by another supplier.

2.2. Interconnection to be ensured:

Within the limits of permitted market access, interconnection with a major supplier will be ensured at any technically feasible point in the network. Such interconnection is provided[6]:

a) under non-discriminatory terms, conditions (including technical standards and specifications) and rates and of a quality no less favourable than that provided for its own like services or for like services of non-affiliated service suppliers or for its subsidiaries or other affiliates[7];

b) in a timely fashion, on terms, conditions (including technical standards and specifications) and cost-oriented rates that are transparent, reasonable, having regard to economic feasibility, and sufficiently unbundled so that the supplier need not pay for network components or facilities that it does not require for the service to be provided; and

c) upon request, at points in addition to the network termination points offered to the majority of users, subject to charges that reflect the cost of construction of necessary additional facilities.

2.3. Public availability of the procedures for interconnection negotiations :

The procedures applicable for interconnection to a major supplier will be made publicly available.

2.4. Transparency of interconnection arrangements:

It is ensured that a major supplier will make publicly available either its interconnection agreements or a reference interconnection offer.

2.5. Interconnection : dispute settlement:

A service supplier requesting interconnection with a major supplier will have recourse, either :

a) at any time or

b) after a reasonable period of time which has been made publicly known to an independent domestic body, which may be a regulatory body as referred to in paragraph 5 below, to resolve disputes regarding appropriate terms, conditions and rates for interconnection within a reasonable period of time, to the extent that these have not been established previously.

3. UNIVERSAL SERVICE:

Any Member has the right to define the kind of universal service obligation it wishes to maintain. Such obligations will not be regarded as anti-competitive *per se*, provided they are administered in a transparent, non-discriminatory and competitively neutral manner and are not more burdensome than necessary for the kind of universal service defined by the Member.

4. PUBLIC AVAILABILITY OF LICENSING CRITERIA:

---

[6]Suppliers of services or networks not generally available to the public, such as closed user groups, have guaranteed rights to connect with the public telecommunications transport network or services on terms, conditions and rates which are non-discriminatory, transparent and cost-oriented. Such terms, conditions and rates may, however, vary from the terms, conditions and rates applicable to interconnection between public telecommunications networks or services.

[7]Different terms, conditions and rates may be set in the Community for operators in different market segments, on the basis of non-discriminatory and transparent national licensing provisions, where such differences can be objectively justified because these services are not considered "like services".

Where a licence is required, the following will be made publicly available:

a) all the licensing criteria and the period of time normally required to reach a decision concerning an application for a licence and

b) the terms and conditions of individual licences.

The reasons for the denial of a licence will be made known to the applicant upon request.

5. INDEPENDENT REGULATORS:

The regulatory body is separate from, and not accountable to, any supplier of basic telecommunications services. The decisions of and the procedures used by regulators shall be impartial with respect to all market participants.

6. ALLOCATION AND USE OF SCARCE RESOURCES:

Any procedures for the allocation and use of scarce resources, including frequencies, numbers and rights of way, will be carried out in an objective, timely, transparent and non-discriminatory manner. The current state of allocated frequency bands will be made publicly available, but detailed identification of frequencies allocated for specific government uses is not required.

Literaturverzeichnis

Albers, Willi — Handwörterbuch der Wirtschaftswissenschaften, Band 2, Göttingen 1980. (zitiert: *Bearbeiter:* Titel des Aufsatzes, in *Albers u.a. (Hrsg.):* Handwörterbuch der Wirtschaftswissenschaften, Band II, S.)

Albors-Llorens, Albertina — 35 Common Market Law Review 1998, Seite 227 - 245. Case C - 68/95 (T. Port GmbH & Co. KG ./. Bundesanstalt für Landwirtschaft und Ernährung)
Joined Cases C - 9/95, C - 23/95 and C - 156/95 (Belgium, Germany ./. Commission)
Joined Cases C - 71/95, C - 155/95 and C - 271/95 (Belgium ./. Commission).
(zitiert: *Albors-Llorens*: Law Review 1998, S.)

Ascher, Bernhard: — Multilateral Negotiations on Trade in Services: Concepts, Goals, Issues, Georgia Journal of International and Comparative Law 1989 (Vol. 19), S. 392ff. (zitiert: *Ascher*: Georgia Journal of International and Comparative Law 1989, S.)

Baratta, Mario von — Der Fischer Weltalmanach 1998, Frankfurt/Main 1997. (zitiert: *Baratta:* Fischer Weltalmanach, S.)

Barth, Dietrich — Das Allgemeine Übereinkommen über den internationalen Dienstleistungshandel, in: EuZW 1994, Seite 455 - 460. (zitiert: *Barth:* EuZW 1994, S.)

ders. — Die Handelsregel der neuen Welthandelsorganisation, in: NJW 1994, Seite 2811 - 2812. (zitiert: *Barth:* NJW 1994, S.)

ders. — Perspektiven des internationalen Dienstleistungshandels, Studie im Auftrag der Friedrich-Ebert-Stiftung, 1998. (zitiert: *Barth:* Perspektiven, S.)

ders. — Die Liberalisierung der Telekommunikationsdienstleistungen in der Welthandelsorganisation, in: Archiv PT 1997, Seite 112 - 117. (zitiert: *Barth*: APT, S.)

Barth, Dietrich/ Putscher, Nikolai — Liberalisierung der Finanzdienstleistungen im Rahmen des GATT, Die Bank 1994, S. 132f. (zitiert: *Barth/Putscher*: Die Bank 1994, S.)

Baumann, Helmut Die Dienstleistungsfreiheit auf dem Gebiet der audiovisuellen Medien - im Rahmen des GATS im Spannungsfeld von Marktfreiheit und kultureller Selbstbestimmung der Staaten der Europäischen Union, Berlin 1998. (zitiert: *Baumann:* Dienstleistungsfreiheit, S.)

Beise, Marc/ Oppermann, Thomas/ Sander, Gerald G. Grauzonen im Welthandel: Protektionismus unter dem alten GATT als Herausforderung an die neue WTO, Baden-Baden 1998. (zitiert: *Beise/Oppermann/Sander:* Grauzonen im Welthandel, S.)

Beise, Marc/ Oppermann, Thomas GATT - Welhandelsrunde und kein Ende? Die Gemeinsame EG-Handeslpolitik auf dem Prüfstand, Europa - Archiv, 1993, Nr. 48, Band I - jetzt Zeitschrift für internationale Politik 1993. (zitiert: *Beise/Oppermann:* GATT- Welthandelsrunde, EA 1993, S. 3)

Benedek, Wolfgang Die Welthandelsorganisation (WTO) - alle Texte einschließlich GATT (1994), GATS und TRIPS, München 1998. (zitiert: *Benedek:* Die WTO, S.)

ders. Die Rechtsordnung des GATT aus völkerrechtlicher Sicht, Berlin, Heidelberg, New York, London, Paris, Tokyo, Hong Kong 1990.(zitiert: *Benedek:* Die Rechtsordnung des GATT, S.)

Besters, Hans Theoretische und institutionelle Grundlagen der Wirtschaftspolitik, Festschrift für Wessels, Berlin 1967. (zitiert: *Bearbeiter*, Titel des Aufsatzes, in *Besters (Hrsg.)*: Grundlagen der Wirtschaftspolitik, S.)

Bieber, Roland/ Handbuch des Europäischen Rechts. Loseblattsammlung, *Ehlermann, Claus-Dieter* Baden-Baden 1984. (zitiert: *Bearbeiter* in *Bieber/Ehlermann (Hrsg.):* Handbuch des Europäischen Rechts, S.)

Blöcker, Antje/ Heyder, Ulrich/ Mangels-Voegt, Birgit Die Reformfähigkeit von Staat und Gesellschaft: Festschrift für Klaus Lompe zum 60. Geburtstag, Frankfurt/M. 1997. (zitiert: *Bearbeiter* in *Blöcker/Heyder/Mangels-Voegt:* Titel des Aufsatzes, S.)

BMWi/BMA Bundesministerium für Wirtschaft und Bundesministerium für Arbeit und Sozialordnung, Info 2000, Deutschlands Weg in die Informationsgesellschaft. Bericht der Bundesregierung, Bonn 1996. (zitiert: *BMWi/BMA:* Info 2000, S.)

Böckstiegel, Karl-Heinz Perspectives of Air Law, Space Law, and International Buisness Law for the Next Century, Köln, Berlin, Bonn, München 1996. (zitiert: *Bearbeiter* in *Böckstiegel (Hrsg.):* Perspectives of Air Law, S.)

Bourgeois, Jacques H. J. The EC in the WTO and Advisory Opinion 1/94: An Echternach procession in: 32 Common Market Law Review 3/1995, S. 763 - 787. (zitiert: *Bourgeois*: The EC in the WTO, S.)

Bradley, A. Jane Intellectual Property Rights, Investment, and Trade in Services in the Uruguay Round: Laying the Foundations, Standford J. Int'l L. 23, 1987, Seite 57 - 98. (zitiert: *Bradley*: Intellectual Property Rights, S.)

Breuss, Fritz Internationaler Handel mit Dienstleistungen - theoretische Ansätze, Außenwirtschaft 1990 (Vol. 45), S. 105f. (zitiert: *Bearbeiter* in *Breuss(Hrsg.):* Außenwirtschaft 1990, S.)

ders. The World Economy after the Uruguay Round, Wien 1995. (zitiert: *Bearbeiter* in *Breuss(Hrsg.):* The World Economy after the Uruguay Round, S.)

Broadman, Harry G. GATS: The Uruguay Round Accord on International Trade and Investment in Services, The World Economy 1994 (Vol. 17), S. 281f. (zitiert: *Broadman*: The World Economy 1994, S.)

Brockhaus - Lexikon Der Brockhaus - In fünfzehn Bänden, Leipzig – Mannheim 1997 - 1998. (zitiert: *Brockhaus:* Band, S.)

Bücking, Jens Internet-Domains - Neue Wege und Grenzen des bürgerlich-rechtlichen Namensschutzes, NJW 1997, 1886. (zitiert: *Bücking:* NJW 1997, S.)

Carreau, Dominique/ Flory, Thiébaut/ Juillard, Patrick Droit international économique, 3. Auflage Paris 1999. (zitiert: *Carreau/Flory/Juillard:* Droit international économique, S.)

Cascante, José Christian Der Streit um die EG-Bananenmarktordnung / The EC banana organization dispute, Berlin 1999. (zitiert: *Cascante:* Der Streit um die EG-Bananenmarktordnung, S.)

Cornford, Andrew J. Some Notes on Proposed New International Regimes for Foreign Investment and Services, UNCTAD Review 1989, Nr. 1, S. 17f. (zitiert: *Cornford*: UNCTAD Review 1989, Nr. 1, S.)

Cottier, Thomas GATT-Uruguay Round, Neun Beiträge, Neuf Contribution, Nine Papers, Bern 1995. (zitiert: *Bearbeiter* in *Cottier (Hrsg.):* GATT-Uruguay Round , S.)

Creifeld, Carl Rechtswörterbuch, 13. Auflage, München 1996. (zitiert: *Creifeld:* Rechtswörterbuch, S.)

Dicke, Detlev/ Petersmann, Ernst-Ulrich Foreign Trade in the Present and a New International Economic Order, Fribourg 1988. (zitiert: *Bearbeiter* in *Dicke/Petersmann (Hrsg.):* Foreign Trade, S.)

Drexl, Josef Nach GATT und WIPO: Das TRIPS-Abkommen und seine Anwendung in der Europäischen Gemeinschaft in GRUR Int. 1994, Seite 777 - 788. (zitiert: Drexl: GRUR Int. 1994, S.)

Eckert, Martin Georges Die Liberalisierung internationaler Finanzdienstleistungen durch das General Agreement on Trade in Services (GATS) - Unter besonderer Berücksichtigung internationaler Bankdienstleistungen, Hamburg 1997. (zitiert: *Eckert:* Liberalisierung, S.)

van Dijk, Pieter Supervisionary Mechanisms in International Economic Order, Deventer 1984. (zitiert: *Bearbeiter* in *van Dijk (Hrsg.)* Supervisionary Mechanisms, S.)

Ethier, Wilfried J. Moderne Außenwirtschaftstheorie, 2. Auflage, München 1991. (zitiert: *Ethier:* Außenwirtschaftstheorie, S.)

Europäische Gemeinschaften Amt für amtliche Veröffentlichungen der Europäische Gemeinschaften: Grünbuch über die Politik der Europäischen Union für die audiovisuelle Medienindustrie, verabschiedet am 7. April 1994 von der Europäischen Kommission, Brüssel/Luxemburg 1994. (zitiert: *Amt für amtliche Veröffentlichungen der Europäische Gemeinschaften (Hrsg.)*: Grünbuch 1994, S.)

ders. GATS - Allgemeines Übereinkommen über den Dienstleistungsverkehr, Luxemburg 1995. (zitiert: *Amt für amtliche Veröffentlichungen der Europäische Gemeinschaften (Hrsg.)*: GATS 1995, S.)

ders. GATS - Öffnung der Dienstleistungsmärkte, Luxemburg 1998. (zitiert: *Amt für amtliche Veröffentlichungen der Europäische Gemeinschaften (Hrsg.)*: GATS 1998, S.)

Everard, James A. Trade and Investment in Services: OECD Agreements and the GATT, Series on Trade in Services, Institute for Research on Public Policy, Halifax, Kanada 1988. (zitiert: *Everard:* Trade and Investment, S.)

Ewing, A. F. Why Freer Trade in Services is in the Interest of Developing Countries; JWTL 1985 (Vol. 19), S. 147f. (zitiert: *Ewing*: JWTL 1985, S.)

Feketekuty, Geza International Trade in Services, An Overview and Blueprint for Negotiations, The American Enterprise Institute, Cambridge, Mass. 1988. (zitiert: *Feketekuty*: International Trade, S.)

Forschungsinstitut für Wirtschaftsverfassung und Wettbewerb e.V. Die Bedeutung der WTO für die europäische Wirtschaft -Referate des XXX. FIW-Symposions, FIW-Schriftenreihe, 1997. (zitiert: *Bearbeiter* in *FIW(Hrsg.):* Die Bedeutung, S.)

Friedman, Daniel/ Mestmäcker, Ernst-Joachim Rules for Free International Trade in Services, 1. Auflage, Baden- Baden 1990. (zitiert: *Bearbeiter* in *Friedman/Mestmäcker (Hrsg.):* Rules for Free Trade, S.)

Gabler-Bank-Lexikon Lexikon in 2 Bänden, 11. Auflage, Wiesbaden 1996. (zitiert: *Gabler-Bank-Lexikon:* Bd., Stichwort:, S.)

Gabler-Volkswirtschafts-Lexikon Lexikon in 2 Bänden, Wiesbaden 1996. (zitiert: *Gabler-Volkswirtschafts-Lexikon:* Bd., Stichwort:, S.)

GATT General Agreement on Tariffs and Trade Activities. (zitiert: *GATT:* Activities, Erscheinungsjahr, S.)

GATT General Agreement on Tariffs and Trade Basic Instruments and Selected Documents, 33rd Supp. BISD 19. (zitiert: *GATT:* Supp. oder Volume Erscheinungsjahr, S.)

GATT General Agreement on Tariffs and Trade Focus Newsletter. (zitiert: *GATT:* Focus Newsletter, Nr., Erscheinungsjahr, S.)

GATT General Agreement on Tariffs and Trade NUR, News of Uruguay Round. (zitiert: *GATT:* NUR, News of Uruguay Round, Nr., Erscheinungsjahr, S.)

GATT — General Agreement on Tariffs and Trade
Multilateral Trade Negotiations - The Uruguay Round. (zitiert: *GATT*-Doc.MTN.GNG/NG8/W/67, Erscheinungsjahr, S.)

GATT — GATT Secretariat, The Final Act of the Uruguay Round: A Summary in: K. R. Gupta (Hrsg.), World Trade, New Delhi 1995, S. 77 - 110. (zitiert: *GATT Secretariat*: S.)

Gemperle, Reinhold/ Zeller, Willy/ Wartenweiler, Roland — Die Ergebnisse der Uruguay-Runde - Vom GATT zur WTO, Zürich 1994. (zitiert: *Bearbeiter* in *Gemperle/Zeller/Wartenweiler (Hrsg.):* Die Ergebnisse der Uruguay-Runde, S.)

Giarini, Orio — The Emerging Service Economy, Genf 1987. (zitiert: *Bearbeiter* in *Giarini (Hrsg.):* The Emerging Service Economy, S.)

Glismann, Hans Hinrich/ Horn, Ernst-Jürgen/ Nehring, Sighart/ Vaubel, Roland — Weltwirtschaftslehre - I. Außenhandels- und Währungspolitik, 4. Auflage 1992. (zitiert: *Glismann:* Weltwirtschaftslehre, S.)

Glismann, Hans Hinrich — Wirtschaftliche Auswirkungen mengenmäßiger Importbeschränkungen, Tübingen 1996. (zitiert: *Glismann:* Importbeschränkungen, S.)

Grabitz, Eberhard/ Hilf, Meinhard — Das Recht der Europäischen Union - Kommentar zur Europäischen Union, Loseblattsammlung, Stand: Januar 2000. (zitiert: *Bearbeiter* in *Grabitz/Hilf (Hrsg.):* Kommentar zur EU, Art., S., Rz.)

Groeben, Hans von der/ Thiesing, Jochen/ Ehlermann, Claus-Dieter — Kommentar zum EU/EG-Vertrag, 5. Auflage 1999. (zitiert: *Bearbeiter* in *Groeben/Thiesing/Ehlermann (Hrsg.):* Kommentar zum EWG-Vertrag, Art., Rz.)

Gutowski, Armin — Der neue Protektionismus, Hamburg 1984. (zitiert: *Bearbeiter*, Titel des Aufsatzes in *Gutowski (Hrsg.):* Protektionismus, S.)

Hahn, Michael J. — Die einseitige Aussetzung von GATT-Verpflichtungen als Repressalie, Heidelberg 1996. (zitiert: *Hahn:* Die einseitige Aussetzung, S.)

Hailbronner, Kay/ Bierwagen, Rainer M. — Das GATT - Die Magna Charta des Welthandels. Eine Einführung in das Vertragswerk des Allgemeinen Zoll- und Handelsabkommens in: JA 1988, Seite 318 - 329.

Hamblock, Dieter/ Wessels, Dieter — Großwörterbuch - Wirtschaftsenglisch, 1. Auflage, Düsseldorf 1990. (zitiert: *Hamblock/Wessels*: Großwörterbuch, S.)

Hamilton, Colleen/ Whalley, John	Coalitions in the Uruguay Round, Weltw.Arch. 135, 1989, Seite 547 - 562. (zitiert: *Hamilton/Whalley*: Coalitions in the Uruguay Round, S.)
Hanns Martin Schleyer-Stiftung	Europa als Union des Rechts - Eine notwendige Zwischenbilanz im Prozeß der Vertiefung und Erweiterung, Köln 1999. (zitiert: *Bearbeiter* in *HMSS(Hrsg.):* Europa als Union des Rechts, S.)
Hauser, Heinz	Protectionism and Structural Adjustment, 1986, Seite 9 - 22, Grüsch 1986. (zitiert: *Hauser:* Protectionism and Structural Adjustment, S.)
Herdegen, Matthias:	Internationales Wirtschaftsrecht, 2. Auflage, München 1995. (zitiert: *Herdegen:* Wirtschaftsrecht, §, S.)
Hill, T. P.	On Goods and Services, The Review of Income and Wealth 23 (1977), New Haven, Conn. 1977, S. 315f. (zitiert: *Hill:* On Goods and Services, S.)
Hilpold, Peter	Die EU im GATT/WTO-System - Aspekte einer Beziehung „sui generis", Frankfurt/M. 1999. (zitiert: *Hilpold:* Die EU im GATT/WTO-System, S.)
Hoekman; Bernard	Conceptual and Political Issues in Liberalizing International Transactions in Services, Außenwirtschaft 1993 (Vol. 48), S. 203f. (zitiert: *Hoekman:* Außenwirtschaft 1993, S.)
ders.	Rules of Origin for Goods and Services - Conceptual Issues and Economic Considerations, JWTL 1993 (Vol. 27) S. 81f. (zitiert: *Hoekman:* JWTL 1993, S.)
ders.	Safeguard Provisions and International Trade Agreements Involving Services, The World Economy 1993 (Vol. 16), S. 29f. (zitiert: *Hoekman:* The World Economy 1993, S.)
Hoekman; Bernard/ Sauvé, Pierre	Liberalizing Trade in Services, World Bank Discussion Papers, The World Bank, Washington D.C. 1994. (zitiert: *Hoekman/Sauvé:* Liberalizing Trade in Services, S.)
Hoeren, Thomas/ Queck, Robert	Rechtsfragen der Informationsgesellschaft, Berlin 1999. (zitiert: *Bearbeiter* in *Hoeren/Queck (Hrsg.):* Rechtsfragen der Informationsgesellschaft, S.)

Holznagel, Bernd Rundfunkrecht in Europa - auf den Weg zu einem Gemeinrecht europäischer Rundfunkordnungen, Tübingen 1996. *(zitiert: Holznagel:* Rundfunkrecht in Europa, S.)

Hummer, Waldemar/ Weiss, Friedl Vom GATT 1947 zur WTO 1994: Dokumente zur alten und zur neuen Welthandelsordnung, Baden-Baden 1997. (zitiert: *Hummer/Weiss:* Vom GATT`47 zur WTO`94, S.)

Ipsen, Knut Völkerrecht - Ein Studienbuch, 3. Auflage, München 1990. (zitiert: *Bearbeiter* in *Ipsen (Hrsg.):* Völkerrecht, §, Rn.)

International Monetary Fond Balance of Payments Manauel, 4. Auflage 1977, Washington 1982. (zitiert: *IMF*: Balance of Payments Manuel, S.)

Irish, Maureen/ Carasco, Emily The Legal Framework for Canada-United States Trade, Toronto, Calgary 1989. (zitiert: *Bearbeiter* in *Irish/Carasco (Hrsg.):* The Legal Framework, Titel des Aufsatzes, S.)

ITU International Telecommunication Union (ITU), World Development Report 1996/97, Genf. (zitiert*: ITU 1997:* Development Report 1996/97, S.)

Jackson, John H. World Trade and the Law of GATT, Charlottesville 1969.(zitiert: *Jackson:* World Trade, S.)

Jansen, Bernhard Die neue Welthandelsorganisation (World Trade Organization - WTO) in: EuZW 1994, Seite 333 - 337.

Klein, Martin/ Meng, Werner/ Rode, Rheinhard Die Neue Welthandelsordnung der WTO - Die Schriftenreihe: Internationale Wirtschaftspolitik – Band 1, Amsterdam 1998. (zitiert: *Bearbeiter* in *Klein/Meng/Rhode (Hrsg.):* Welthandelsordnung, S.)

Kleinwächter, Wolfgang Verkehrsregeln für die „elektronische Autobahn" - Information und Kommunikation als Gegenstand multilateraler Verhandlungen im Verband der Vereinten Nationen, VN 1991, S. 88f. (zitiert: *Kleinwächter:* Verkehrsregeln, S.)

Koehler, Matthias Das Allgemeine Übereinkommen über den Handel mit Dienstleistungen (GATS) - Rahmenregelung zur Liberalisierung des internationalen Dienstleistungsverkehrs unter besonderer Berücksichtigung des grenzüberschreitenden Personenverkehrs von Dienstleistungsanbietern Berlin 1999. (zitiert*: Koehler:* GATS, S.)

Krommenacker, Raymond J. — World-Traded Services: The Challenge for Eighties, Artech House, Dedham (USA) 1984. (zitiert: *Krommenacker:* World-Traded Services, S.)

Kuschel, Hans-Dieter — Die Bananenmarktordnung der Europäischen Union, in RIW 3/1995, Seite 218 - 222. (zitiert: *Kuschel:* Die Bananenmarktordnung der EU, S.)

ders. — Wie geht es weiter mit der Bananenmarktordnung? in EuZW 21/1996, Seite 645 - 648. (zitiert*: Kuschel:* Wie geht es weiter, S.)

Larenz, Karl — Methodenlehre der Rechtswissenschaft, 5. Auflage 1983. (zitiert: *Larenz:* Methodenlehre, S.)

Lazar, Fred — Services and the GATT: US Motives and a Blueprint for Negotiations, JWTL 1990 (Vol. 24), S. 135f. (zitiert*: Lazar:* JWTL 1990, S.)

Leibrandt, Michael — Reform der Internet-Verwaltung, MMR, Heft 9/1998, S. XIII. (zitiert: *Leibrandt:* MMR 1998, S.)

Mark, Janette/ Helleiner, Gerald K. — Trade in Services, The Negotiating Concerns of the Developing Countries, The North-South Institute, Ottawa 1988. (zitiert: *Mark/Helleiner.* Trade in Services, S.)

Martin, Will/ Winters, L. Allan — The Uruguay Round and the Developing Economies, World Bank Discussion Papers, The World Bank, Washington D.C. 1995. (zitiert: *Bearbeiter* in *Martin/Winters (Hrsg.):* Titel der Bearbeitung, S.)

Maurer, Hartmut — Allgemeines Verwaltungsrecht, 8. Auflage, München 1992. (zitiert: *Maurer:* Verwaltungsrecht, §, Rn.)

Mayer, Patrick G. — Das Internet im öffentlichen Recht unter Berücksichtigung europarechtlicher und völkerrechtlicher Vorgaben, Berlin 1999. (zitiert: *Mayer:* Das Internet, S.)

McGovern, Edmond — International Trade Regulation - GATT, the United Staates and the European Community, Exeter 1982. (ziteriert: *McGovern,* International Trade Regulation, §)

Messerlin, Patrick — La nouvelle organisation mondiale du commerce, Paris 1995. (zitiert: *Messerlin:* La nouvelle organisation mondiale du commerce, S.)

Messerlin, Patrick/ Sauvant, K.P. — The International Bank for Reconstruction and Development (World Bank), New York 1990. (zitiert: *Bearbeiter* in *Messerlin/Sauvant (Hrsg):* The International Bank for Reconstruction, S.)

Mestmäcker, Ernst-Joachim — Kommunikation ohne Monopole II, 1. Auflage 1980. (zitiert: *Bearbeiter* in *Mestmäcker* (Hrsg.): Kommunikation ohne Monopole II, S.)

Moritz, Hans-Werner — Liberalisierung des internationalen Handels mit Basistelekommunikationsdienstleistungen - Die rechtliche Relevanz der WTO-Vereinbarung in: MMR 1998, Seite 393 - 400. (zitiert: *Moritz*: MMR 1998, S.)

Müller-Graff, Peter-Christian — Die Europäische Gemeinschaft in der Welthandelsorganisation - Globalisierung und Weltmarktrecht als Herausforderung für Europa, 1. Auflage 1999/2000. (zitiert: *Bearbeiter* in *Müller-Graff (Hrsg.):* Die EG in der WTO, S.)

Müller-Using, Detlev
Lücke, Richard — Neue Teledienste und alter Rundfunkbegriff, Archiv für Post und Telekommunikation 1995, Seite 32 - 45. (zitiert: *Müller-Using/Lücke*: APT 1995, S.)

Nordemann, Axel — Internet-Domains und zeichenrechtliche Kollisionen, NJW 1997, S. 1891f. (zitiert: *Nordemann:* NJW 1997, S.)

OECD Documents — OECD Documents, The New World Trading System, Readings, Paris 1994. (zitiert: *Bearbeiter* in *OECD Documents (Hrsg.):* Titel des Beitrags, S.)

ders. — OECD, Economic Outlook, Paris 1997. (zitiert: *OECD:* Economic Outlook, S.)

Ohlhoff, Stefan — Beteiligung von Verbänden und Unternehmen in WTO-Streitbeilegungsverfahren in EuZW 5/1999, Seiten 139 - 144. (zitiert: *Ohlhoff:* Beteiligung von Verbänden in EuZW 1999, S.)

Oppermann, Thomas — Die Europäische Gemeinschaft und Union in der Welthandelsorganisation (WTO), in: RIW 1995, S. 919 - 928. (zitiert: *Oppermann*, Die Europäische Gemeinschaft und Union in der Welthandelsorganisation 1995, S.)

Petersmann, Ernst-Ulrich — Protektionismus als Ordnungsproblem und Rechtsproblem, Rabels Zeitschrift für ausländisches und internationales Privatrecht 1983, Seite 478 - 501. (zitiert: *Petersmann*: Rabels Zeitschrift für ausländisches und internationales Privatrecht 1983, S.)

ders. — Machtorientierte oder regelorientierte Außenpolitik? Zeitschrift für Internationale Politik 1997, Seite 29 - 34. (zitiert: *Petersmann:* Zeitschrift für Internationale Politik 97, S.)

ders. The GATT/WTO Dispute Settelment System, London 1997. (zitiert: *Petersmann:* The GATT/WTO Dispute Settelment System 1997, S.)

Petersmann, Ernst-Ulrich/ Hilf, Meinhard The New GATT Round of Multilateral Trade Negotiations, 2. Auflage, Deventer/Boston 1991. (zitiert: *Bearbeiter* in *Petersmann/Hilf (Hrsg.):*The New GATT Round, S.)

Plümper, Thomas Lexikon der internationalen Wirtschaftsbeziehungen, München 1996. (zitiert: *Plümper:* Lexikon, S.)

Pons Kompaktwörterbuch - Englisch/Deutsch, 1. Auflage 1982. (zitiert: *Pons:* Kompaktwörterbuch, S.)

ders. Fachwörterbuch „Recht" - Englisch/Deutsch, 1. Auflage 1990. (zitiert: *Pons:* Fachwörterbuch „Recht", S.)

Reiterer, Michael Die erste Ministerkonferenz der WTO: Der Weg nach Singapur, in: Außenwirtschaft 51, 1996, Seite 383 - 416. (zitiert: *Reiterer:* Die erste Ministerkonferenz, S.)

Rheinhardt, Jürgen Dienstleistungssektor und Dienstleistungspolitik in Entwicklungsländern: eine theoretische und empirische Analyse mit einer Fallstudie der ASEAN-Staaten, Frankfurt/M. 1992. (zitiert: *Rheinhardt:* Dienstleistungssektor und Dienstleistungspolitik, S.)

Rheinhardt, Jürgen/ Shamleh, Omar/ Uhlig, Christian Der Dienstleistungssektor ausgewählter Entwicklungsländer: Entwicklungs- und handelspolitische Aspekte - Fallstudien Malaysia, Jordanien, Zimbabwe, Forschungsberichte des Bundesministerium für wirtschaftliche Zusammenarbeit, Band 94, München/Köln/London 1989. (zitiert: *Rheinhardt/ Shamleh/Uhlig:* Der Dienstleistungssektor ausgewählte Entwicklungsländer, S.)

Rose, Klaus/ Sauernheimer Karlhans Theorie der Außenwirtschaft, 12. Auflage, München 1995. (zitiert: *Rose/Sauernheimer:* Außenwirtschaft, S.)

Salvatore, Dominick New Protectionist Threar to World Welfare, Cambridge 1993, S. 1 - 12. (zitiert: *Salvatore:* New Protectionist Threar to World Welfare, S.)

Sampson, Gary P./ Snape, Richard H. Identifying the Issues in Trade in Services, The World Economy 1985 (Vol. 8). (zitiert: *Sampson/Snape:* The World Economy 1985, S.)

Sautter, Hermann — Konsequenzen neuerer handelspolitischer Entwicklungen für die Entwicklungsländer - Schriften des Vereins für Sozialpolitik Band 197, Berlin 1990. (zitiert: *Bearbeiter* in *Sautter (Hrsg.):* Konsequenzen, S.)

Sauvant, Karl P./ Weber, Jörg — The International Legal Framework for Services, Binder I, II, III, New York, Stand 1994. (zitiert: *Sauvant/Weber (Hrsg.),* Binder, S.)

Schneider, Friedrich / Pommerehne, Werner / Frey, Bruno S. — Ergebnisse und Analyse einer Befragung deutscher Ökonomen, Zeitschrift für die gesamte Staatswissenschaft,1983, S. 19 - 68. (zitiert: *Schneider/Pommerehne/Frey*: Ergebnisse und Analyse einer Befragung deutscher Ökonomen, ZfgS 1983, S.)

Schorlemer, Sabine von — Globale Telekommunikation und Entwicklungsländer – Die Liberalisierung von Telekommunikationsdiensten in GATT/WTO, 1. Auflage, München 2000. (zitiert: *Schorlemer:* Globale Telekommunikation, S.)

Schott, Jeffrey/ Burrman, Johanna W. — The Uruguay Round, An Assessment, Washington D.C. 1994. (zitiert: *Schott/Burrmann,* The Uruguay Round, S.)

Schott, Jeffrey/ Mazza, Jacqueline — Trade in Services and the Developing Countries, JWTL 1986 (Vol. 20), S. 253f. (zitiert: *Schott/ Mazza:* JWTL 1986, S.)

Schroeder, Werner/ Selmayr, Martin — Die EG, das GATT und die Vollzugslehre oder: Warum der EuGH manchmal das völkerrecht ignoriert, JZ 1998, 344 - 348. (zitiert: *Schroeder/Selmayr:* Die EG, das GATT und die Vollzugslehre, JZ 1998, S.)

Schuknecht, Ludger — Trade Protection in the European Community, 1992. (zitiert: *Schuknecht,* Trade Protection, S.)

Seidl-Hohenveldern, Ignaz — Völkerrecht, 7. Auflage, Köln, Berlin, Bonn, München 1992. (zitiert: *Seidl-Hohenveldern:* Völkerrecht,Rn.)

Senti, Richard — GATT-WTO: Die neue Welthandelsordnung nach der Uruguay-Runde. Institut für Wirtschaftsforschung der ETH, Zürich 1994. (zitiert: *Senti:* GATT-WTO, S.)

ders. — Allgemeines Zoll- und Handelsabkommen als System der Welthandelsordnung, Zürich 1986. (zitiert: *Senti:* GATT-System der Welthandelsordnung, S.)

ders. Die neue Welthandelsordnung, Ergebnisse der Uruguay-Runde, Chancen und Risiken, ORDO 1994 (Vol. 45), S. 302f. (zitiert: *Senti:* Die neue Welthandelsordnung ORDO 1994, S.)

Senti, Richard/ Conlan, Patricia WTO - Regulation of World Trade after the Uruguay Round, Zürich 1998.(zitiert: *Senti/Conlan:* WTO, S.)

Stadler, Christoph Die Liberalisierung des Dienstleistungshandels am Beispiel der Versicherungen - Kernelemente bilateraler und multilateraler Ordnungsrahmen einschließlich des GATS, Berlin 1992.(zitiert: *Stadler:* Die Liberalisierung des Dienstleistungshandels, S.)

Stewart, Terence P. The GATT Uruguay Round, A Negotiating History (1986-1992), 3 Volumes, Deventer, Boston 1994. (zitiert*: Bearbeiter* in *Stewart (Hrsg.):* The GATT Uruguay Round*,* Vol. I, II, III*)*

Stern, Robert M./ Hoekman, Bernhard M. Issues and Data Needs for GATT Negotiations on Services, The World Economy (Vol. 10), S. 39f. (zitiert: *Stern/Hoekman*: The World Economy 1987, S.)

Stober, Rolf Allgemeines Wirtschaftsverwaltungsrecht: Grundlagen und Prinzipien; Wirtschaftsverfassungsrecht, 11. Auflage, Stuttgart 1998. (zitiert: Stober: Wirtschaftsverwaltungsrecht, S.)

Stoll, Peter-Tobias Die WTO: Neue Welthandelsorganisation, neue Welthandelsordnung, Ergebnisse der Uruguay-Runde des GATT in: ZaöRV 1994, Seite 241 - 339.
(zitiert: *Stoll:* ZaöRV 1994, S.)

Tegge, Andreas Die Internationale Telekommunikations-Union, Baden-Baden 1994. (zitiert: *Tegge*: Die ITU, S.)

UNCTAD The Outcome of the Uruguay Round: An Initial Assessment, Supporting Papers to the Trade and Development Report 1994, New York 1994. (zitiert: *UNCTAD*: The Outcome of the Uruguay Round, S.)

UNESCO UNESCO Dokument 28c/Resolution VII.15, 1995.

Verdross, Alfred/ Simma Bruno Universelles Völkerrecht, Theorie und Praxis, 3. Auflage, Berlin 1984. (zitiert*: Verdross/Simma:* Universelles Völkerrecht, §.)

Vitzthum, Wolfgang Graf Europäische und internationale Wirtschaftsordnung aus der Sicht der Bundesrepublik Deutschland, Baden—Baden 1994. (zitiert: *Bearbeiter:* in *Vitzthum (Hrsg.):* Europäische und internationale Wirtschaftsordnung, S.)

Wagner, Helmut Einführung in die Weltwirtschaftspolitik - Internationale Wirtschaftsbeziehungen, Internationale Organisationen, Internationale Politikkoordinierung, 3. Auflage, München 1995. (zitiert: *Wagner:* Weltwirtschaftspolitik)

Weber, Albrecht/ Moos, Flemming Rechtswirkungen von WTO-Streitbeilegungsentscheidungen im Gemeinschaftsrecht in EuZW 8/1999 Seite 229 - 236. (zitiert: *Weber/Moos*: Rechtswirkungen von WTO-Streitbeilegungsentscheidungen, EuZW 1999, S.)

Werner, Welf Das WTO-Finanzdienstleistungsabkommen, München 1999. (zitiert: *Werner:* WTO-Finanzdienstleistungsabkommen, S.)

Windthorst, Kay Der Universaldienst im Bereich der Telekommunikation: eine öffentliche Betrachtung unter Einbezug des amerikanischen Rechts, Berlin 2000. (zitiert: W*indthorst*: Universaldienst im Bereich der Telekommunikation, S.)

WTO World Trade Organisation
The Results of the Uruguay Round of Multilateral Trade Negotiations, The Legal Texts, Geneva 1995. (zitiert: *WTO-Legal Text*, S.)

ders. World Trade Organisation - Annual Report 1997, Geneva 1997. (zitiert: *WTO:* Annual Report, 1997, S.)

ders. World Trade Organisation - Annual Report 1998, Special topic: Globalization and trade, Geneva 1998. (zitiert: *WTO:* Annual Report, 1998, S.)

ders. World Trade Organisation - Annual Report 1999, Geneva 1999. (zitiert: *WTO:* Annual Report, 1999, S.)

FSC
www.fsc.org
MIX
Papier | Fördert gute Waldnutzung
FSC® C083411

Kolibri 360 GmbH
Ferdinand-Jühlke-Straße 7
99095 Erfurt, Deutschland
produktsicherheit@kolibri360.de

Druck:
CPI Druckdienstleistungen GmbH
im Auftrag der
Kolibri 360 GmbH
Ferdinand-Jühlke-Str. 7
99095 Erfurt